［ 江苏大学出版基金资助 ］

企业资产
质量评价与实证研究

The Evaluation And Empirical Study
On The Firm's Assets Quality

徐文学 著

江苏大学出版社

图书在版编目(CIP)数据

企业资产质量评价与实证研究/徐文学著. —镇江：
江苏大学出版社，2009.12
ISBN 978-7-81130-135-9

Ⅰ.①企… Ⅱ.①徐… Ⅲ.①企业管理:资产管理—
研究 Ⅳ.①F273.4

中国版本图书馆 CIP 数据核字(2009)第 243245 号

企业资产质量评价与实证研究

著　　者/徐文学
责任编辑/李经晶
出版发行/江苏大学出版社
地　　址/江苏省镇江市梦溪园巷 30 号(邮编：212003)
电　　话/0511-84446464
排　　版/镇江文苑制版印刷有限责任公司
印　　刷/丹阳市教育印刷厂
经　　销/江苏省新华书店
开　　本/890mm×1 240mm　1/32
印　　张/7.5
字　　数/250 千字
版　　次/2009 年 12 月第 1 版　2009 年 12 月第 1 次印刷
书　　号/ISBN 978-7-81130-135-9
定　　价/24.00 元

本书如有印装错误请与本社发行部联系调换

前　言

　　一直以来,衡量企业的经营业绩主要依靠损益类指标(如营业收入、利润总额、销售净利润率、净资产收益率等),因此企业自然也围绕这些指标来进行生产经营活动,而这种片面追求收入、利润指标的做法就导致了一种现象:即企业在连续几年收入和利润持续稳定增长的情况下,突然出现了严重的财务危机。这一现象的出现已引起许多学者的深思。导致这一现象的原因当然很多,如行业周期性、宏观和微观业绩考核制度等。但主要原因是由于上市公司在业绩追求上出现偏差,我国对上市公司的考核要求及投资者(包括股民)的期望往往更多体现在收入和利润等损益指标上,上市公司正是在迎合资本市场各参与主体时忽视了资产质量,才导致了企业"虚假"增长,即上市公司在良好损益表背后却在制造大量的不良资产(如大量超过信用期的应收账款、大量呆滞的存货及产能过剩造成的低使用率的固定资产等)。为此引出了资产质量概念,本书就是围绕资产质量来进行系统研究,通过资产质量的特征分析,设置出反映资产质量特征的相关指标,最后构筑出反映企业资产质量的综合评价指标。

　　笔者认为,从某种角度来讲,企业生产经营管理也就是资产的运营管理,因此,资产质量理应受到理论界和实务界的重视。值得欣慰的是,不管是经营者、投资者还是债权人都已开始看重资产质量。然而,关于资产质量的含义特征及如何评价资产质量的研究还很少,这方面的文章极为少见,对资产质量的系统研究更加缺乏。

资产质量概念的引入必然会对企业管理实务带来强烈的冲击，使企业更加注重对资产结构合理性和有效性的关注，随时跟踪资产的动态，如原材料的收发存状态，应收账款形成前、形成后的动态及全过程管理，控制固定资产的投入，提高固定资产的利用率等。因此对资产质量特征及衡量指标体系的研究无疑具有明显的实际意义和一定的理论意义。

本书基于大量学者研究成果的基础，从资产的物理质量和系统质量入手，推断出资产质量的基本特征；在分析资产质量的基本特征的基础上进行指标体系的选择和评价方法的确定，提出了一套系统和完整的资产质量评价体系理论，同时通过实证研究，为提高企业的资产质量提出相关建议。

由于资产质量还是一个比较新的课题，为了使理论准确，本书先从最基本的资产概念及资产质量出发，在借鉴前人研究的基础上，推论出资产质量的含义，然后对资产质量的特征作了深入的剖析。笔者提出了资产质量的四个特征，即资产的存在性、有效性、收益性、安全性四个方面，通过这四个特征对资产质量进行全面系统的阐述，并对企业整体资产和分项资产质量进行了定性分析。在此基础上，分别选取能反映资产质量四个特征的相关指标，为定量研究作准备。由于资产的专用性强、行业特性明显，在行业间几乎不具有可比性，因此在定量研究的过程中，笔者以行业为标准，运用主成分分析法建立资产质量综合评价指标体系，并根据企业的资产质量的综合得分评价企业的资产质量在行业内的相对状况。然后进行纵向时间的对比，以及横向不同公司群体之间和不同企业案例之间的对比，展开对上市公司的资产质量实证的分析。以我国家电行业上市公司为例，运用描述性统计分析和主成分分析法，对样本企业的资产质量进行剖析，得出了企业资产质量存在的主要问题，同时对样本企业资产综合质量进行排序，了解各企业在资产质量方面的差异。其后提出了提高资产质量的相应措施,特别为我国制造业企业资产质量的提高提供一定的借鉴,通过前6章的理论探讨和第7章的实证研究,得出了一些结论,同时对本书资产质量研究中的创新和不足也给予了客观的描述。最后对本书未做探讨的后续研究内容做了说明,希望大家共同努力,用各自的智慧尽一点社会责任,为我国企业走上健康发展道路献计献策。

本书通过对资产质量的相关问题分析研究,得出如下结论:

① 目前企业资产质量评价体系无论从理论上还是从实践上,都停留在一个较低的水平,形势不容乐观。这与长期以来企业评价的传统思维有关,也与没有一种先进的理论作为支撑密切相关。

② 本书从资产质量基本概念入手,根据资产的含义、内容、特点,推论出企业资产质量的含义及特征,从资产质量存在性、有效性、收益性及安全性四个方面论述企业整体的资产与各具体项目资产的质量要点。在此基础上设计出企业资产质量评价指标体系。

③ 本书运用主成分分析法对定性分析出的指标进行定量分析,科学地选出精确的、符合实际情况的企业资产质量评价指标体系,并在最后给出各指标的分值,据此可以进行行业内企业间资产质量的比较。

本书的创新点主要有以下几点:

① 提出了资产质量管理的理念,强调企业必须从传统以损益表为核心的管理考核体系向以资产负债表为核心的管理考核体系转化。

② 在明确了资产质量含义的基础上,系统完整地提出了资产质量四个特征,即资产的存在性、有效性、收益性和安全性;同时明确了四个特征指标的相互关系。

③ 设置了评价资产的存在性、有效性、收益性和安全性相关指标,在指标设置上区分了生产经营性资产和对外投资资产在企业中

的不同作用,对传统指标都作了相应的调整,如在周转率的指标设置中剔除了对外投资因素。

④ 从统计性描述分析和主成分分析法两个方面来分析家电行业上市公司资产质量状况,提出了改善资产质量的建议。

资产质量是一个新课题,还有许多方面值得深入探讨,如能否可以采用层次分析法对不同行业中的每个企业给出资产质量分值,以有利于改善各个企业的资产质量;能否从企业创新等视角来分析其与资产质量的相关性;等等。总之,对资产质量研究,评价是基础但不是最终目的,最终目的还是为了改善企业的资产质量。

在本书的编写过程中,江苏大学田立新教授、梅强教授、路正南教授、施国洪教授、刘秋生教授、孙梅教授等给予了极大的鼓励与支持,并提出许多宝贵的意见,在此表示深深的感谢!笔者在写作过程中参阅了张新民等学者的大量文献资料,在此对所有文献作者一并表示感谢!当然,如果没有江苏大学出版社的支持,本书不会这么快与大家见面。感谢他们,感谢所有关爱本书的人士,感谢各位读者朋友!

徐文学

2009 年 11 月 16 日

目　　录

第1章 导　　论

1.1　资产质量研究的背景与意义

1.1.1　资产质量研究的背景

我国部分上市公司有一种很不正常的现象,如四川长虹在连续几年收入和利润持续稳定增长的情况下,突然在2004年出现了严重的财务危机,其年亏损额超过36亿元。这一现象当然涉及很多方面的问题:有行业周期性问题,有宏观和微观业绩考核制度问题,有政策规定不合理问题,也有市场体系未完善的因素,等等。但有一点不能忽视,即上市公司在良好损益表背后却在制造大量的不良资产,我们从四川长虹2002年、2003年年报中可以清楚看到,在这两年销售额及利润还算可以的前提下,其实应收账款已经净增加40亿元左右,其经营活动现金净流量减少了376 530万元,正是由于在2002年、2003年企业为了扩大销售、确保所谓的业绩,在未对国外客户信用信息充分掌握的前提下,大量采用信用销售,导致出口过程中形成了大量的应收账款,而这些大量应收账款的坏账损失导致了2004年的巨额亏损。

其实这种现象已普遍存在,最典型的就是当上市公司由于连续几年亏损等原因戴上ST(根据股票上市交易规则,财务状况或其他状况出现异常,如上市公司经审计连续两个会计年度的净利润均为负数时,对该上市公司的股票要进行特别处理,即 Special treatment,简称 ST)或 *ST(如上市公司经审计连续三个会计年度的净利润为负数)帽子时,就会出现所谓的"瘦身"现象,简单的理解就是资产的缩水,大量累积的不良资产核销,最明显是两项资产(应收账款和存货)的核销。例如纵横国际(现改名为南通科技)在风险警示(ST)前(即 2001 年),其总资产为 1 824 700 540 元,其中应收账款为 316 271 808元,存货资产为 159 953 888 元,而暂定上市(2004 年 5 月 13 日)的前一年年报(即 2003 年 12 月 31 日)显示:其总资产为 678 472 380 元,其中应收账款为 76 620 576 元,存货资产为 118 889 368 元,各项资产分别缩水 61.82%,75.77%,25.67%。导致这个现象的主要原因是由于上市公司在业绩追求上出现偏差,我国对上市公司的考核要求及投资者(包括股民)的期望往往更多体现在收入和利润指标上,上市公司正是在迎合资本市场各参与主体时忽视了资产质量,才导致了企业虚假增长。

其实监管部门也意识到这个问题,中国证监会早在 1997 年 12 月 17 日就颁布了《公开发行股票公司信息披露的内容与格式准则第二号〈年度财务报告的内容与格式〉》,要求上市公司在年报中除了披露"每股净资产"数据外,还首次要求披露"调整后每股净资产"的数据,其目的在于引导会计信息使用者正确评价企业的资产质量,作出理性经营投资决策。这里的"调整后每股净资产"是指对"三年以上的应收款项"、"待处理财产损溢"、"待摊费用"、"长期待摊费用"四个项目调整后的每股净资产。可以说,这是首次要求上市公司对资产质量信息进行明确披露。而随着会计研究和国际交流的不断深入,一些规定和会计准则也不断出台以提高上市公司资产质量的披露。财政部于 2000 年 12 月 29 日正式向社会公布了《企业会计制度》,并要求从 2001 年 1 月 1 日起,首次在股份有限公司范围内实施。制定这次会计制度主要考虑的因素之一,就是为了防止因资产计量不实而造成虚假资产,进而虚增利润等问题;从而从会计核算标准上要求企业对于各项资产进行期末计价,如果预计其价值发生了减值,应当计提资产减值准备等。

2007 年实施的新会计准则提出了除历史成本以外其他计量属性,确立了以资产负债表为核心的报表体系,从某种意义上来讲是意在重视资产质量,从准则要求企业应当在资产负债表日对于资产要求期末计价,要求根据职业判断绝大部分资产是否存在可能发生减值的迹象也表明了这一点。

在资本运作过程中,尤其是在第五次兼并浪潮期间,被兼并企业的资产质量是兼并时考虑的重要因素。以潘罗斯(Penrose,1959)为代表的"资源基础理论"认为,企业所拥有的资源是异质的,企业间始终存在巨大的差异,成功的业绩须依靠获得具有产生租金潜在价值的资源。而企业所拥有的资产用会计语言来描述就是资产。我们可以从海尔收购红星电器公司的案例中,看出其中蕴涵的思想。红星电器公司当时拥有亚洲最多的滚筒洗衣机生产线,资产质量良好,而且滚筒洗衣机生产线又是海尔集团有待增加的资产,因而兼并红星电器公司后可以提高海尔集团的资产质量。事实也是如此,海尔集团收购红星电器公司之后,填补了业务空白,资产质量进一步提高,并迅速成为行业巨头。

企业生产经营管理从某种角度来讲也就是资产各要素的运营管理,通过各资产的合理配置和运营来为企业带来收益,企业良好的运营过程应该是不断提高资产质量的过程。因此,资产质量理应受到理论界和实务界的重视。典型的例子就是,原四大国有银行的不良资产成为最大隐患,政府也为之费尽心思,不良资产剥离再剥离,直到上市(注:中国农业银行至今未能上市)。值得欣慰的是,不管是作为经营者、投资者还是债权人都已开始看重资产质量。然而,关于资产质量的含义、特征及如何评价资产质量的研究还很少,这方面的文章极为少见,对资产质量的系统研究更加缺乏。

本书拟研究的主要问题是如何评价和提高企业的资产质量,本书在对资产质量的含义、特征进行分析基础上,对影响资产质量的影响因素作出了定性和定量分析,设计对应衡量资产质量特征的指标,通过运用主成分分析法和层次分析法来构建出资产质量综合评价指标体系,同时借助综合指标体系以家电行业上市公司作为样本进行了有关实证研究,分析了资产质量的影响因素,最后提出了提高上市公司资产质量的建议,为家电行业上市公司的持续发展指明方向。

1.1.2 资产质量研究的意义

(1) 实践意义

本书研究成果中首先就是提出了企业管理实质是资产(指广义资产,包括人力资源)的运营管理。实践中要重视企业的资产质量管理,这样才能保证企业做实、做强,在此基础上把企业做大,要彻底改变原有的管理理念、考核指标及业绩评价体系,同时加强会计的管理职能,要求企业财务会计人员从以核算为重点转到以资产管理为工作重点上来,不再流于形式管理,另外引入资产质量管理会改变原有的业绩考核指标体系,如对营销人员不再单纯考核销售收入及利润,更要强调企业的资金回笼,重视应收账款的质量;对于设备工程人员的要求不光是添置设备而更重要的是企业设备使用率和企业设备价值的维护,即更加重视固定资产的质量,因为要求企业的经营管理者更要关心收入、利润背后的资产质量问题。由于各类资产的资产置存损益不同,因此不同资产会体现出不同的资产质量,如应收账款随着时间的推移其对应的质量越来越差。

资产质量概念的引入必然会对企业管理实务带来强烈的冲

击,使企业更加注重对资产结构合理性和有效性的关注,随时跟踪资产的动态,如原材料的收发存状态,应收账款形成前、形成后的动态及全过程管理,控制固定资产的投入,提高固定资产的利用率。资产质量概念的引入,对传统资产分类也是一种冲击,在资产分类中不经意就引入了不良资产的概念,不良资产从资产质量角度来讲是指脱离于企业主营业务的,即主营业务过程中不再需要的资产,也可以理解成相对主营业务来讲缺乏有效性的资产,因此就需要对不良资产进行盘活,即所谓资本运作。因此现在不良资产范围可以是实物资产、债权、无形资产,还可以是货币资金,这就是资产质量的魅力。当货币资金多余的时候(即闲置),多余的货币资金就是不良资产,企业就得去盘活不良资产(即所谓资本运作)。因此加强资产质量对提升企业实力和使企业持续发展产生良好的影响,对企业资产质量指标体系研究无疑具有一定的实际意义。

(2) 理论意义

从理论上讲,利润表、资产负债表、现金流量表三张主要报表分别反映企业的经营成果、财务状况及财务状况变动的三个方面,是相互联系的,都有一定的意义;但是从另外的角度来看,毕竟利润表是某一时期指标,很难有说服力,同时由于采用权责发生制来确认损益,导致利润表很难反映客观状况,其虚假程度很难凭单一利润表发现,其实,资产负债表是企业的累积过程,它更能反映企业真实的财务状况,资产负债表中不合理部分可以从侧面反映企业的问题,如利润虚假、实际经营规模的萎缩等。

根据蓝田股份 1997 年到 2000 年期间的报表,很难单纯根据损益表来说明蓝田造假,而实际上一看其资产负债表就知道蓝田公司报表虚假。一般而言:在企业没有调整产业结构的前提下,如果经营规模(一般指销售收入)在没有超过产能的前提下或者经营规模适当增长的基础上,代表产能的固定资产不可能也不需要大幅度增长,而企业的流动资产一般会随着经营规模增长而相应增加,一般流动资产增加幅度小于经营规模的增加幅度。从蓝田公司的资产负债表中明显可以看出矛盾:在1997年到2000年四年期间内,蓝田公司主要业务没有发生变化,其损益表中的销售收入从1997年的125 125万元到2000年的184 091万元,即销售额增加了47%左右,固定资产从1997年的8 687万元到2000年的216 901万元,即固定资产增加了24倍左右;而企业的流动资产从1997年的59 205万元到2000年的43 311万元,流动资产却在减少,这不难得出该企业收入和利润虚假的结论。

所以本书在理论上强调了以资产负债表为中心的财务管理理念,抛弃了以利润表为中心的财务管理传统理念,这一点与新会计准则报表体系的改变也是吻合的,同时在资产质量特征及衡量指标上有一定的创新,在科技创新对资产质量相关性上也有所创新,同时为企业业绩评价指标体系的完善提供了基础,本书的研究成果同样具有一定的理论意义。

最后需要指出的是:本书研究方向是笔者一直探索和实践的课题,对上市公司的资产质量已经进行了近十年的理论探讨,同时也有十余年的企业实际财务管理工作经验。从实际工作中笔者真正体会到资产质量的重要性,现已初步形成了对资产质量的一些研究思路和看法,特别在资产质量特征和资产管理理念上有独特见解。同时,在分析资产质量的特征基础上设计出对应的资产质量评价指标体系,对家电行业上市公司的资产质量等方面进行了大量的实证研究。希望本书能起到抛砖引玉的作用,希望会有更多的学者更深入、更广泛地讨论资产质量评价及影响资产质量因素这个重要的课题;另一方面,也可以为企业家提高和改善企业资产质量提供一种思路和方法。

1.2 文献回顾

1.2.1 国外研究综述

一直以来,国外关于资产质量的研究大部分局限于银行业,银行业的资产主要是贷款,为此银行业对贷款按质量划分为正常、关注、次级、可疑、损失五类,其中前两类为正常贷款,后三类为不良贷款。于是,不良资产(不良贷款)的多寡成为银行资产质量高低的重要标志,注入优质资产、剥离不良资产成为银行业资产质量研究的核心,我国银行业现在也借鉴采用此种分类方法来加强对银行业资产质量的管理。

总的来看,国外学者关于银行资产质量与信贷风险、规模经济,企业资产质量与生产效率等之间关系的研究较多,而关于企业资产质量与企业绩效关系的实证研究则较少。David Bernstein(1996)对银行资产质量与规模经济进行的研究表明,贷款质量对银行成本存在着直接和间接的影响,银行的资产越差,其成本越高,但这种直接影响表现得不很明显。另外,研究还表明在总资产高于550亿美元的银行中存在规模效应,其中不良贷款率低的银行可以通过扩大银行规模的策略来降低平均成本,而不良贷款率高的银行则不能采用此策略。

Kaminsky(1996)和Demirguc Kunt等(1998)人对银行资产质量与金融安全进行了研究,分析了发展中国家和发达国家金融体系趋于脆弱的共同的决定因素,其中排在第一位的是认为银行体系的不良贷款过高,其他因素有:银行体系的资本充足率过低、信贷市场利率过高、证券市场的股票价格指数波动过大以及货币发行增长率过快等。

　　资产质量分析属于财务分析范畴,但在传统的财务报表分析中没有涉及有关财务质量的分析,随着实践和理论的深入,缜密的财务质量评价已成为近年来的热门话题。关于公司财务质量或公司业绩的研究,近年来在境外的理论研究中多见的是对诸如盈余质量或收益质量、资产质量等某一方面的质量问题进行研究。其中,较多的是对利润质量或盈余(收益)质量的研究。早年 Ball 和 Brown(1969)就开始利用盈余(或收益)变动与股价变动的正负号之间的相关性研究公司盈余质量问题,主要对盈余数据的信息含量进行论证。

　　公司可持续发展的决定因素是收益的稳定性和持久性,Kormendi和 Lipe(1987)研究会计盈余中有多少是永久性盈余。这一研究将盈余区分为暂时性盈余和永久性盈余。Ramakrishnan 和 Thomas(1991)认为,利润的不同组成部分具有不同的持久性,盈利的持久性是其组成成分的不同持久性的平均数;他们把盈利的组成分三类:永久性类(permanent)、暂时类(transitory)、价格无关类(price-irrelevant)。而盈利的质量与持久性也有关系,Lev 和 Thiagajan(1993)研究证明,盈利的质量与其持久性呈现正相关关系,而主营业务利润比重在很大程度上决定了企业盈利质量和获利能力。Collin 和 Kothari(1994)指出,盈余反映系数不仅随着持久性不同而不同,而且还会随着成长性、风险性、利率水平的改变导致盈余反映系数提高,也就说明了该事件导致盈余质量提高。

　　上述几个阶段对盈余质量的研究可以看出,关于盈余质量的研究比较全面,表现出来就是在研究方法上不断改进,从信号研究到回归研究;研究深度不断深入,从盈余信息含量研究到影响盈余信息含量的研究;研究范围变化,从对所有盈余研究到区分暂时性盈余和永久性盈余的研究。不仅如此,还建立了有关模型对收益质量进行分析。

对公司财务评价方法研究,以美国控制论专家艾登(Eden)于1965年创立的模糊综合评判法为代表,其理论依据是:财务的评价具有模糊性,通常评价财务的好坏可以用利润来进行衡量,而利润可以分为主营业务利润等四个部分或等级,其中主营业务利润是企业盈利的核心,具有永久的持续性,是利润中最稳定和最可预期的部分,其他四部分则属于暂时类或价格无关类的主观性,一些因素具有模糊性而不能简单地用一个分数来评价。

20世纪80年代,美国出现的几种新的公司业绩评价方法中,最为引人注目和广泛应用的是Stewart的EVA(Economic Value Added)方法。EVA评价体系中,EVA为核心指标。该理论认为无论是会计收益还是经营现金流量收益指标都具有明显的缺陷。会计收益未考虑公司权益资本的机会成本,难以正确地反映公司的真实经营业绩,而经营现金流量虽然能正确反映公司的长期业绩,却不是衡量公司年度经营业绩的指标。相反,EVA能够将这两方有效地结合起来,因此是一种可以广泛用于公司内部和外部的业绩评价指标。

查尔斯·吉布森(Charles Gibusen,1996)以库柏轮胎橡胶公司的资产负债表、损益表财务数据为基础,对公司的短期资产流动性、长期偿债能力、获利能力进行分析,并从投资者的角度对公司的财务状况进行分析和预测,他在研究中使用了大量的财务比率分析、同型分析、对比检查、分析结果与同型数据比较等方法。通过对这些分析所得到的信息加以综合,判断企业的整体财务状况。查尔斯的研究表明,任何一种分析都不可能证实全部的调查结果或满足各种类型使用者的要求。财务分析是一个判断过程,其目标之一就是识别趋势、数量及其关系变化,了解变化的原因。

彼得·德鲁克(Peter F. Drucker)认为,评价一个公司的改革不能仅仅从其自身业务出发,应仔细评估其所处行业在一定时期内的改革,以及公司在改革中的地位和作用。他强调业绩评价系统必须突出管理部门的思想意识,通过涉及一系列特定性质的问题,提醒雇主真正需要重视的方面,再提供一个内在的组织机构,使雇员能够重视并发现这方面可能存在的问题。德鲁克的观点虽然没有形成一个完整的理论模型,但他对竞争与改革的理解为非财务指标进入业绩评价提供了基础。Easton ,Peter D(1985)对会计利润与现金流量之间的关系进行了深入的研究,结果表明,从长期看会计利润与现金流量总额区域等同,但短期内会计利润与现金流量产生偏离,偏离程度越大,利润质量越低。Szewczyk, S. H. , G. P. Tsetsekos 和 Z. Zantou (1996)基于存货调整等假设,推导出了经营现金流量预测模型。利用该模型就当期权责发生制下的利润与收付实现制下的利润预测下一期的经营现金流量。

戴维 F · 霍金斯(David F. Hawkins,1998)在公司财务报告与分析中对公司收益质量进行分析,这是在查阅的国外文献中所不多见的有关收益质量的文献。文献中指出,收益质量的概念在证券行业以外很少碰到,使用它进行分析与预测,如果同一行业内的两家可比较公司有相同的预测收益增长率,收益质量高的公司的价格收益倍数会比另一家公司相应指标来得高。评价收益质量的分析人员承认评价是一个主观过程,认为评价一项收益金额是高质量、可接受的质量还是低质量时,必须考虑报告公司的整体环境。

关于财务评价与财务分析的关系,美国南加州大学教授 Water B. Meigs 认为,财务分析的本质在于搜集与决策有关的观众财务信息,并加以分析与解释的技术。无独有偶,美国纽约州立大学 Leopold A. Bernstein 认为,财务分析是一种判断的过程,旨在评估企业现在或过去的财务状况及经营成果,其主要目的在于对企业未来的状况及经营业绩进行最佳预测。

台湾政治大学教授洪国赐认为,财务分析以审慎选择财务信息为起点,以分析信息为中心,揭示其相关性;以研究信息的相关性为手段,评核其结果。

目前较为全面的财务分析含义为:财务分析是在会计分析的基础上,应用一系列专门的技术和方法,对企业等经济组织过去和现在的有关筹资活动、经营活动、投资活动的偿债能力、盈利能力和运营能力、企业价值等进行的分析与评价,为企业的投资活动投资者、债权人、经营者以及关注企业的其他组织或者个人了解企业过去、评价企业现状、预测企业未来,作出正确决策,提供准确的信息或依据的应用性学科。正如亚伯拉罕·比尔拉夫(Abraham Briltoft)所说:财务报表又如名贵香水,只能细细的品鉴,而不能生吞活剥。财务分析从内容上看,财务分析既可以对企业历史的财务状况与成果进行分析,也可以对企业将要实施的投资项目在财务方面进行评价与分析;从分析的主体看,财务分析既可以从外部股权持有者和债权人的角度对企业财务状况进行分析,也可以从企业内部管理者的角度对企业过去整体与局部的财务状况进行分析。

1.2.2 国内研究综述

尽管国内对资产质量理论研究的起步相对较晚,但理论界和实务界从众多新颖的视点和角度进行了大量的研究。主要有以下几个方面。

(1) 关于资产质量的定义方面

关于资产质量的定义,理论界并没有形成一致的观点,我国关于企业资产质量的评价,目前主要有以下几种观点:

第一种观点,认为资产的实质是可以带来未来经济利益的经济资源。此观点代表人物有李树华、陈征宇,他们在2000年就提出,这一特征是确认资产的最重要标准。从理论上讲,三年以上应收账款、待处理财产净损失、待摊费用及递延资产的经济实质不符合资产的定义,不能给企业带来未来经济利益或者其效用潜力已经消失,应将其作为调整项目。该观点认为,可以用每股净资产调整前后差异程度来反映公司资产质量。被调整的幅度越高,资产质量就越差。

第二种观点,认为资产质量反映企业资产的盈利性。其代表有:王生兵(2000)将资产质量定义为企业资产盈利性、流动性和安全性的综合水平;宋献中(2001)认为,资产质量与盈利能力有关,资产质量反映资产的盈利能力;干胜道认为,资产质量是企业资产盈利性、变现性和周转能力的综合体现。资产质量的三性具有复杂的内在联系,资产的本质在于其盈利性,因此资产的盈利性是资产质量的首要方面,同时为了长期、持续地实现资产的盈利性,就必须充分考虑资产的流动性和安全性。

第三种观点,顾德夫(2001)提出,分析资产质量,主要是要找准异常资产,这些质量低劣、成分出现隙缝和空洞的异常资产包括虚拟资产、不良资产、贬值资产和泡沫资产等。对于这些异常资产可以采用资产结构细化分析法、现金流量分析法、虚拟资产剔除法等进行识别。

第四种观点,张新民(2003)指出,资产质量是特定资产在企业管理系统中发挥作用的质量,具体表现为变现质量、被利用质量、与其他资产组合增值的质量以及为企业发展目标作出贡献的质量等方面。其还认为,从财务管理的角度来看,资产质量主要关注的不是特定资产的物理质量。这是因为,相同物理质量的资产在不同企业会表现出不同的贡献能力。

上述第一种观点与第三种观点同属一类,强调只有可以变现的资产才是高质量的资产,而超长期的应收账款、待摊费用等不良资产和虚拟资产,由于不易变现故被认为是劣质资产。应该说这种观点有一定道理,其隐含了一个结论:只要是真实存在且可以变现的资产,就是优质资产,而不管其使用效率的高低和盈利如何。

第二种观点强调资产的盈利性,即能给企业带来丰厚利润的资产为优质资产,不能给企业带来利润或者利润很少的资产为劣质资产。表面上看以获取利润的高低来衡量资产的质量比较符合资产的定义和实质,但仔细推敲之后就会发现该评价方法缺乏可操作性。就单向资产而言,其几乎不能盈利,只有通过与其他各种形态的资产配合才能实现价值。以制造业为例,它是以原料的购进作为价值的投入,通过设备、厂房等资产的加工创造价值,进而通过营销网络来实现价值。在衡量企业盈利性时,很难确定有多大比例的利润是由存货创造的,又有多大比例的利润是由生产设备或营销网络创造的。因此,要在区分各种形态资产的性质、特征和发挥作用的方式等基础上分别考察其资产质量。

第四种观点对资产质量理论的描述比较全面,也符合资产的本质特征,但张新民认为,由于流动资产、对外投资、固定资产各自的功用不同,故应有各自的质量特征。从资产的本质出发,所有资产都属于由于资金的预先投入而形成的资源,这些资产都是为获得未来经济利益的流入而存在的,这就决定了所有资产都应具有统一的基本特征,只不过就某一基本特征而言,不同类型的资产所体现出的作用方式不一样。譬如,虽然固定资产和无形资产对企业的贡献(即作用方式)不一样,但由于两者存在的根本目的一致,这就决定了这两种类型的资产存在着一个共同的特征,即收益性。再者,对某一个目标的评价系统的创新和改进的关键环节在于评价思路的确立、指标体系的选择和评价方法的确定。第四种观点虽然对资产质量的评价思路作了一定的阐述,但并没有涉及指标体系的选择和评价方法的确定。本书拟在分析资产质量的基本特征的基础上进行指标体系的选择和评价方法的确定。

（2）关于资产质量评价的理论研究方面

干胜道、王生兵（2000）对于企业资产质量的优化与评价进行了理论和实务的研究，认为资产质量是企业资产盈利性、变现性和周转能力的综合体现。资产质量具有相对性、时效性、层次性三个主要特征。优质资产是那些符合企业发展方向、技术含量高、获取收入能力强、周转速度快、利用率高的资产，而积极处置由于决策失误、管理不善等原因造成的不良资产则有助于改善企业资产质量。处置方式主要有置换、变卖、对外投资、以旧换新、抵消债务、典当、债权让售等。

王秀丽、张新民（2003）对企业资产质量的分类进行了研究，认为理论上有必要提出资产质量的概念，并在此基础上建立起对资产质量的分析方法，认为资产按照其质量可以分三类，即按照账面价值等金额实现的资产、按照低于账面价值的金额贬值实现的资产、按照高于账面价值的金额增值实现的资产。资产质量的概念以及资产按照质量的分类，为财务信息的使用者分析企业财务状况的质量奠定了基础。

杜稳灵、宋润栓（2003）对企业资产质量状况进行了分析研究。流动资产的质量分析包括货币资金、短期投资、短期债权和存货。长期投资质量分析包括长期债权投资的质量分析和长期股权投资的质量分析。长期债权投资通过对长期投资的账龄、债务人构成、利润表中债权投资收益与现金流量表中因利息收入而收到的现金之间的差异进行分析来评判企业的长期资产质量状况。长期股权投资的质量分析主要是通过分析长期股权投资的构成、利润表中股权投资收益与现金流量表中因股权投资收益而收到的现金以及"应收股利"年初、年末金额之间的差异，企业利润表中净利润中"投资收益"和"其他利润"的数量结构与企业资产结构的数量对比关系来判断企业长期投资的安全性、收益的规模性以及质量。王昶(2007)结合新会计准则,对流动资产的四个重要构成项目作了详尽的质量分析,认为货币资金、交易性投资、应收账款、存货的质量影响着企业流动资产质量的高低,进而制约着企业的经营业绩。

徐文学(2007)、张麦利(2004)从影响企业资产质量因素的分析入手,认为资产质量主要包括资产的物理质量和资产的系统质量两个方面。资产质量的特征归纳为四点:存在性、有效性、变现性和收益性。资产的特征之间不是相互孤立的,而是相互联系、相互影响的。

王长胜、高洪艳(2005)建议加强应收账款的约束和管理以提高企业资产质量。

荀爱英(2007)研究上市公司的应收账款质量,用具体的财务指标将其量化,分析上市公司应收账款质量的现状以及变化趋势。丁金彦、徐文学等对应收账款质量进行了评价,运用应收账款收账率和应收账款呆账率来实际考察企业资产质量的优劣。

徐文学(2007)从建立资产质量综合评价体系应遵循的原则出发,指出评价指标的选取应对应于资产质量的三个特征,从定量指标采用主成分分析方法进行了相关的研究;牛国强(2007)认为应该从获得能力、营运能力、资产结构和资产项目四个方面来进行资产质量评价;任晓敏(2007)则从总体指标和单项资产指标两个方面来建立资产质量的评价体系。

(3) 关于资产质量评价的实证研究方面

关于资产质量评价的实证研究方面,主要研究成果如下。

李嘉明、李松敏(2005)选用2003年在我国沪、深两地上市的A股公司1 117家(ST除外)作为样本,对样本公司的资产质量与公司绩效之间的关系进行了实证研究。研究结果表明:我国上市公司的资产质量与公司绩效之间存在着显著的正相关关系,资产质量越高,公司的绩效则越好。这一结果说明在我国现行的环境下,提高公司的资产质量可以带来公司绩效的相应改善。

贺武、刘平(2006)选用2002—2004年我国沪市的A股上市公司作为样本,对样本公司的资产质量与盈利能力之间的关系进行了实证研究。结论为:我国上市公司的资产质量与企业的盈利能力存在正相关的关系,资产质量好、盈利能力强的企业创造效益的能力也很强。

张春景、徐文学(2006)选用江苏省2004年77家上市公司为样本作了资产质量与盈利能力之间关系的实证研究。研究结果表明,优质资产与劣质资产最大的区别就在于资产的周转效率,作为公司的经营者应该认识到提高公司的资产资量关键在于将公司的存量资产用足、用活。

(4) 关于资产信息披露方面的文献

理论界和实务界很早就开始重视资产信息的披露,并进行了大量的相关研究。其集中体现在对无形资产信息披露的大量研究上。

薛云奎、王志台以沪市上市公司为研究对象,以1995—1999年作为研究考察区间,考察了我国上市公司信息 R&D(Research and Development,即研发)披露现状及 R&D 信息披露对我国上市公司会计信息有用性的影响。研究结果表明,企业对 R&D 信息的不当披露是导致我国上市公司会计信息有用性逐年下降的重要因素之一。在借鉴国外对 R&D 信息披露规范的基础上,他们提出了改进我国上市公司 R&D 信息披露的建议。

梁莱歆(2006)、邬展霞(2007)、崔斌(2003)等国内学者的研究结果表明,目前资产负债表对无形资产的披露过于简单,也未作详尽的分类,不能完整地反映企业无形资产的真实价值,未详细列示无形资产的开发费用,不能反映企业的研发水平,报表附注也未对无形资产的辅助信息进行充分的披露,李景韬(2006)、金水英(2007)等基于信息不对称理论进行研究,提出了构建有效的无形资产信息披露体系;一部分学者对上市公司无形资产现状进行研究,并提出了一些改进建议;刘义鹃(2007)研究了上市公司无形资产计量及其信息披露,认为我国上市公司无形资产披露具有无形资产的范围过于狭窄、占总资产比重偏低、结构不合理、表外披露过少,存在利用无形资产进行利润操纵的情况等问题。

来华(2007)研究了上市公司资产减值方向的信息含量,其选择94家上市公司作为投资者,排除了管理当局人为操纵利润的检验样本,多元回归直线分析实证表明当投资者排除了管理当局的盈余管理行为时,资产减值准备的计提与股价呈正相关;当投资者认为上市公司存在人为操纵利润时,资产减值准备的计提与股价呈负相关。资产减值具有信号作用,投资者能够利用上市公司披露的会计信息进行公司价值分析。

1.2.3 文献评述

从以上有关资产质量理论和资产信息披露的国内外文献回顾可以看出:

第一,无论是理论界还是实务界,都高度重视资产质量。大多数研究从多个角度共同证明了资产质量对上市公司有着显著影响,资产质量对于判断一个企业的价值、发展能力和偿债能力都有重要的作用,资产质量是决定上市公司决胜市场的主动脉。关于资产质量的研究日益受到会计信息使用者的重视,但是未能形成系统的资产质量的相关理论和评价体系,全面、系统、综合地研究公司资产质量的文献还比较少。

第二,理论界认为资产质量信息的有效、充分披露对于评价上市公司的经营绩效以及持续竞争力有着重要意义,会计信息使用者正确的决策有赖于资产质量信息的时效与全面,但目前学术界的关注点主要是围绕资产信息披露的研究,而关于资产质量信息的披露研究文献很少。

第三,对企业财务质量研究相对较多,特别是盈余质量及其影响因素研究文献比较突出,而对资产质量影响因素研究很少,更未能进行系统研究,实际上如何提高企业的资产质量是一个更为重要的、具有重大实际意义的课题。

第四,关于资产质量,目前有不少学者在研究和探讨。国外文献相对较少,国内相对系统的研究应该是张新民教授的研究成果。张新民教授是现任对外经济贸易大学副校长兼国际商学院院长,是我国企业财务状况质量分析理论的创立者,在资产质量理论研究方面有着突出的贡献。张新民教授对资产质量理论的研究不断深入:他在2001年2月出版的《企业财务报表分析》中提出,"资产的质量,是指资产的变现能力或被企业在未来进一步利用的质量。"在2003年9月出版的《企业财务报表分析案例点评》中他进一步指出,"资产的质量,是指资产的变现质量、被企业在未来进一步利用或与其他资产组合增值的质量。"可见,后者更为完善一些,并且他认为,资产质量的好坏主要表现为资产的账面价值量与其变现价值量或被进一步利用的潜在价值量之间的差异上。质量较高的资产,应该能够满足企业长、短期发展以及偿还债务的需要,经营性流动资产应该具有适当的流动资产周转率和较强的偿还短期债务的能力;对外投资应该有直接增值或增强企业的核心竞争力并与企业的战略发展相符;高质量的固定资产和无形资产应当表现为其生产能力与存货的市场份额相匹配并且周转速度适当。

此外,张新民教授从资产质量的角度将资产分为三类:① 账面价值等金额实现的资产;② 低于账面价值的金额贬值实现的资产;③ 高于账面价值的金额增值实现的资产。可以说,张新民教授提出的是资产质量分析的新思路和新理念。虽然张新民教授对资产质量的评价思路作了一定的阐述,但并没有涉及指标体系的选择和评价方法的确定。

本书在大量学者研究成果的基础上,拟从资产的物理质量和系统质量入手,推断出资产质量的基本特征,在分析资产质量的基本特征的基础上进行指标体系的选择和评价方法的确定,提出一套系统和完整的资产质量及其评价体系的理论,同时通过实证研究,为提高企业的资产质量提出相关建议。

1.3 研究思路和方法

(1) 研究思路

"质量"是一个很有针对性的概念,没有特定的对象谈质量是毫无意义的。本书的研究对象是资产质量,对资产深入分析是进一步研究的基础,因此本书首先对"资产"及其特征作了深入的剖析,并以经济内容为标准对资产进行分类介绍。为了避免收集数据过程中的主观性和因此造成数据间不可比,本书中资产的价值数额以会计报告数据为基础,在对资产及资产运动分析的基础上,推导出资产质量的含义。本书从资产的存在性、有效性、收益性、安全性四个方面对资产质量进行阐述,并对企业整体资产和分项资产质量进行了定性分析。在此基础上,分别选取能反映资产质量四个方面的指标,为定量研究作准备。由于资产的专用性强、行业特性明显,在行业间几乎不具有可比性,因此在定量研究的过程中,本书以行业为标准,运用主成分分析法建立资产质量综合评价指标体系,并根据企业的资产质量的综合得分评价企业的资产质量在行业内的相对状况。然后,展开纵向时间的对比,以及横向不同公司群体之间和不同企业案例之间的对比,展开对上市公司的资产质量实证的分析,以我国家电行业上市公司为例,运用上述方法,建立了相应的资产质量评价指标体系,并对样本企业的资产质量进行实证研究,最后提出了提高资产质量的相应措施,特别为我国制造业企业的资产质量提高提供一定的借鉴。

(2) 研究方法

根据上述研究思路,本书解决理论问题,主要采用的是基于规范分析推理方法,同时在应用资产质量整体指标体系对家电行业上市公司进行评价时采用了描述性统计分析方法和主成分分析法。当然,在资产质量实际评价中本书采用了实证分析方法,在实证分析的过程中所得出来的一些体会也会相应的在理论问题中得以体现。本书试图将定量分析与定性分析进行较好的结合。单纯的定量分析可能过多地关注对数字结果的分析,而忽略了对过程和原因的分析。因此,本书在进行以实证分析为主体的量化分析的过程中,力争结合定性分析,对我国家电行业上市公司的综合资产质量状况进行分析评价,以达到对企业全面的资产质量透视。

需要说明的是,本书有关上市公司的原始财务数据,主要来自于上市公司速查手册、中国上市公司资讯网(www.cnlist.com)、巨潮信息网(www.cninfo.com.cn)和中国证券网(www.cnstock.com)等网站,最终数据来源为各上市公司按照财政部、中国证监会的规定披露的年报数据。部分原始数据来自于历年期刊、研究文献及中国统计年鉴。

1.4 研究内容和框架

本书是基于大量学者研究成果的基础上,推断出资产质量的四个基本特征,即资产的存在性、有效性、收益性、安全性,本书从这四个方面对资产质量进行了阐述,并对企业整体资产质量和分项资产质量进行了定性分析。然后进行指标体系的选择和评价方法的确定,提出一套系统和完整的资产质量及其评价体系理论,同时通过实证研究,为提高企业的资产质量提出相关建议。

本书共分为 8 章。第 1 章:导论。本章首先就本书研究的内容背景情况作了说明,同时对本书研究内容的理论价值与实践意义、研究思路进行了阐述,对资产质量等相关研究文献作了回顾和总结,最后对本书的篇幅结构的安排以及研究方法进行了介绍。

第 2 章:资产质量评价的相关理论。本章首先就资产的含义、资产的分类及内容、资产的特征进行论述,界定了资产概念,在此基础上,重点就资产质量内涵、资产质量的含义进行了探讨,最后就资产质量的特点进行重点研究,为后面的指标体系的建立打下了基础,同时本章也对目前使用的资产质量评价方法如净资产调整法、市净率法进行了基本评述,分析其利弊,以便于更好地理解资产质量的含义,本章是整个课题的理论基础。

第 3 章:资产质量定性分析。为了设计出资产质量评价指标体系就必须对资产的质量特征等作相应的研究,为此本章首先就对影响资产质量的内外部因素进行了分析,得出了影响企业资产质量的因素有企业内部因素和外部因素两个方面。外部因素主要有国家宏观政策、市场环境、社会平均投资收益率、经济周期等;内部因素包括行业性质、生产技术条件和管理水平、经营的季节性、销售状况等。然后从两方面归纳分析了资产的质量特征。一方面从资产的物理质

量看,主要有:① 资产存在的客观性,所报告的资产是否真实存在;
② 实有资产的物理特征,是否残次冷背,是否损耗。另一方面从资
产的系统质量看,主要有:① 资产的结构;② 资产的有效性;③ 资产
的收现性;④ 资产的收益性;⑤ 资产的规模。考虑到资产质量的两
个方面的相互关系,最后本书把资产质量特征归纳为如下四点:存在
性、有效性、安全性和收益性。在此基础上对企业整体的资产质量和
企业分项资产质量进行了分析,为后面几章的指标选择和设置打下
了理论基础。

第4章:资产质量评价指标体系的建立。本章是全书的核心,
是在第3章资产质量特征分析基础上,就其资产质量特征的资产
存在性、有效性、安全性和收益性进行了深入的研究,首先提出了
评价指标体系设置原则,然后分别分析了资产存在性、有效性、安
全性和收益性的含义及特征,本书对资产存在性主要理解为账实
相符性和资产结构的合理性。然后对存在性评价指标进行选择和
设置,如设置了不良资产比率、流动资产率、固定资产成新率、存货
流动资产比率、对外投资资产比率、在建工程结构性资产比率、两
项资金占流动资产比率及无形资产比率。

同样对资产有效性也进行了深入的研究,首先分析资产有效
性的含义及特征,由于资产性质不同,就需要分资产类型来进行资
产有效性的研究,对于流动资产主要理解为变现和耗用能力,强调
了时效性;对于固定资产的有效性更多强调了其利用率和增值的
潜力。然后对有效性评价指标进行选择和设置,如流动资产周转
率、存货周转率、应收账款周转率、固定资产周转率、总资产周转率
等等。

分析了资产收益性的含义及特征,同时阐述了资产有效性和
收益性之间的关系,强调了产品单位边际贡献的重要性,如果不重
视就会产生资产越有效亏损越严重的局面。然后对收益性评价指

标进行选择和设置,如总资产息税前收益率、对外投资收益率、主营业务利润率、经营资产经营活动现金净流量等。

同样对资产安全性也进行了深入的研究,分析了安全性的含义和特征,认为资产的安全性主要是指资产按照管理层的意愿继续为企业服务的性质,这其中包括两个方面的内容:一是资产抗拒破坏性损失的能力,如灾害、意外事故等;二是资产维持原用途的可能性,如面临债务风险而导致资产用途被迫改变。作为某个企业的资产,不能只就资产谈资产,企业毕竟是资产的有机组合,但是企业的风险必将影响资产的质量。如果企业一旦破产,企业所有的资产都将以清算价值变现,这对企业资产是极大的损伤,在分析评价企业资产安全性质量时,主要考虑企业破产的风险,即偿还到期债务的风险。然后对其安全性评价指标进行选择和设置,如流动比率、速动比率、经营现金短期偿债比率和资产负债率。

最后是在上述各单项指标的基础上构筑一个完整的资产质量整体评价指标体系。

第 5 章:资产质量综合评价指标体系的评价。本章首先对一般指标体系评价方法作了分析,然后围绕本书所探讨的家电行业上市公司资产质量目标和内容提出了相适应的评价方法。本书在对我国整体家电行业资产质量状况分析时采用了描述性的统计分析,在对我国家电行业上市公司资产质量排序分析时采用主成分分析的方法,本章还介绍了运用主成分分析法进行资产质量综合指标评价的步骤,以及用主成分分析法综合评价资产质量所具备的主要优点。

第 6 章:我国家电行业资产质量的实证研究。资产质量实证研究,主要围绕资产质量整体评价指标体系在我国家电行业上市公司中进行实证研究。本章一方面采用描述性统计分析法对我国整体家电行业资产质量特征指标进行了分析,计算出各指标均值和均方差。另一方面采用主成分分析法对我国家电行业上市公司的资产质量进行排序研究。本章在借助本文构筑的资产质量整体评价指标体系的基础上进行实证研究,其目的之一是进行资产质量整体评价指标体系可操作性检验,其二就是想通过研究更明确资产质量对企业的影响。本书借助相关上市公司近三年会计报告及其他相关资料进行研究,在样本的选择和资料整理上作了必要的说明。

第7章:实证结果分析及对策建议。本章是在第6章实证研究结果的基础上,主要分析其结果,得出整体家电行业上市公司的资产质量状况和资产质量单项特征指标之间的相互关系,及单项特征指标与综合评价指标体系的关系,并得出了相应的结论。在分析基础上,提出了提高家电行业上市公司资产质量的对策建议。

第8章:总结与展望。通过前面章节的理论探讨和实证研究,得出了一些研究结论,同时对本书研究中的创新点给予客观的描述,最后对本书未作探讨的后续研究内容作了说明,希望通过共同努力,用各自的智慧尽一些社会责任,为我国企业走上健康发展的道路献计献策。

本书的结构框架如图1-1所示:

```
                    ┌─────────────┐
                    │  研究背景    │
                    └──────┬──────┘
                           │
                    ┌──────┴──────┐
                    │ 提出研究问题 │
                    │ 表明研究目的 │
                    └──────┬──────┘
          ┌────────────────┼────────────────┐
   ┌──────┴──────┐                    ┌──────┴──────┐
   │ 相关文献回顾 │                    │ 资产质量的相关│
   │             │                    │   理论基础   │
   └──────┬──────┘                    └──────┬──────┘
          └────────────────┬────────────────┘
   ┌─────────┬─────────────┼─────────────┬─────────┐
┌──┴───────┐┌┴───────────┐┌┴───────────┐┌┴───────────┐
│资产存在性分析││资产有效性分析││资产收益性分析││资产安全性分析│
└──┬───────┘└┬───────────┘└┬───────────┘└┬───────────┘
   └─────────┴──────┬──────┴─────────────┘
              ┌─────┴──────────────────┐
              │ 资产质量综合评价指标体系 │
              └─────────┬──────────────┘
              ┌─────────┴──────────────┐
              │  资产质量的实证分析     │
              └─────────┬──────────────┘
              ┌─────────┴──────────────┐
              │ 实证结论与对策建议      │
              └─────────┬──────────────┘
              ┌─────────┴────────────────────┐
              │ 论文研究结论及进一步需研究问题 │
              └──────────────────────────────┘
```

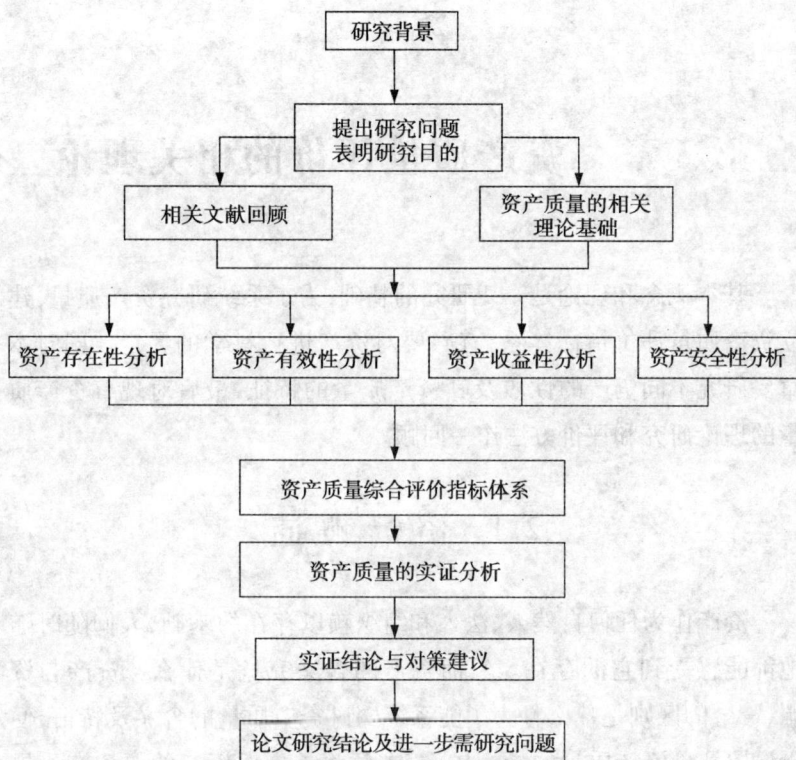

图 1-1　本书框架图

第 2 章　资产质量评价的相关理论

基本概念和理论是一切研究的基础,为了系统研究资产质量,建立资产质量评价指标体系,有必要对资产进行科学的界定。同时本章要研究不同资产的性质及其资产质量的特征,最后对现有资产质量的理论研究和评价方法作一回顾。

2.1　资产概述

资产作为任何自然人、法人和组织赖以存在的基础,人们随时随地都能感受到它的存在。然而资产的含义究竟是什么? 资产与资源、资金的区别是什么? 为了能系统探讨资产质量的含义及特征,便于设置评价资产质量的指标体系,本章将首先对资产的概念有所界定,并对资产的内容和特征进行分析。

2.1.1　资产含义

(1) 理论界对资产的认识

资产是目前广为探讨的课题,也是被热烈争论的对象,可谓仁者见仁,智者见智。最主要的视角包括四个方面。

1) 社会学家的观点

从社会角度看,资产是重要的社会经济资源,整个社会需要关心资源配置问题,即资产如何在部门、行业、区域间进行分布。资产也被视为一个社会的经济基础,是企业赖以生存和发展的原动力。在此基础上,资产就具有三层基本含义:即资产是社会财富的表现形式;资产是能创造现金流入的经济资源;资产关系是社会经济关系的反映。

2）经济学家的观点

从经济学角度看,无论在古典经济学,还是在现代西方经济学,或者在马克思主义经济学中,均很难找出一个确切的资产定义。经济学家似乎更偏爱资本这一概念。经济学界广为认同的是,资产是财产物资的货币表现。如美国著名经济学家费希尔(I. Fisher)就认为,资产必须是事物资源或物体,是可触的有实体的财产物资。因而,在经济学家看来,无形资产的价值来源于垄断权利,无形资产不属于资产;同时,为了与会计收入费用匹配而增加的递延类资产,只能是当期的费用,不能成为资产。这种观点缩小了资产的内涵,很难适合微观层面的企业。

3）法学家的观点

从法学的角度,把资产理解为财产及财产权,更多强调财产关系,而财产关系的核心是因财产的取得、使用和处分而形成的权利关系,即财产所有者拥有财产所有权以及由此而派生的各种权利,包括使用权、支配权、收益权和处分权。涉及国有资产管理中的资产管理偏重于法学角度。

4）会计理论界对资产的认识

从会计理论界的角度,资产质量中的资产是对于微观层面的企业资产而言,所以会计界(包括理论界和实务界)的观点更为合适。

首先看看会计理论界对资产的认识。关于什么是资产,会计学者主要有两类不同观点:一种是注重资产的效用而将资产视为一种"价值";另一种是从取得资产"所费"的角度将资产视为一种"成本"。

① 资产的价值观。查尔斯·斯普拉格（Charles E. Sprague）在其所作的《账户原理》中，认为"资产是包括以前获得的服务，以及其他还在得到的服务的积蓄"。

约翰·B·坎宁（John B. Canning）所著的《会计经济学》认为："资产实质是处于货币形态的未来服务，或可转换为货币的未来服务。它的权益是属于某个人或某些人的。属于某个人或某些人的权益是合法的，或应得到的。这些服务之所以成为资产，仅因为它对某个人或某些人有用。"

斯普鲁斯（Robert T. Sprous）和莫尼茨（Maurice Moonitz）在《会计研究》1962 年第三号上撰文认为："资产是预期的未来经济利益。这种经济利益已经有企业通过现在或过去交易而获得。"而亨德里克森（Hendricks. A. S.）与范布德（Van Bride）1992 年合著的《会计理论》一书，将资产定义为"在一个组织控制下潜在的服务或与其利益的权益"。

可见，资产的价值观是立足于资产的未来使用能否给企业创造"价值"，将资产的存在目的与企业的存在目的相结合，来揭示资产的本质的。由于企业的基本目的是"盈利"，因而，资产必须是在企业的未来存在期间能够给其带来经济利益的"东西"。

② 资产的成本观。持资产的成本观的代表人物主要有威廉·安德鲁·佩顿（William Andrew Paton）和A·C·利特尔特（Littleton A.C.），他们在 1940 年合著的《公司会计准则导论》一书中认为："成本可以分为两部分，其中以消耗的成本为费用，未消耗的成本为资产。"

可见，资产的成本观则是立足于资产取得过程所发生的耗费，将会计上的"计价"作为衡量是否能成为资产的标准。其强调资产的"客观存在性"和会计上"可计量性"。

（2）会计实务界对资产的界定

因为实务中会计处理是以会计准则和会计制度为依据的,因此,会计反映的资产是指上述准则和制度定义的资产。然而由于经济技术、文化观念和认识程度的不同,各国的会计准则仍存在差异。

国际会计准则第 38 号中的"资产",是指由于过去事项而由企业控制的、预期会导致未来经济利益流入企业的资源。1970 年 10 月,美国职业会计师协会所属会计原则委员会发布了会计原则委员会第 4 号公告,提出了一个广为流传的资产定义:"资产是按照公认会计原则确认和计量的企业经济资源,资产也包括某些虽不是资源但按照公认会计原则确认和计量的递延费用。"

（3）本书中资产的含义界定

如果从经济学的角度考虑,将把无形资产排除在资产之外,无形资产价值的确来源于垄断权利,但是更重要的是能带来经济利益。本书认为,成本仅仅是资产的一种计量属性,是和营业收入相对的、应确认收益的一个要素,用计量属性来定义资产是本末倒置;资产存在的目的在于给未来带来经济利益,从资产运营的结果看也在于其可以给企业带来经济利益,因此本书倾向于资产的"价值观"。为了数据的可比和客观,在此采用中国会计准则中"资产"的定义,我国 2006 年 2 月财政部修订和颁布了共计 38 项具体准则,其中修订的《企业会计准则——基本准则》中对资产的定义是:"资产是指企业过去的交易或事项形成的、由企业拥有或者控制的、预期会给企业带来经济利益的资源。"定义中强调了这样几个要点:第一,资产是由企业过去的交易或事项形成的,而不是未来将要发生的交易或事项。过去的定义并没有指出资产的形成时间,那么,人们就有可能理解为资产也可以由未来的交易或事项形成。第二,资产带来的经济利益是预期的。这很容易理解,企业现在拥有的资产是将要在未来一定时间内使用的,通过合理的利用、使用某项资产,或者将资产组合使用,给企业创造价值或增加财富。第三,资产的本质是要具有经济利益,其含义至少包括三方面:一是资产要具有变现能力;二是资产要具有有用性,也就是说资产具有使用价值,这种使用可以独立或者是与多种资产组合使用;三是资产要具有增值性,不论是变现或者使用,都要有能力为企业价值增加作出贡献。

另外,为了更好地理解资产的含义,必须将资产与资本、资金区别开来。资本、资产、资金的区别:资本是企业为购置从事生产经营活动所需的资产的资金来源;资产是企业用于从事生产经营活动以便为投资者带来未来经济利益的经济资源;资金可以理解成各种资产的价值表现,是一个抽象概念。所以从经营管理的角度来看,企业管理就是借助人力资源对企业资产的一种运行管理,通过资产运营管理给企业带来经济利益,而资金会随着资产运行而产生资金形态的变化,对制造业而言通常是随着供、产、销的过程进行的,资金形态依次从货币资金到储备资金、生产资金、成品资金、结算资金最后又回到货币资金,从这个角度来看资金运行的好坏与资产运营的好坏是分不开的,当然资本结构的合理与否也会影响到资产运行的风险。

2.1.2　资产的分类及内容

为了探讨资产质量,就有必要了解资产的分类,因为不同资产在企业运行过程中的作用是不同的,能否体现出对应的资产作用从某种角度也体现出对应资产的质量。

资产按不同的根据、不同的标准,可以有多种分类。按照形态状况,可以分为有形资产和无形资产;按照物理性能状态转变时间(即变现或耗用)的长短,可以分为流动资产和长期资产;根据对企业生产经营的作用和影响程度不同,可以分为流动资产和结构性资产,流动资产与企业的经营规模有关,而结构性资产与企业的行业性质和生产规模有关。

资产分类是从管理角度,而不是从形式角度出发的,如把资产分成流动资产和长期资产,实际上也赋予了资产的不同要求,企业流动资产就其管理重点而言就在于流动性,即变现或耗用能力,而变现或耗用能力就是时效性,关注流动资产时效性是企业管理的重点。反过来,长期资产是不一样的,如固定资产,需要更多去关心其利用率,而非变现能力或耗用能力。同样把资产分为流动资产和结构性资产,至少说明流动资产更多与企业的经营规模(一般就指营业收入)有关,应更多地关注流动资产变动与营业收入变动之间的关系;而结构性资产实际上与企业的产品结构或行业以及其产能有关,如在同一产能前提下,化工企业的结构性资产大于装配型家电企业的固定资产,当然产能增加必然要增加结构性资产。

下面重点从流动资产和结构性资产这两个角度来分析资产。

流动资产分布在企业的供应、生产、销售和分配的各个环节,围绕着企业生产经营的全过程,表现为不同的资金形态,有货币资金、储备资金、生产资金、成品资金以及结算资金等。其特点是:① 一般情况下,流动资产的价值周转和实物周转同时进行;② 流动资产的分布乃至总额随着供、产、销各个环节情况的不同而变化;③ 流动资产具有周转期短、周转速度快、资金不断循环运动的特点;④ 流动资产是企业先垫支、后收回的资产,因而在生产经营过程中承担着较大的风险,从此风险的角度来看主要还是在"垫付"的时间上,"垫付"的时间越长,风险就越大,如购入原材料时可以理解为"垫付"了一笔储备资金,垫付目的是希望其尽快转为"生产资金"和"成品资金",如不能及时转化为"生产资金",就意味着购入的原材料形成了呆滞,同样,"生产资金"和"成品资金"也是一种"垫付",其目的要通过销售转化为"结算资金","结算资金"还是"垫付"性质,最终希望回到"货币资金",所有资金形态一旦停止,即"垫付"时间的延长,就意味着对应资产失效,即发生存货的呆滞跌价、应收账款坏账等资产质量下降的现象。

结构性资产就是非流动资产,如固定资产、无形资产等。它具有以下特点:① 使用期或发挥作用期一般在一年以上;② 资金使用数量大、形成和发挥作用的时间长;③ 一旦形成便不易调整或转换;④ 其比重或内部构成不合理,所带来的生产经营问题也是较难调整和克服的结构性问题。结构性资产的风险其实就是企业的设计产能多于实际经营规模所出现的闲置资产风险,属于企业的固有风险,有时候会构成公司致命的风险。从管理会计角度来看,由于结构性资产往往与企业的固定费用有关,结构性资产越大,企业的固定费用越大,企业保本产销量越大,当实际销售量达不到保本产销量,即产能大量过剩的情况下,企业将处于亏损状态。

流动资产,主要是指参与企业生产经营过程,并在供、产、销三个阶段中占用的资产。从资产形态的角度可以分为货币资产、储备资金、生产资产、成品资金及结算资金。流动资产是企业创造利润、实现资金增值的主营业务活动的支柱。结构性资产和流动资产的作用也完全不同,这是区分两者的主要标准。结构性资产是企业为开展生产经营活动而进行的基础性投资,有什么样的结构性资产,就有什么样的产品和经营业务。结构性资产的构成决定着企业的行业特点、发展方向和生产规模。企业结构性资产的投资和调整,即结构性资产的逐年变化,决定了企业的产品结构和更新改造周期。流动资产主要包括货币资金、交易性金融资产、短期债权资产、存货;结构性资产主要包括长期投资、固定资产、无形资产。企业资产结构及内容如图 2-1 所示：

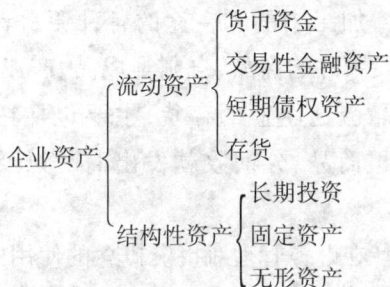

企业资产
- 流动资产
  - 货币资金
  - 交易性金融资产
  - 短期债权资产
  - 存货
- 结构性资产
  - 长期投资
  - 固定资产
  - 无形资产

图 2-1　企业资产结构及内容

下面对企业各项资产的经济内容逐一作简单介绍。

① 货币资金。货币资金是指企业生产经营过程中停留于货币形态的那部分资金，它具有可立即作为支付手段并被普遍接受等特性。资产负债表中反映的货币资产包括企业的库存现金、银行存款、外埠存款、银行汇票存款、银行本票存款、信用证存款、信用卡存款和在途资金。

货币资产是企业经济活动及其资金运动的轴心。这是因为：a. 货币资产作为生产经营活动的资金准备，是企业资金运动的"起点"。b. 货币资产是企业一切资产的"起始形态"，也是其"终极形态"。企业的非货币资产都是由货币资产转化而来的（直接投资除外），而非货币资产最终都将转化为货币资产，即非货币资产的存在目的是为了变现，并在变现过程实现增值，其存在过程就是一个变现过程。c. 货币资产的"流量"不仅说明企业的理财状况与效果，而且也是衡量企业真正"可分配利润"数额的标志。

② 债权资产。债权资产是指企业因生产经营需要与其他单位往来而产生的应收或预付款项，包括应收票据、应收股利、应收利息、应收账款、其他应收款、预付账款和应收补贴款。

③ 存货。存货是指企业在生产经营中为销售或耗用而储备的

资产,其持有目的是短期周转、销售或快速消耗掉。在工业企业中,存货包括库存、加工中的和在途的各种原材料、燃料、包装物、低值易耗品、在产品、外购商品、自制半成品、产成品以及分期收款发出商品等。商品流通企业的存货,主要包括在途商品、库存商品、加工商品、出租商品、分期收款发出商品以及材料物资、包装物、低值易耗品等。

④ 对外投资。在财务管理对投资概念的使用中,通常有狭义投资和广义投资之分。广义投资包括企业对资金的投向以及运用;狭义的投资专指企业的对外权益性投资和债权性投资,也就是资产负债表中显示的交易性金融资产、持有至到期投资、可供出售金融资产、长期股权投资。会计准则中投资的定义是:"企业为通过分配来增加财富或为谋求其他利益而将资产让渡给其他单位所获得的另一项资产。"

⑤ 固定资产。固定资产是指使用期限超过一年、单位价值在规定标准以上并且在使用过程中保持原有物质形态的资产,包括房屋及建筑物、机器设备、运输设备、工具器具等。《工业企业财务制度》规定下列两种劳动资料属于固定资产:a. 使用期限超过一年的房屋及建筑物、机器、机械、运输工具以及其他与生产经营有关的设备、器具、工具等。b. 不属于生产经营主要设备,但单位价值在 2 000 元以上并且使用期限超过两年的物品。这个标准不是绝对的,企业可以根据企业生产经营的具体情况确定固定资产的范围。

⑥ 无形资产。按照我国会计制度规定,企业的无形资产包括专利权、非专利技术、商标权、著作权、土地使用权、商誉、特许经营权等。由于无形资产本身所存在的诸多"不确定性",其确认与计量问题一直是会计界争论不休的难题。在会计实务中,企业"商誉"以及类似的无形资产,同样是"由企业控制的、预期会导致未来经济利益流入企业的资源",然而,由于会计计量方法与技术的限制,它们却不

能作为无形资产认定。因此,目前企业报表上作为无形资产列示的主要是外购部分的无形资产,而账外可能存在能给企业带来经济利益但没有确认的无形资产。

2.1.3　资产的特征

关于资产的特征,许多会计学者都对资产的特征进行了研究,存在多种看法。美国财务会计准则委员会(FASB)将资产的特征总结为:① 蕴含着可能的未来经济利益,也就是它单独或和其他资产结合起来具有一种能力,将来能直接或间接地产生净现金流入;② 特定个体能借助它获得利益;③ 使个体有权取得或控制利益的交易或其他事项已经发生。

多数学者认为,资产具有如下主要特征:

① 资产的实质是经济资源,这种经济资源能够为特定实体提供未来的经济利益;

② 这种经济资源须为特定实体所控制,即这种利益归集于特定实体而限制其他实体的取得;

③ 这种经济资源必须是过去交易或事项的结果,或者是导致特定实体能获得这项经济资源的交易或其他事项已经发生;

④ 对资源的使用权力或服务潜能必须有合法的要求权;

⑤ 经济资源必须能以货币计量,用货币进行反映。

本书认为上述观点实际上是从会计确认与计量角度得出的结论,侧重于对资产要素的会计分析,却忽略了从资产存在的现实经济环境来考察其特征。由于资产的存在本身是以企业经济环境为基础的,因此,将资产置于其存在的环境中来考察,更有利于揭示其本质。现实经济环境中,企业资产的特征主要表现为:

① 企业资产存在的目的是为了在企业经营过程中"实现盈利",因此,企业的资产必须具有"创利能力"。具有"创利能力"是

资产的基本特征。资产具有创利能力包含三层含义：其一，资产是有"价值"之物，这种"价值"体现为资产在"实际盈利"方面的作用或功能。对实现盈利无用的，不能成为企业资产；其二，资产的创利能力是现实存在的，是一种客观现实。这种现实存在的创利能力能够在未来期间变为"现实"。最后，资产的创利能力存在于企业经营过程中，与企业的管理体系融为一体，资产的存在目的内含于企业的存在目的。

资产的"创利能力"特征是与市场经济环境密切相关的。首先，企业的"性质"决定了其资产的获利性。新古典经济学的厂商理论，将企业视为能够作出统一的生产决策以实现利润最大化为目标的"生产者"。而现代产权经济学则用企业组织理论着重从企业的生产原因、企业边界、企业所有权与控制权的分离等方面对企业的"性质"作了重新解释，认为企业是一种用来降低市场"交易成本"、提高市场交易效率的"组织"。产权经济学关于"性质"的观点，是从"宏观"角度进行分析的结果。然而，企业存在的主导因素却永远是对经济利润的追求。企业的经济利润既是厂商理论的目标，又是产权经济学所期望的提高整个社会资源配置效率的具体体现。其次，在企业产权关系中财产所有权所具有的"收益权"特征也决定了企业资产的获利性。现代产权关系理论认为："产权是有主体的，而且主体是具有相应权能及利益的，可以称之为利益主体。产权的利益主体是极为重要的，因为对财产的各项权利和职能都是通过利益主体来实现的。"在企业的产权关系中，投资者等财产所有权主体要求其能够享有获得收益的权利，是理所当然的。而且，对于投资者而言，收益权是与财产所有权相关的其他权力（如占有、使用、处分的权利）的最好体现。因此，作为企业财产所有权实现基础的企业资产，必然具有创利的动机和特性。最后，市场存在体系中按一定关系和结构"排列"的企业主体，其相互之间实际上也是一种博弈关系,市场规则即是博弈规则,博弈的结果则直接体现在企业的生存与发展上。而这种博弈制胜的基本衡量标准就是作为博弈各方的企业能否获得盈利,因此,以资产为基础的企业经营必须谋求最佳利润。

② 由于企业所处的经济环境本身具有不确定性,处于动态变化之中的企业资产的价值也在不断地发生变化。企业资产发生价值变动的原因主要有:第一,科学技术的进步、先进工艺和先进技术与方法的应用而导致新产品的大量出现;第二,作为资产价值衡量尺度的货币的价值本身发生变化,商品的一般价格水平出现波动;第三,与资产相关的资源为非再生性资源,或者替代资产的资源出现,改变了资产的稀缺程度;第四,市场竞争日益激烈或逐步趋缓,以及包括政治等在内的诸因素发生变化而使得资产的市场需求发生变化。这种资产价值的变化,表现在个别资产的价值发生变动,或者表现在企业整体资产价值的变化上。由于资产的价值总是处于变动之中,因此,如何对资产价值的动态变化过程进行计量以真实地反映企业资产价值的变化,便成为会计学研究的重大问题。

③ 企业资产价值随着社会经济环境的变化而不断变动,也产生了企业资产的风险性特征。风险性是企业资产具有的基本特征之一。同时,企业资产的风险性又与其收益性相联系,因而,资产具有"投资"的特性。在现实经济环境中,资产的收益性特征为资产"带来未来经济利益"奠定了基础。然而,资产能否给企业带来未来的经济利益,还受许多因素的影响,必须具备相关条件。如果资产不能导致未来经济利益流入企业,则企业必然会发生相关损失,资产面临的风险就会成为现实。

④ 企业资产处于运动之中,企业的资产必须经过运动才能得到增值和实现价值。这就是出资人要拿出资金创建"企业"而不是简单

地保存着的原因。原材料经过进一步加工其价值才能得到提升,产品只有销售出去才能实现其价值。资产运动得越频繁,资产的利用率就越高。"流水不腐,户枢不蠹",企业各部分资产都应处于不停地运动之中,如图 2-2 所示。

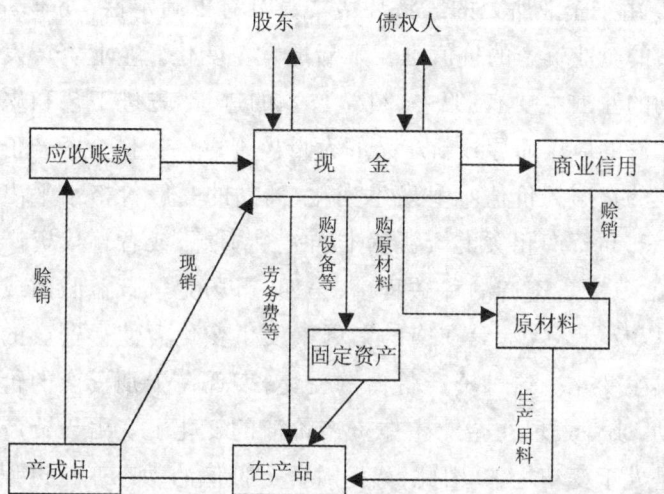

图 2-2　企业资产转换运动图

2.2　资产质量内涵

2.2.1　资产质量的含义

在对资产含义进行界定的基础上,了解了资产的特征,那么又如何去理解或定义资产质量呢?与财务质量相比较,资产质量是人们长期以来使用较多的一个概念。但是对其含义的理解不尽相同,关于资产质量的概念众说纷纭,理论界和实务界尚未达成共识。其中具有代表性的有:张新民认为,资产质量是指资产的变现能力或被企业在未来进一步利用的质量；宋献中认为，资产质量与盈利能力有关，资产质量反映资产的盈利能力；干胜道认为，资产质量是企业资产盈利性、变现性和周转能力的综合体现。

　　为了能给出资产质量的确切含义，有必要先理解一下质量的含义。《辞海》中对质量的解释是"产品或工作的优劣程度"，显然，从此解释可以看出评价质量是有标准可依的，但是却并没有说明以什么为标准；ISO/DIS 9000 质量管理体系——基础和术语中把质量定义为"产品、体系或过程的一组固有特性，满足顾客和其他相关方要求的能力"；世界质量宗师菲利普·克劳士比(Philip B. Crosby)认为，质量的定义必须"符合要求"，克劳士比说出了质量的真谛，点出了评价质量的意义所在。关于资产质量，有人认为是指资产的优劣程度，本质上也就是资产带来未来收益大小的程度；有人认为资产质量是指企业的财务结构和资产使用效率，体现企业资产的安全性、稳定性、抗风险性和变现性。

　　综上所述，笔者认为，资产质量应该主要包括两个方面的含义：① 资产的物理质量；② 资产的系统质量。

　　首先来理解一下资产的物理质量，资产的物理质量主要通过资产的质地、结构、性能、耐用性、新旧程度等表现出来。资产的物理质量对企业财务状况的影响是显然的，在比较一项具体资产的质量时，资产的物理质量更为重要。如果有两个拥有同样数额资产的企业，一个企业资产是新购置的，而另一个则是若干年前购置的，那么它们的财务状况是存在差别的。在原报表体系中，我们可以通过对"固定资产原值"和"累计折旧"项目的比较，得到关于企业资产新旧程度的一些情况，但由于折旧方法的不一致，各企业间不是完全可比的，在新报表体系中，不可能在资产负债表中看到"固定资产原值"和"累计折旧"项目，因此只能从会计报表附注中得到这方面的信息。总之，对于外部使用者来说这方面的信息是非常缺乏的。虽然物理质量是资产质量和基础,但是资产的物理质量更多地体现为单项资产的质量,有很大的局限性。为此重点要放在资产的系统质量的含义上。

资产的系统质量是指在企业管理系统中发挥作用的质量,具体表现为变现质量、被利用质量、与其他资产组合增值的质量以及为企业发展目标作出贡献的质量等方面。可以看出,这个意义上的资产质量是把资产作为企业的组成部分来讨论的,不能孤立地来看待各项资产,应站在整体的角度来评估企业的资产质量。因此,在作企业整体评估时,资产质量应该更侧重于这个意义上的资产质量。因为,相同物理质量的资产在不同企业之间、在同一企业的不同时期之间或者在同一企业的不同用途之间会表现出不同的贡献能力。一项资产,如果在特定企业中不能发挥作用,即使物理质量再好,也不能算作该企业的优质资产。这就如同一件衣服,质地、做工、款式都很好,但只有适合穿衣服的人,对他来说才是件好衣服;同时,一个企业的资产质量好,也应该以资产的物理质量为基础。资产的这两方面质量特征是相互关联、矛盾统一的。当对单项资产评估时,就要注重资产的物理质量,但对企业价值的评估,更要体现资产的系统质量。

2.2.2 资产质量的特点

根据上述资产质量的含义,我们不难发现资产质量的以下特点。

① 相对性。它是指同一资产对于具有不同经营方向的企业而言价值不同,从某种角度看,资产质量是相对于企业的主营业务能否带给企业经济效益而言,同样的资产对于一个企业而言是有利用价值的,而对另一个企业则可能毫无利用价值。正是由于资产质量的相对性才更要求企业把对应资产利用好,其实现实生活中

的人力资源管理也是一样,要人尽其才,各个岗位要配备合适的人员。从个别资本与社会资本的关系来看,个人主体质量差的资产可能是其他主体需要的优质资产。这就为整个社会资源再配置(即资产重组)创造了条件。

② 时效性。技术变革会造成资产的无形损耗,企业产品与产业结构调整会改变资产质量属性,过去的优质资产会变成不良资产;在特定的环境下,不良资产也会转化为优质资产。时效性对于流动资产尤其重要,如购入材料几个月都没有领用就往往意味着发生呆滞,最后造成积压和贬值,同样,应收账款一旦超过信用期就意味着有坏账的风险。

③ 层次性。资产质量既可以从总体上把握,也可以分项目进行。一个经济效益好、资产质量总体上优良的企业,也可能个别资产质量很差;相反,一个濒临倒闭的资产质量很差的企业,可能会有个别资产质量好。

2.3　目前使用的资产质量评价方法

虽然资产质量是一个热门的话题,也是对企业进行评价时需要关注的重要项目,但是对资产质量评价多处于定性分析和不系统的分析阶段,目前主要有净资产调整法和市净率法。

2.3.1　净资产调整法

净资产调整法是通过"每股净资产"与"调整后每股净资产"(调整"三年以上应收账款"、"待处理财产损溢"、"待摊费用"、"长期待摊费用"四项)两项指标的差幅来确定资产质量。

1998 年,上海财经大学的李数华、陈征宇在《每股净资产调整差异分析》中谈到,"三年以上的应收款项"、"待处理财产净损失"已不符合资产定义,且从国际惯例看,存在三年以上的应收款项极不正常,即使存在,也早已100%的计提坏账准备,而在国际惯例中,出现盘盈盘亏,当即就予以处理,不会出现待处理财产净损失这一项目;从严格意义上讲,"待摊费用"、"递延资产"也不符合资产定义。因此可将这四个资产项目归为不良资产,这也是在重新计算每股净资产时将这四个资产项目调整出来的原因所在。因此,从资产质量的角度看,一家公司的调整值越高,说明公司的资产质量越差;反之,调整值越低,说明公司的资产质量越好。而对这四个资产项目的计量处理,亦直接影响到当期的损益。因为:① 三年以上的应收款项是否计提"坏账准备",计提多少;② 待处理财产净损失;③ 当期发生的有关支出是进入当期损益,还是作为"待摊费用"或"递延资产",以及对以前的"待摊费用"和"递延资产"是否摊销、摊销多少等,公司都可以根据自己的财务状况对该四个调整项目进行相应处理,以调高、调低利润达到其管理盈余的目的。该方法的不足之处是,没有把资产的本质特征表现出来,只是作会计上的调整而已,其形成原因只是会计方法的原则或会计制度的规定使然。

2.3.2　市净率法

市净率法认为市价高于账面价值时企业资产质量好,具有发展潜力;反之,则资产质量差,没有发展前景。这种方法的适用性非常有限,在理想的状态下,市场完全有效,信息对称,股票市价反映股票的价值,在这种情况下,市净率可以看做是净资产质量量度。但是情况往往不是这样,现实并不理想。首先,是净资产的可操控性。由于利润的可操控性直接导致净资产的可操控性,经理层可以通过平滑利润等办法来操控利润,已经有很多实证研究证明其确实存在。其次,股价的不确定性、非理性。股票具有很强的投机性,股票的波动很多时候是大庄股在操纵,股价波动并非公司前景的反映,即股价上升并不一定预示公司前景璀璨、公司资产质量良好,反之亦然。最后,企业资产的来源有投资者的投资和债权人的投资,市净率指标忽略了资产的债权人投资来源,不能反映企业资产质量全貌。

2.3.3 基本评述

上述两种资产质量的评价方法有一定的道理,从某个角度的确也反映了资产质量。但是,净资产调整法无非说明资产负债表中有部分如"三年以上应收账款"、"待处理财产损溢"、"待摊费用"、"长期待摊费用"项目已不具备资产的特征(不能为企业带来未来经济利益),只能说明单项资产的质量有问题,但不能说明整体企业资产状况,同时这里的资产状况也只能反映静态的状况。作为资产质量的全面衡量,还得考虑各项资产在参与企业生产经营过程中的动态状况,如资产周转速度等。

而市净率指标属于市场(指资本市场)化指标,而资本市场的股价有很大的不确定性,很难与对应上市公司的资产质量挂钩。因此上述两个指标都是一个相对综合和抽象的指标,对企业的资产质量只能说是有个粗浅评定,没有实质性联系,就经营管理角度而言没有实质意义,没有真正反映企业资产质量全貌。为此要在资产质量的含义和特点基础上更加细分,对资产质量的各特征进行指标量化,真正通过资产质量指标体系的建立、计算,才能全面衡量对应企业的资产质量,才能通过分析企业资产质量状况为资产管理提供良好的基础。

第3章 资产质量定性分析

3.1 影响资产质量的内外部因素分析

要提高企业资产质量,首先就必须了解资产质量的影响因素,影响因素可以从内外两方面来进行分析。

3.1.1 影响资产质量的外部因素

(1) 宏观经济政策

国家宏观经济政策主要包括产业政策、财政政策、货币政策以及汇率政策等。这些政策对产品市场和原材料、筹资、投资各个方面都有影响。国家的产业政策和产业倾斜会影响企业的整个生产链,如国家鼓励高新技术企业的发展,高新技术企业在税收、筹资等方面就都享有优惠,因而相对来说,在其他条件都相同的情况下,此类企业的资产质量要高一些。再比如,我国连续几年加大对农业的支持力度,使得我国很多涉农企业取得明显的增长,不管是处于上游的农药化肥行业(如盐湖钾肥)、种子行业(如隆平高科、登海种业),还是处于下游的种植业、加工业(如北大荒、金健米业),在国家产业政策的扶持下不仅成长性、收益性等会计指标得到了提升,而且股价等市场性指标也得到了明显的提高,这充分说明在评价某个行业资产质量时必须要考虑产业政策的影响。如2004年在东北地区试行增值税改革,对东北企业的优惠政策,无疑给这些企业注入了新的动力,因而在与往年其他条件都相同的情况下,这些企业的资产质量均有所提高。

另外,国家的货币政策对企业的影响也比较显著。我们对企业资产质量进行评价时必须考虑货币政策对企业的影响,比如房地产、汽车制造等资金需求量比较大的行业在国家采取紧缩性货币政策时,资产质量的评价就相对低一些。为了控制通货膨胀,我国自 2007 年下半年采取紧缩货币政策以来,很多房地产企业 2008 年的资产收益能力明显下降,甚至个别企业的资金链出现断裂。

同时,评价进出口业务量较大企业的资产质量时还必须考虑汇率政策,即币值的稳定性。理论上讲币值的变化有两个方向,即升值和贬值,而且在某方向上的变化有一定的延续性和预期性。在币值上升的预期之下,原材料进口型企业的资产质量相对来说比较高,如造纸业;相反,产品出口型企业资产质量相对来说比较低,如服装业。截至 2008 年上半年,由于人民币的持续升值,以持续贬值的美元计价的出口贸易受到了相当严重的打击。据 2008 年 5 月中央电视台经济半小时栏目的调查,苏州市吴江区从事服装加工出口的中小企业 80% 处于停业、歇业、半停业状态。同样,位于长三角、珠三角的出口企业也面临着同样的命运。

(2) 经济周期

任何企业在市场经营的周期性波动中,都会受到市场扩张和收缩对其经营活动的冲击。在经济循环的收缩阶段,市场处于衰落时期,市场需求减少企业销售下降,生产缩减,因此企业原料进货也跟着削减,同样也会减少用于营业支出的现金流出量以及原料和在制品存货,机器设备等固定资产利用率相应的跟着降低,甚至闲置不用。这时,较少的制成品存货足以维持较低的销货量,而较低的销货量产生较少的应收账款。也就是说,在经济循环的收缩阶段,减少现金流出量和清理一部分应收账款所得到的现金,使企业有了过剩的现金,从而使货币资产的比重大量增加;存货的廉价处理,使存货资产的比重也逐渐下降。如果预计衰退的时间将持续很长,企业将推迟执行新增或重置固定资产的计划,这可以减少或消除另外一些现金流出量。在长期循环的过程中,折旧准备又同时不断地使固定资产比重逐渐下降、流动资产中的货币资产比重逐渐上升,因而造成企业资产运营效率下降;货币资产、固定资产等长期资产比重过高,资产结构不合理,使得资产闲置或利用率不高,资产规模相对于企业经营能力来讲显得过大,最终影响到企业的资产收益能力。

与此相反,如果企业处于经济周期的恢复期,现金需要量迅速增加,企业积存的过剩现金很快用完。不仅扩充存货和伴随而来的应付账款需要货币资金,而且对固定资产的投资也将大大增加,企业加班加点日夜运作。最后,企业的资产运营效率提高,货币资产、固定资产等的比重就会下降,资产结构也会显得不合理;资产超负荷运作,资产规模需要扩大,企业整个资产的收益能力会极大提高。因而,经济周期会对企业资产质量有较大的影响。

(3) 市场环境

市场环境是指市场的竞争情况和市场的信用状况。竞争情况可以分为完全竞争、不完全竞争、寡头垄断或完全垄断。在其他资产情况相同的情况下,市场竞争情况不同,企业的资产质量还是有很大差别的。在寡头垄断或完全垄断的市场中,企业的进入壁垒高,现有企业的排他性强,竞争压力小,资产质量一般可以维持较高水平;而在完全竞争或不完全竞争市场中,企业的竞争压力大,企业随时都有破产的危险,企业资产价值的不确定性强,因而在同条件下,企业的资产质量较差。我国现在的电力系统、铁路运输系统就是处于垄断的环境中,不管市场的具体状况如何,不管这些企业有没有更新设备,有没有提高服务质量,这些企业资产的表现一般都比较稳定且不错。与之相对应的设备制造业、家电制造业,由于其市场的高度竞争性,资产质量的评价在同等条件下需要降低一些。另外市场信用状况也直接影响企业资产质量,由于国内的市场信用状况普遍不好,导致企业的应收账款普遍偏大,同时应收账款质量低下。

（4）社会平均投资收益率

社会平均投资收益率是指一个国家或一个地区各种行业的平均收益率。它对企业资产质量的影响主要表现在两个方面:首先,从理论上来讲,资产是未来收益的现值,社会收益平均投资收益率作为必要报酬率或者贴现率影响着企业资产的估值,平均收益率越高,企业资产估值越低,反之企业资产估值越高。其次,企业资产中包括短期投资和长期投资,对于投资性企业这两项资产尤为重要,在风险相同的情况下,企业到底选择何种投资,主要取决于市场上的投资收益率。如果市场上投资收益率的曲线随投资时间的延长而呈上升趋势,企业就会较多地进行长期投资,长期投资在资产中的比重将上升,资产的流动性降低,周转期增长;如果市场上投资收益率曲线随投资时间的延长而呈下降趋势,企业就会较多地进行短期投资,短期投资在资产中的比重将上升,资产的流动性也会增加。

3.1.2　影响资产质量的内部因素

（1）行业性质

企业的不同经营性质,通常对其资产结构有着极其重要的影响。生产企业与商品流通企业相比需要更多的固定资产;生产企业中以机器作为主要加工手段的企业与以手工作为主要加工手段的企业相比需要更多的固定资产;商品流通企业中批发企业与零售企业相比需要更多的固定资产。总之,在生产流通活动中,需要更多地凭借劳动手段进行运转的企业,需要更多的固定资产;而更需要凭借手工进行运转的企业,需要较少的固定资产。生产经营周期的长短也影响资产结构。购货时间越长,在途资产占用越多;制造时间越长,占用的原料和在产品就越多;销售时间越长,应保留的产成品或商品就越多;收账时间越长,应收账款占用资金就越多。企业的行业性质对企业资产结构有重大的影响,因此,不同行业的企业资产结构的可比性不强,在进行企业资产结构比较时,一定要考虑企业的行业性质。

另外,从某种角度来讲,我国企业的风险更多来自行业风险,如2007年处于建材行业的钢铁、水泥等企业的资产质量状况普遍良好,而处于家电行业的电视机等企业的资产质量状况明显偏差。

(2) 科技创新能力

企业科技创新能力对企业资产质量有较大的影响。首先,不同技术特点产品的生产所需资产的配置是不同的,有着不同的专用性要求,进而也影响到资产的流动性和有效性。如果资产专用性越强,其可变现能力即变现金额越具有不确定性。毋庸置疑,通用汽车公司的生产设备与波音公司的生产设备相比一定有更活跃的市场。其次,企业的技术开发能力越强,则产品的科技含量越高,其表现的附加值越高,即资产收益性越高;同样,如果企业的设计创新能力和制造创新能力越强,那么其工艺水平提高,生产效率就越高,资金周转也就越快,表现出资产的有效性就越高。

(3) 管理水平

企业管理水平会对资产质量的各个方面产生重大的影响。从经济学的角度来看,管理者及管理者的技巧都是企业的资产。但在企业的资产负债表中,这项资产被完全忽略了,我们无法通过企业的财务报告去了解企业管理水平的高低,我们只能通过财务报表去推测企业的管理水平。一般而言,资产经营者的管理水平与企业资产的质量成正比。不同的管理水平下,企业会采取不同的资产配置,进而影响企业的资产结构。高水平的管理会对各种资产进行科学合理的配置,发挥资产的最大效益;而低水平的管理会直接导致资产不合理的配置,导致资产的浪费。同时,高水平的管理也会加快资产的使用效率,加速资金周转,增强资产的获利能力。

(4) 销售状况

企业的销售一方面表现为商品物资等资产的减少,另一方面表现为货币资产的收回,而且在正常情况下,收回的货币资产的价值要大于商品物资资产的价值。同时,销售顺畅的话,资产周转速度快,存货的保有量相对降低。所以,当企业经营状况好、销售趋好时,货币资产的比重相对上升,存货资产的比重相对下降。相反,企业经营不景气、销路不畅时,货币资产的比重会相对减少,存货资产的比重相对上升,而且,由于赊销会因销路不畅而增加,企业的应收账款也会呈上升趋势。企业销售趋势好,销售规模必然不断上升,相应的生产规模必然扩大,导致企业的固定资产规模增大,而流动资产会出现相反的下降趋势,其结果是流动资产比重相对较低,而又可能由于筹资渠道不畅等原因会挤占企业的流动资金,固定资产比重相对较高。之所以如此,原因在于固定资产的规模与生产规模及销售规模相联系,而流动资产的规模受存货、应收账款周转速度的影响,并不与生产销售规模相关联,这也是发达国家企业固定资产比重逐渐上升以及实行零库存管理的原因。

(5) 经营的季节性

经营季节性强的企业,其资产弹性要求较高。资产中临时波动的资产比重相应较大,永久固定的资产比重相应较小。具体来说,在资产负债表的资产项目中,金融性资产的比重相对较大,这样,可以随着季节性波动,相应调整企业的资产占用规模。此外,销售的淡旺季会使货币资产和存货资产的比重有很大的变化。一般在销货淡季,企业会把现金投入原料及营业和生产支出中,而资金周转暂时停留在制成品存货阶段,这时货币资产短缺,而存货增加。但在旺销季节,则存货资产减少,货币资产增加。

3.2 资产的质量特征分析

从资产质量的含义可知,资产的质量特征应从两方面归纳,即资产的物理质量和系统质量。从资产的物理质量看,内容主要有:① 资产存在的客观性,即所报告的资产是否真实存在,这是资产物理质量的基本前提,没有真实的资产就谈不上资产的物理质量;② 实有资产的物理特征,即是否残次冷背、是否损耗,这一点也说明资产的有效性。从资产的系统质量看,资产的配置为企业带来的收益越大,从理论上来讲就说明企业资产的系统质量越好,内容主要有:① 资产的结构,前面已经提到,作为制造业来讲,一方面要求企业的产能和经营规模相匹配,这就要求企业的结构性资产和流动资产有一个合理的比例;另一方面,从流动资产角度来考虑,在生产经营的全过程中,企业的不同资金(资产的货币表现)是并存的,既要有货币资金,又要有储备资金、生产资金、成品资金、结算资金,这些资金需要有合理的分布,也就是说企业的不同资产应有合理的分布,所以资产物理质量中所说财务报告的资产是否真实存在只是一个前提,其实存在并不一定合理;② 资产的有效性,在资产的存在和合理结构的基础上,各项资产需要相互作用、依次转换,最终实现企业的效益,这就是说需要资产发挥应有的效能,即资产的有效性,如企业机器设备的利用率高低直接反映资产的有效性;③ 资产的收现性,资产在有效性的前提下,自然通过企业资金循环来达到货币资金的增值,如果对应资产缺乏参与经营过程的有效性,那么也希望资产能够通过出售来达到变现;④ 资产的收益性,资产的含义中最重要的一点就是要给企业带来未来经济效益,因此收益性是资产质量的最重要特征;⑤ 资产的规模,资产质量强调资产的配置、组合及各资产在企业整个系统中发挥的作用,强调资产的规模效应。

根据上述理论分析,考虑到资产质量的两个方面的相互关系,避免特征含义之间的重复,笔者认为可以把资产质量特征综合归纳为如下四点:存在性、有效性、收益性和安全性。为了全面理解资产质量,下面对这四个特征再作进一步的理论分析。

3.2.1 资产的存在性

根据马克思主义的生产力形成原理,企业具备了各生产力要素,便具备了拥有潜在生产力的条件,但只有各生产力要素有机结合才能形成现实的生产力。可见一定量的资产结构形成最大生产能力应具备两个条件:一是代表各生产力要素的各类资产在空间上同时存在(即资产的真实性),二是各类资产在品质上与特定工作有机结合(即资产的结构性)。各类资产的同时并存,根源于各类资产在再生产过程中具有的功能不同,不同功能的资产反映了各类资产不同的质的规定性,不同质的固定资产具有不可替代性,因此要形成生产能力,反映各生产要素的资产在空间上必须同时并存。根据矛盾规律,各类相同功能的资产在品质上也存在一定的差异,有的差异还很大。如生产同种产品的固定资产,有的精密度高,有的精密度低,有的自动化程度高,有的自动化程度低。因此反映生产力要素资产的品质就是直接影响企业生产力水平的因素,不同品质资产的组合会影响企业生产力的水平。可见,构成企业生产力的各资产要素在品质上必须相互适应。从价值方面看,这种比例性表现为固定资产和流动资产占用资金的比例关系、各类固定资产占用资金的比例关系、各类流动资产占用资金的比例关系。但决定这些比例关系的则是各生产力要素结合的比例关系,即马克思所谓的企业的技术有机构成。企业资产结构在数量上的比例性规律告诉我们,如果比例失调,将会使某些多余的资产处于闲置状态,造成资源的浪费,影响企业生产能力的有效发挥。

因此,资产存在性就是指企业报表上定义的资产是否真实存在,是否符合资产的定义(即资产的真实性),企业现有资产的结构是否合理(即资产的结构性)。

进一步分析可以看到,资产的真实性其实又包含了两层含义,第一层含义是报表所记录的资产是否真实存在,即会计报表是否客观反映资产状况;第二层含义是指符合资产会计定义的"资产"在经济上是否能带来潜在的收益。影响资产真实性的主要因素是存在异常资产,包括虚拟资产和虚增资产。虚拟资产是指为符合会计的配比原则而进行资本化的费用,如长期待摊费用、待摊费用、股权投资差额等,这些资产其实不能给企业带来经济利益;虚增资产是指不符合会计准则,为一定目的粉饰报表而产生的"气泡"。这两个方面不管是合法存在还是非法存在,都影响了资产的真实性。资产真实性偏重于单个资产质量的分析,是资产质量的基础。

企业资产结构的存在,以结构中各单个资产要素的存在为基础,如果各单个资产要素不存在或其存在无意义,那么资产结构就不存在或无意义。单个资产要素的真实存在是合理资产结构存在的前提。

资产的结构质量是指以某种形态存在的资产在企业总资产中所占的比重。产业资本的三种形式——货币资本、生产资本和商品资本——要按一定比例在空间上并存,这也就是资产的结构问题。各种形态的资产合理分布、配套运作,总体资产的效应才会最大;否则,将会出现水桶效应,即某种资产成为企业整体发展的瓶颈,使得其他资产也得不到最大限度的利用。分析各项资产所占比重,能比较直观地反映出资产的结构。例如分析总资产中流动资产同固定资产所占比重,如果固定资产比重相对偏高,则会削弱营运资金的作用;如果固定资产比重偏低,则企业发展缺乏后劲;如果流动资产中结算资产的比重太高,则容易发生不良资产,潜在的风险就大。

3.2.2 资产的有效性

资产的有效性(以下简称有效性)也叫资产的有效状况,是指资产在企业生产经营中被运用的情况。资产只有被充分利用,其为企业创造价值的功能才能得以体现。有效性一般可以用定量的方法来表示,主要有资产周转率。资产的周转速度越快,说明对该资产利用得越充分,该资产就越有效,为企业赚取收入的能力就越强。对一些固定资产也可以用时间来表示,占用或工作时间越长,利用率越高,质量就越好。对于人来说有"能者多劳"之说,对资产也存在这种现象。若利用某资产生产的产品成材率高、产品精度高,对于同一个生产过程,作为理性人的生产者都会选择该资产进行生产,而其他没有被选中的资产只有坐冷板凳。因此,笔者认为资产被利用得越频繁,也就越有效,说明其质量好;如果资产闲置,资产的有效性必然会受到损害,质量就不好。所以我们在分析有效性时除了结合会计报表进行分析外,还要进行实地考察,有的时候企业资产有效性的缺陷会被某些会计数据掩盖。一个非常简单的例子,一个利润情况非常好的制造行业的企业建了一个豪华的招待所,这个招待所仅仅用来招待客户,因为企业本身的利润情况非常好,对整体盈利情况不会有太大影响。但我们从资产的有效性考虑,作为一个制造性行业企业,显然招待所这部分资产经营没有被充分利用,企业的有效性存在缺陷。

　　资产的有效性可以描述资产在生产经营过程中被运用的情况,理想的情况是企业所有资产都能参与企业的生产经营过程,并在生产经营过程中发挥各自的作用。当然由于各种资产被运用的方式存在多样性,货币资金的功能在于对采购资金的保证,债权资金的功能主要表现为销售的扩大,存货资金的功能在于生产资金的保证和经营规模的扩大,长期资产的功能主要表现为生产效率以及生产能力的大小,因此各种资产的被运用情况的衡量存在着一定的困难,但是这些资产的运用存在着一个共同目标,即加快资金的流转,缩短现金周转期。故可以用各种资金的周转率来反映其被运用的效率,资产的周转率越大,说明该资产运用得越充分,同时也说明该资产越高效,为企业获取未来经济利益的能力就越强。当然在计算资产周转率时,要注意剔除一些无关资产,比如计算流动资产周转率时,短期投资就属于与生产经营无关的资产;计算固定资产周转率时,非经营用的固定资产,如小汽车、办公大楼、在建工程等就属于无关资产。

3.2.3　资产的收益性

　　按克劳士比的话说,质量就是符合要求,那么对资产的要求就是,通过对其运作实现保值和增值。所以,资产的收益性是资产的内在属性,是其存在的原因所在。资产质量高应该是有良好收益的必要条件,而良好收益应该是资产质量高的必然表现。

　　资产收益性的一个重要方面是其获取现金的能力——资产的收现性,即具有物理形态的资产通过交换能够直接转换为现金的属性。资产收益不应该仅仅是会计上的收益,而应该最终取得现金收益,这是收益的最终目的和归宿。资产的收现性特征是由资产实现价值补偿和价值换为现金的要求所决定的。资产的变现能力直接影响着企业生产的正常进行,甚至有可能关系到企业的生死存亡,企业正常良性运作的必要条件之一就是企业的现金流入量能满足正常投资需求;作为企业所有者的股东也是希望通过逐期分得股利收回其投资并从中取得更多的回报;证券市场也提供了有力的证据,投资者更关心现金流而不是净收入。

正常的生产经营周期是既以货币为出发点,又以货币为回归点的,即:G—W⋯P⋯W′—G′。马克思认为,"W′—G′"这一过程,是商品的"惊险的跳跃",一旦不成功,摔坏的不是商品,而是商品所有者,可见其多么重要,多么艰难。这个过程显然就是变现的过程。只有通过变现的过程,企业原垫付在资产上的价值才能最终得到补偿,即原始投资才能最终收回;另外,要衡量资产在流动中是否增值,也必须是收回的货币额大于垫付的货币额,也就说明资产在流动中增值了,否则,就没有增值。可以说,不能变现的资产对企业来说是毫无经济意义的。所以评估资产的质量必须考虑其收现性。

具体来说,资产的收益性是资产运作结果的综合表现,也是提升资产质量的条件。首先,资产质量的状况如何,在很大程度上决定了企业的盈利能力及收益质量,也就是说,高质量的资产应该有良好的收益表现。从这一点看两者存在因果关系。其次,资产的收益性在一定程度上决定了企业进行扩大再生产的能力,进而影响资产质量的提高。研究表明,上市公司的资产质量与收益性呈现一定的正相关关系,资产质量好的公司收益性较好,保持稳定的收益才能够确保上市公司资产升值。因此,评价资产质量,其收益性是不得不考虑的最为重要的因素。

资产的收益性不仅包括资产的收益能力,而且还包含资产的收益方式。资产的收益能力是可以用统一的货币形式计量的,但每种资产获取收益的方式却可以互不相同。同一资产的收益方式在不同的社会经济环境和不同的资产占用者的运用下,也可以是变化的。以一宗土地资产为例,根据它的周边环境条件和它的地理位置,可以在这块土地上建造宾馆、写字楼、大型商场或高档住宅楼。显然,每一种设想选择将带来不同的收益方式,而每一种收益方式所能带来的收益一般是不同的。再以一台机器设备为例,可以将它投入生产流程,或者从现在的生产过程中拆出来挪至其他位置,或者用于其他产品的生产,或者拍卖,显然这里每一种设想都可能成为一种收益方式。所以说,资产的本质在于其具有收益能力,而资产的收益能力是依赖于资产的收益方式的。

资产的收益方式不同,收益能力也有很大的变化。评价资产的收益能力是以某种特定的收益方式作为前提的。笔者认为评价资产收益能力时,作为评估前提的收益方式应符合以下几点条件。

1) 最佳性(或合理性)

任何一位资产占用者都希望获取尽可能大的收益,因此资产应尽可能地以一种能产生最大效益的方式被使用,资产的价值也只能通过这样一种最佳的收益方式所体现的收益能力而得以反映。因此,我们所认可的资产收益方式一般应在各种限制条件满足的前提下具有最佳性(或合理性)。一块土地如果能够建宾馆、写字楼或住宅,而建宾馆的收益最大,那么当然要以建宾馆作为其收益方式使这块土地的价值得以实现。

2) 可行性

一项资产通过某种形式获取利益是要受各种技术方面、经济方面、社会环境方面以及人的因素的限制。这也就提出了这样的问题:一种获利方式是否能满足这些限制而仍具有收益的能力?或者,这种收益方式是否可行?

对一项资产获利方式的可行性判断是一个综合性的分析过程,既要分析该获利方式实施的技术难度、资金方面的要求,又要考虑相应的市场前景,还要考虑实施者的自身素质。例如:一项技术在一个经济发达、技术人员多的地区可以比较容易地转化为一定的收益能力;而在一个相对落后、经济和文化素质较差的地区可能就要困难得多。当然,几乎所有的研制条件都能得到克服,但这些都要求支付相应的费用,因此,最终这些限制均转化为对某种获利方式下其收益能力的一种削弱。可行性的判断,最终归结为在考虑了所有的限制条件对获利能力的削弱之后,资产通过这种获利方式还能否具有获利能力。获利方式的可行性事实上综合了时效性、经济可行性、技术可行性、地域性等。

3) 风险性

任何一项资产的收益实现都是具有风险性的。这种风险直接体现在一项资产的收益方式上。直接比较资产之间的风险大小是没有意义的,因为资产的价值直接依赖于一定的收益方式。资产的风险(或者说收益能力的风险)实际上是资产实现收益的方式的风险。以土地为例,建造宾馆和住宅是两种不同的获利方式,两种方式在一般情况下各自的风险也是不同的。收益方式的风险通常与其相应的收益能力有一种共生的关系。较大的风险可以带来较大的收益。从另一个角度来说,风险也是一种对收益能力的削弱。

上述条件说明资产的收益方式是一项资产固有的特征,同时它也应具有一种动态变化的特征,即一项资产的收益方式随着外界和自身的条件而相应的变化。以一台机械设备为例,这台机械设备新出厂以后,对于它的拥有者来说,投入生产过程,制造某种产品是此时它的收益方式。随着这台机械设备的使用而出现部件磨损,性能下降,其收益能力也会降低,但在一定范围内,其收益方式可以持续。设备磨损到了一定的程度,按原先的生产方式,该设备创造的效益可能还不及这台设备维护、修理和操作的费用。这时设备的占用者就会考虑采用新的设备,而将这台旧的设备淘汰,用于其他的生产过程、转卖或者作为报废设备回收。无论是转作他途、转卖,还是回收,都是区别于其原有收益方式的新的收益方式。造成资产收益方式发生变化的原因除了资产内部自身条件的变化以外,还有资产所处的外部环境的影响。仍以一台机械设备为例,如果它生产出来的产品市场趋于饱和、受国家政策的限制,或者由于所在企业经营失误、资金周转不灵、造成破产清算等等,都将直接导致这台机械设备无法按原有的方式生产下去,收益方式将发生变化。

3.2.4 资产的安全性

资产的安全性是指资产按照管理层的意愿继续为企业服务的性质。其中包括两个方面的内容:一是资产的抗拒破坏性损失的能力,如灾害、意外事故、被盗、自然力破坏等;二是资产维持原用途的可能性。第一种情况主要是影响个别资产的资产质量,在货币资金收支过程中的内部控制制度的不善会降低货币资金的资产质量,因为这时的货币资金随时存在潜在风险。由于这种情况影响的是个别资产,且影响程度不容易量化,因此在本书中不作重点考虑。第二种情况有两种可能,其一是企业转产造成资产用途改变,资产价值降低;其二是企业破产造成资产转手或低价处理,在这种情况下,资产脱离其存在的原本目的,其价值也只是清算价值。因此,资产的安全性是资产质量的一个重要方面。

资产的以上四个特征不是相互孤立的,而是相互联系、相互影响的。资产的存在性是其他方面的基础,对其他三个方面都有影响,没有资产的存在性就很难谈资产的有效性、收益性和安全性;资产的安全性也直接影响着资产的收益性和有效性;资产的有效性影响资产收益性,资产的有效性差,资产转化为现金的速度也就相对慢,从资产的利用中获取的收益也相对少,资产缺乏有效性必然会影响资产的收益性。总之,必须联系地看待资产质量的四方面特征,所以评价企业的资产质量应该从这四个资产质量特征入手来进行。

需要指出的是:对于不同的分析对象,分析的重点是不同的。上面也已经提及分析单个的具体资产使资产的物理质量更为重要,而物理质量最为直接的表现是资产的新旧程度、技术含量以及可变现净值(此时一般以清算价值或市价表示);当把某一类型的资产作为分析对象时,因为是把该类型的资产作为企业的必须的某种类型资产,因此其侧重点就因该资产的类型不同也有所不同,具体来说,存货重在有效性,债权资产重在存在性,结构性资产重在结构合理、规模得当、有效,而收益性则不容易表现出来;当把企业整体作为分析对象时,资产的系统质量就比较重要,因为企业是资产以系统形式存在的外在表现,因此企业的盈利水平、收取现金水平、整体结构的合理、规模的适当就成了主要衡量标准。

3.3　企业整体资产质量分析

3.3.1　企业资产的存在性分析

既然以企业整体为分析对象,那就必须有整体观念,除了考虑其他因素外,应重点从资产整体的分布即资产的规模、结构上考虑。

(1) 资产的规模

为实现持有资产的目的,企业必须保持合理的资产规模。这里的规模指企业资产总额和各项资产与企业经营状况的一致性关系。对此我们将从两个方面进行分析:一是企业资产规模变动与企业经营状况的一致性;二是在同行业中企业现有资产规模与企业的生产经营规模的一致性。资产规模分析主要是基于资产规模是企业生产经营规模的主要决定因素,一般情况下,有什么样的资产规模就会有什么样的生产规模,各项资产的规模又会直接影响该项资产的使用效率。如果货币资产的规模较生产经营规模大,那么货币资金的使用效率必然较低。

（2）资产的结构

如前所述,企业资产在生产、供应、销售等环节上的占用比例,存在着一定的、相对稳定的数量关系。这种企业资产之间客观上存在的比例关系就是企业的资产结构,企业的资产结构也可以反映企业的发展方向和发展重点。资产结构分析是对资产类别、项目之间的比例关系的分析,目的在于分析资金结构的合理性、稳定性。

资产结构包含资产类型结构、资产项目结构和资产结构弹性三个方面。资产类型结构主要指流动资产、结构性资产之间的比例关系及其变动。资产项目结构主要指各类型资产内部各个资产科目的比重及其变动。资产结构弹性则是指原有资产结构变动的可能性及灵活性。

评价资产结构有重要意义:其一,有利于掌握企业资金结构的规律性,促进经营管理。企业可根据资金结构的现状,与合理的资金结构比较,发现问题和潜力,改进生产组织和经营管理,提高资产的利用效率和资产的收益能力。其二,对资产结构的分析,可以揭示企业进一步发展存在的问题,为投资者、债权人决策提供依据。其三,为分析企业的资金平衡、偿债能力、发展潜力和发展趋势创造条件。

当然,需要说明的是:在对企业资产的存在性作分析时,要特别注意行业特征,不同行业经营过程的特点不同会影响其资产的结构。如化工企业的固定资产占总资产的比例要远远大于传统家电企业。

3.3.2　企业资产的有效性分析

资产的有效性可以描述资产在生产经营过程中被运用的情况。资产只有被充分运用,其为企业创造价值的功能才得以体现。由于各种资产被运用的方式存在多样性,货币资金的功能在于对采购资金的保证,债权资金的功能主要表现为销售的扩大,存货资金的功能在于生产资金的保证和经营规模的扩大,长期资产的功能主要表现为生产效率以及生产能力的大小,因此各种资产的被运用情况的衡量存在着一定的困难,但是这些资产的运用存在着一个共同目标,即加快资金的流转,缩短现金周转期。因此,对企业资产的有效性进行分析时,既要对单项资产的有效性质量进行分析,从而确定改进的方向,还要对整体资产的有效性质量进行分析。

通常可以用各种单项资产的周转率来反映其被运用的效率,资产的周转率越大,说明该单项资产运用得越充分,同时也说明该资产越高效,为企业获取未来经济利益的能力就越强。当然,在计算资产周转率时,要注意剔除一些无关资产,比如计算流动资产周转率时,短期投资就属于与生产经营无关的资产;计算固定资产周转率时,非经营用的固定资产,如小汽车、办公大楼、在建工程等就属于无关资产。

整体资产的有效性强调在各项流动资产和结构性资产的配合之下,企业的总资金流转的效率,即强调资产的合理配置。总资金流转的途径主要是通过采购、生产、销售以及资金回笼来完成。因此,整体资产的有效性在质量理论上可以通过货币资金的周转率来衡量,但是,由于该指标存在严重缺陷(如流动资产与结构性资产配置不合理或采购资金、生产资金与销售资金配置不合理时,会造成货币资金流动不畅,此时偏高的货币资金周转率就失去其衡量意义),可以采用产销率这个次综合指标来消除上述影响。

3.3.3　企业资产的收益性分析

对企业资产的收益性进行分析,就单项资产而言,其几乎不能盈利,只有通过各种形态的资产配合来实现价值。以制造业为例,它是以原料的购进作为价值的投入,通过设备、厂房等资产的加工创造价值,进而通过营销网络资产的作用来实现价值。在衡量企业盈利性时,很难确定多大比例的利润是由存货创造的,又有多大比例的利润是由生产设备或营销网络创造的。因此,不仅要在区分各种形态资产的性质、特征和发挥作用的方式等基础上分别考察其单项资产质量,而且要考虑各项配置资产综合作用下的收益能力,即整体资产的收益性。

整体资产收益性分析的思路大致分为两个方向:其一,从市场的角度对整体资产收益性进行评价,市场所关心的是企业在各项资产的整合之下,发挥多少作用,形成的盈利能力对未来价值创造能起到多少贡献,从而给予多少溢价。该角度的优点在于市场的客观性和预见性,同时也存在波动性、非理性的缺点。在证券市场非常低迷或亢奋的氛围之下,往往会严重低估或高估企业资产的收益性,甚至达到非理性的程度,当然这种非理性的现象会在一定的时间内得到修复,这就是市场评价客观性的体现。其二,从会计的角度对整体资产收益性进行评价,该角度强调整体资产在企业的组织管理之下形成的会计利润。该角度的优点在于稳定性和合理性,同时也存在受盈余管理影响的缺点以及会计利润只反映当期成果而不能体现未来成果的缺点。

3.3.4 企业资产的安全性分析

企业资产的安全性在此特指资产能以企业这个整体形态存在的可能性,不是指企业资产被盗等外在的威胁企业资产完整的因素。企业在市场中生存下去的基本条件是以收抵支。企业一方面付出货币,从市场上取得所需的资源;另一方面提供市场需要的商品或服务,从市场上换回货币。企业从市场获得的货币至少要等于付出的货币,才能维持继续经营,这是企业长期存在下去的基本条件。企业生存的另一个基本条件是到期偿还债务。企业为扩大业务规模或满足经营周转的临时需要,可以向外界借债,企业如果不能偿还到期债务,就可能被债权人接管或被法院判定破产。因此长期亏损是企业终止的内在原因,不能偿还到期债务是企业终止的直接原因。企业是否亏损与企业资产的收益性密切相关,而资产的收益性是评价资产质量的重要方面,因此在此侧重分析后一因素即偿债能力对企业存在的威胁。

3.4　企业分项资产质量分析

3.4.1　流动资产分析

流动资产一般是指企业可以或准备在一年内或者超过一年的一个营业周期内转化为货币、或被销售或被耗用的资产。在我国企业的资产负债表上,按照各流动资产变现能力的强弱,依次以货币资金、短期投资、应收票据、预付账款、应收补贴款、其他应收款、存货、待摊费用、待处理流动资产净损失、一年内到期的长期债券投资和其他流动资产等项目排列。对于一个企业,一项特定资产是否被列为流动资产,并不取决于特定资产的物理特性,即可利用性能,而是取决于企业持有该资产的目的。如果持有目的是在一年内或一次性消耗(表现为售出或消耗),则应作为流动资产;反之,则应作为非流动资产。例如,戴尔公司用于出售的计算机应作为流动资产管理和列示,而戴尔公司员工自己用的计算机即使是戴尔公司生产的也应作为固定资产管理和列示。当然,实务中考虑到重要性原则,有些资产使用期超过一年,但因价值较低也将其作为流动资产管理。

对于企业来讲,需要使其流动资产得以不断循环从而使其自身得到进一步的发展。对于此,马克思在其《资本论》中已说得非常明白,即"G—W…P…W′—G′"的过程,资产增值与否,最初都是以流动资产表现出来的。另一个形象的比喻就是,流动资产循环一圈,就如同树的叶子从萌发到掉落的过程,每经过一次,树的年轮就会多一圈,树的主干也会变粗一些,同时,树的枝叶也会越长越茂盛,流动资产在企业这棵树生长过程中的作用也是一样。

(1) 货币资金

由于货币资金形态具有特殊性,一般情况下,货币资金不存在真实存在的问题。货币资金的收益能力是最差的,因而考察货币资金的质量重点是货币资金的规模是否适当以及外币货币资金引起的汇兑风险。

① 随着市场开放程度的加大以及经济的全球化,与货币资产相关的货币币值随之出现波动,外汇汇率发生升降,从而使得持有的货币资产同样面临着汇兑风险。

② 企业日常货币资金的规模是否适当。

为维持企业经营活动的正常运转,企业必须保持一定的货币资金余额。从财务管理的角度来看,过低的货币资金保有量将严重影响企业正常的经营活动、制约企业发展,并进而影响企业的商业信誉;而过高的货币资金保有量则在浪费投资机会的同时,还会增加企业的筹资成本。一般而言,资产流动性越大,收益性越小。

考察企业货币资金规模是否适当,主要从以下三个方面考虑:

a. 企业的资产规模。一般而言,企业货币资金持有量与企业资产总额有一定的依存关系。企业资产总额越大,相应的货币资金规模也就越大;企业资产总额越小,相应的货币资金规模也就越小。

b. 企业的收支规模。企业交易越是频繁,交易额越大,收支规模也相应的增大,所需货币资金也就相应增加。

c. 企业的行业特点。企业的行业特点也制约着货币资金规模,行业之间有着明显不同的收支特点。

（2）交易性金融资产

交易性金融资产主要是指企业为了近期出售而持有的金融资产，如企业以赚取差价为目的从二级市场购入的股票、债券、基金等，或持有的直接指定为以公允价值计量且其变动计入当期损益的金融资产。企业持有交易性金融资产的主要目的是通过交易来赚取差价，且以公允价值计量。因此交易性金融资产具有时间较短、容易变现、金额经常波动、盈利与亏损难以把握等特点，流动性仅次于货币资金。

在进行交易性金融资产质量分析时，首先要特别关注企业可能利用非流动资产中"持有至到期投资"、"可供出售金融资产"与"交易性金融资产"等金融资产的分类来改善其流动比率，这可以通过其营运资金的运作情况来看：企业将非流动资产人为地划拨到流动资产，只能改变流动比率，不可能改变企业的现金支付能力和其他流动资产项目的变现能力。企业的流动比率状况好与现金支付能力差本身就是流动资产非流动性的信号。其次，要注意交易性金融资产的构成。企业的交易性金融资产包括债权、股权和基金等投资，债权和基金投资风险较小，股权投资风险较大。在资产的风险分析中应注意交易性金融资产的构成，及时发现风险，予以防范。最后，要注意企业的交易性金融资产是否按会计期末的公允价值计量，如果未按公允价值计量，则可能会虚估资产价值、虚增当期利润。当然对金融资产的质量而言，则更多体现在增值上。

（3）债权资产

债权资产的质量是指债权资产转化为货币的质量。"两鸟在林不如一鸟在手"也说明了同样的道理，同样，肯定的资产与不肯定的资产是有差别的，债权资产即为不肯定的货币，因为债权资产既可转化为现实货币,又可转化为坏账,造成企业的损失。因此债权资产在多大程度上可以转化为货币资金是衡量债权资产质量的关键。结合坏账准备的规模、计提依据以及计提比例,分析债权资产的规模结构是分析债权资产质量的主要方法。

首先,对债权的账龄进行分析,即对债权的形成时间进行分析,对不同账龄的债权分别判断质量。一般而言,未过信用期或已过信用期但拖欠期较短的债权比已过信用期且拖欠时间长的债权质量高。其次,对债务人的构成进行分析。不同地区的债务人的债务质量不同。一般情况下,经济发展水平较高、法律建设条件较好的地区的债务人,具有较好的债务偿还心理,对其债务回收的可能性也较大;反之,回收的可能性较小,债务资产质量较差。在此基础上考察坏账计提得是否充分、合理。在债务人中,关联方的债务质量较难确定,对关联方的债权质量评定主要取决于关联方的还债能力,因此对关联方的偿债能力也应关注,这样才能更好地确定债权资产的质量。关于债务人的构成,还应从债务企业与目标企业的业务关系分析。对于稳定的债务企业,债权人对其偿债能力的各个方面相对较为了解,因而对债权的可回收性把握较大,对坏账的估计更为合理。对于不稳定的债务企业,债权人对其偿债能力的各个方面相对了解较少,对债权可回收性把握不准。最后,对债权资产的周转情况进行分析。在一定的赊销政策条件下,企业债权平均收账期越长,债权周转速度越慢,债权的质量也就越差。但是如果债权的周转速度过快,也可能是因为企业实行较为严格的信用政策,而严格的信用政策可能影响企业存货的周转速度以及销售收入和利润。

另外,由于其他应收款性质的特殊性以及目前存在的不规范操作,因此对债权资产中的其他应收款要特别注意,分析其构成及形成原因。对其他应收款的质量的分析大致可以从两个角度来具体分析。首先,分析其他应收款的金额及其比重的大小,根据会计准则的规定,其他应收款是指除了销售商品或者提供劳务以外的其他情况所形成的债权,包括押金、罚款、赔款等非经常发生的业务所形成的应收款。正常情况下其金额不会很大,如果发现公司其他应收款金额很大时,必须引起注意,有可能是关联单位无偿占用企业的资金,此时需要进一步分析。其次,检查其他应收款的账龄及其客户名称,以确定是否存在大股东长期占用上市公司资金的现象,如果存在则说明该公司的法人治理不够完善,公司管理当局利用信息不对称侵犯中小股东的利益。当然也要防止企业故意"压票"而延迟费用入账,导致企业虚增利润现象。

(4) 存货

由于存货是企业"主营利润"的来源,存货也是企业资产的重要组成部分,因此存货的质量对整个企业的资产质量有着重大影响。对存货质量的分析,可以从以下几个方面进行。

1) 存货的存在状况

存货的自然状态如何是确定存货质量的基础。检查企业所有的存货是否完好无损,是否符合相应产品的等级要求,这是分析存货质量的第一步。然后分析存货的时效性,对于有保质期的存货,重点要看其是否超过保质期以及保质期到期情况的分布;对于技术性强的存货,如计算机及各种配件,要看其技术含量及标准是否过时。过保质期、保质期临近或技术标准落后的存货都会贬值,也难以销售出去。

存货的品种构成对存货质量有重大影响。结合市场前景对存货构成进行分析,有助于对企业存货质量进行整体把握。一般而言,构成多元化且处于正常周转状态的企业存货质量较高,品种比较单一的企业存货质量较差。对于商品存货而言,如果市场发展前景好、畅销品种及利润空间大的商品所占比例越大,说明企业商品存货资产质量高。

2) 存货的有效状况

在周转一次可以带来毛利的情况下,存货在一定时期内周转越快,其毛利以及营业利润就可能越高。与存货周转速度相对应的是存货积压,存货周转速度越快积压的可能性就越小。存货积压主要包括原材料积压、在产品积压和产成品积压。

3）存货的收益状况

分析存货的收益状况主要是看企业毛利率变动情况。企业毛利率受以下因素影响:① 企业所经营的产品面临的市场竞争压力,是否迫使企业降价销售,如果企业不得不降价,则存货的收益能力下降;② 企业采取的营销措施,是否可以维持现有的毛利率,如果不能维持,存货的收益能力将会下降;③ 企业产品是否已经进入"夕阳"期,如是,企业存货的收益能力将大打折扣。例如,随着数码相机的进一步普及,感光相机使用的胶卷消费量也逐渐下降,因此对乐凯胶片股份有限公司进行存货分析时,要特别注意存货的收益性分析。

3.4.2 结构性资产分析

（1）对外投资

现代企业制度的确立以及资本市场的发展,不仅给企业开辟了新的筹资渠道,同时也给企业创造了全新的投资领域和投资环境。借助于发达的投资市场和多元化的投资渠道与投资手段,企业可以实现资产及其产权的置换与重组。因此,随着企业多元化经营格局的形成,对外投资成为企业经济活动的重要组成部分,也是企业赚取利润的重要来源。然而,由于投资环境的复杂化,投资风险也变得更加难以驾驭,投资决策的失误不仅会使得投资活动"无功而返",而且重大的失误还会危及企业的生存。"水可载舟,亦可覆舟。"特别在全球金融危机的经济环境中,对外投资的质量分析就显得更为重要。企业的对外投资可分为三部分:"可供出售金融资产"、"持有至到期投资"、"长期股权投资"。

"可供出售金融资产"是指初始确认时即被指定为可供出售的非衍生金融资产以及没有划分为持有至到期投资、以公允价值计量且其变动计入当期损益的金融资产。通常情况下划分为此类的金融资产应当在活跃的市场上有报价，因此企业从二级市场上购入的债券投资、股票投资、基金投资等可以划分为可供出售金融资产。对此类资产进行分析时，应注意其是否有活跃的市场价格作为其计量的基础。

"持有至到期投资"是指到期日固定、回收金额固定或可确定、且企业有明确意图和能力持有至到期日的非衍生金融资产。企业持有此类资产的目的主要是定期收取利息、到期收回本金，并力图获得长期、稳定的收益。对其分析可从以下几个方面进行：首先对投资对象的构成进行分析，并在此基础上对债务人的偿债能力作进一步的分析，以评价企业持有至到期投资的质量。其次，对投资收益进行分析，同时还应注意由于企业按权责发生制原则确定债券投资收益，将会导致投资收益与现金流入不一致，从而影响收益质量。另外，企业可能会通过少提或多提减值准备，来达到虚增资产或虚减资产账面价值和利润的目的。报表使用者应对此种现象予以注意。按照新企业会计准则规定，资产（持有至到期投资、长期股权投资、固定资产、无形资产等长期资产）减值损失一经确认，在以后会计期间不得转回，使得企业今后无法通过转回资产减值准备来操纵利润，这在一定程度上保证了财务报告的真实性。所以，应注意分析企业是否按规定计提了持有至到期投资减值准备以及计提的合理性。

"长期股权投资"包括企业持有的对其子公司、合营公司及联营公司的权益性投资，以及企业持有的对被投资单位不具有控制、共同控制或重大影响且在活跃市场中没有报价、公允价值不能可靠计量的权益性投资。由于长期股权投资期限长、金额大，因此对企业的财务状况影响很大。对于企业来说，进行长期股权投资意味着企业的一部分资金投入后在很长时间内无法收回。如果企业资金不是十分宽裕,或者企业缺乏足够的筹集和调度资金的能力,投资期间难以预料的因素很多,因而风险也会很大。当然风险与报酬是相对应的,长期股权投资的收益有时也较高。对该项目的分析可以从以下几个方面进行:首先,长期股权投资的构成分析。主要从企业投资对象、投资规模、持股比例等方面进行分析。通过对其构成的分析,可以了解企业投资对象的经营状况及其收益等方面的情况,以判断企业股权投资的质量。其次,投资收益分析。企业对外投资的主要目的是为了追求投资收益,股权投资收益分两部分:一是股利收益;二是股权转让的差价收益。注意在采用权益法确认投资收益时,企业所确认的投资收益通常会大于所收到的现金,形成投资收益与现金流入不一致的情况。另外股权转让的差价收益具有高度不确定性,也不容易计量。再次,长期股权投资减值准备分析。和其他资产一样,应注意分析企业是否按规定计提了长期股权投资减值准备以及计提的合理性。在实务中,对在活跃市场中有报价、公允价值能可靠计量的长期股权投资是否有计提减值准备进行判断比较容易;然而对于其他的长期股权投资,如果无法获得被投资单位详细可靠的信息,就难以作出准确的判断。遇到这种情形,报表使用者只有深入分析,努力通过其他途径获得相关信息,才不至于发生偏差。

(2) 固定资产及在建工程

固定资产的质量分析,就是对特定企业固定资产被利用的状况进行分析。一方面,固定资产的利用状况受经济技术发展水平的影响较大。与现代科学技术密切相关的固定资产由于技术进步以及新的替代产品的出现而呈现出价值下降的趋势,而与非再生资源相关的固定资产的价值却随着资源的减少而呈现上升的趋势。另一方面,固定资产的专业性能使得固定资产对于不同企业而言,其被利用的状况可能千差万别,对经营管理水平要求较高,固定资产的质量具有较强的内部性。因此,应结合特定固定资产的技术状况、市场状况和企业对特定固定资产的使用目的等因素综合确定固定资产的资产质量。固定资产的存在性方面主要看构成和成新程度。固定资产在各类功能固定资产间分布是否合理得当,直接影响固定资产的使用效率和效果。固定资产有效性方面主要使用占用率或开工率来进行评价。

固定资产的质量分析除了分析其有效性以外,还有一个方面也值得关注,即固定资产是否具备增值的潜力,这种增值,或是由特定资产的稀缺性(如土地)引起,或是由特定资产的市场特征表现出较强的增值特性(如房屋、建筑物等)而引起,或是由于会计处理的原因导致账面上虽无净值但对企业仍有可进一步利用的原因而引起。在企业固定资产中,具有增值潜力的固定资产占有的比重越高,企业固定资产的质量也就越好。

在综合考虑以上各种因素后,分析固定资产使用率、固定资产折旧计提是否合理适当,固定资产减值准备是否充分和固定资产是否有增值的潜力,最后才能知道固定资产的质量如何。

(3) 无形资产及研发支出

目前,由于无形资产所提供经济利益具有不确定性,因此对无形资产的评价仍是个难点。按照一般惯例,企业通常不确认自己内部形成的商誉,只确认外购的商誉;自创无形资产的研究和开发活动所发生的支出作为费用记录,而不予资本化,因此对无形资产的分析必须注意有无账外资产。对于现存的无形资产质量好坏的分析,可以从两个方面进行:① 该无形资产与其他资产相结合而获得经济效益的潜力,体现了无形资产的有效性;② 被转让或出售的增值潜力和用于对外投资时的增值潜力,体现了无形资产的收益性。

3.5 小 结

本章主要研究三大问题:一是对影响资产质量的内外部因素进行了分析,得出了影响企业资产质量的因素有企业内部和外部两个方面。外部因素主要有国家宏观政策、市场环境、社会平均投资收益率、经济周期等;内部因素包括行业性质、生产技术条件和管理水平、经营的季节性、销售状况等。二是从资产的物理质量和资产的系统质量两方面分析、归纳了资产的质量特征,同时在比较、分析相关学者观点基础上,系统地提出了资产质量的四大特征:即存在性、有效性、收益性和安全性。这也是本书的主要创新点之一,是笔者多年理论研究和企业实践的系统概括和总结。三是对企业整体的资产质量和企业分项资产质量进行了一般性的分析。本章研究的结论为资产质量评价的指标选择和设置打下了理论基础。

第4章 企业资产质量评价指标体系的建立

4.1 企业资产质量评价指标体系建立的原则

虽然前文分析了资产质量的特征,但要科学地设置对应的评价指标,全面反映资产质量的每个方面,综合评价企业整体资产质量,必须建立企业资产质量整体评价指标体系,评价指标体系的设计是研究企业资产质量的前提。为此在设置评价资产质量特征指标和建立企业资产质量评价指标体系的过程中必须遵守以下原则。

(1) 目的性原则

设计企业资产质量评价指标体系的目的在于,衡量企业资产质量,找出企业资产质量强弱的原因所在,提出改善企业资产质量的手段和方法,最终改善企业的资产质量。因此,选取的指标要紧紧围绕评价企业资产质量的目的,应考虑对资产质量影响的重要性,即对资产质量贡献无关或关系不密切的指标不需纳入,做到所选指标个数不多,能突出反映企业资产质量。股东和债权人以及潜在投资者、债权人,都希望看到自己投入的资金增值保值,能够顺利回收,而作为投入资金外在表现形式的资产质量即其存在性、有效性、收益性以及安全性就成了股东和债权人关注的重点。评价指标体系旨在能反映资产的质量,满足评估者的需求。

（2）科学性原则

指标与指标体系设置的科学性原则是指指标与指标体系的设置应符合客观认识对象本身的性质、特点、关系和运动过程。在建立企业资产质量评价指标体系时，无论是对考核指标的构成要素的确定，还是对考核指标体系核心指标的确定，都应具有科学性。关于考核指标的构成要素确定，要有科学的计算方法，要有明确的含义，包括内容与形式两方面，内容是考核指标对评价对象的反映程度，形式是评价指标所采用的计算公式；形式服从内容，内容决定形式。无论是评价指标概念确定还是计算方法确定，其科学性都将关系到所设置的评价指标的质量及其作用的发挥。

（3）整体性原则

一个资产质量评价指标体系中，所组成的评价指标无论是在口径、时间范围还是在计算方法上都是相互联系的，应服从评价目标的整体需要。在选择指标时，选择相对指标、绝对指标还是具体指标，及怎样构成，都应服从评价目标的整体需要。资产质量的指标体系应该完整地、多方面地反映企业的资产质量。因此应从多维的角度设置指标去反映企业资产质量。一方面设置反映企业资产真实性的指标，从直观上反映企业资产真实性状况；另一方面设置能测度与探索企业资产结构性深层次内涵的指标，实现企业可持续发展的目的。

（4）发展性原则

指标体系的设置具有历史性，也就是受到评价当时的客观环境限制。在不同的环境下会采用不同的指标体系，或同一指标采用不同的计算方法。因此，评价指标体系的设置要具有弹性，适应环境变化的能力要强。所建立的指标体系必须具有广泛的适应性，即构建的指标能反映出不同类别的企业的共性。此外,建立的指标必须具有发展性,即具有一定的前瞻性,要站在可持续发展的角度来进行设计。

(5) 可操作性原则

可操作性是指在建立指标体系时要充分考虑指标体系实施时的可行性与经济性。首先,指标体系的设置要遵循成本效益原则。如果一个评价指标体系每一项指标的设置都很科学,但为获取所需的信息或为评价的实施花费了大量的人力、物力和财力,甚至超过了由于资产质量评价指标体系的实施而获取的收益,则这种指标体系就不具有操作性。其次,指标的设置要具有可行性。可行性具有以下方面含义:一是指标的设置必须考虑所需的信息、资料的可获得性,指标设计得再科学,如果难以获取相应的资料,也只是形同虚设,本书在这方面主要考虑为资料来源是上市公司提供的财务报告;二是指标要便于理解,企业的资产质量是影响企业生存与发展的基础因素,投资者、债权人、管理人员都会关注企业的资产质量,而企业关系中有不同层面的关系人,他们对于指标的理解深度也不同,因此,指标的设置应尽量的简单,便于评价主体的理解;三是指标的数量不能太多,指标太多,既不方便评价主体,有时会让人找不到问题的核心。

在上述原则指导下,下面各节首先围绕不同的资产质量特征来设置对应的评价指标,最后构建出资产质量综合评价体系。

4.2　资产存在性的含义及评价指标的选择

4.2.1　资产存在性的含义及特征

资产质量的首要特征是资产存在性,资产存在性是一切的基础。那么什么是资产的存在性呢? 资产的存在性也叫资产的存在状况,它应该包含两层含义：一是指是资产的真实性或账实的相符性，通常指报表中所列资产是否真实客观存在以及是否能体现其价值。这是资产质量的根本，如企业通过虚假销售而虚增的利润，其实质就会产生虚假应收账款，而大量的虚假资产或大量的不良资产会大大影响企业的资产质量。二是指资产的结构性即资产的分布状况是否合理，我们知道，制造业的生产经营活动由供应、生产、销售三个阶段构成，作为一个不断生产经营的过程，流动资金部分自然应该同时存在货币资金、储备资金、生产资金、成品资金和结算资金，而这些资金的分布是否合理直接影响生产经营过程的流畅性即周转速度，同样满足其经营必须具备劳动资料即固定资产和低值易耗品，产能与经营规模是否匹配，也是资产结构的问题。有时候存在并不一定合理，从不合理处也可以推测其虚假性。如蓝田股份在 2000 年的报表中显示其固定资产为 216 901.60 万元，而 1997 年的固定资产仅为 8 687.30 万元；其 2000 年主营业务收入为 184 090.96 万元，而 1997 年的主营业务收入为 125 125.20 万元。我们不难看出其造假行为，至少可以看出其固定资产是虚假的，因为在行业不变、产能没有明显增加（从 2000 年主营业务收入相对 1997 年增长 47% 可以判断）的情况下，固定资产绝对不可能增长 24 倍，从这里面也可以看出分析资产质量的重要性。

其次，前者是从单项资产质量衡量的角度来考虑，后者是从整体资产质量衡量的角度来考虑。但两者有一定的联系，结构不合理从侧面能反映出资产的真实性，反过来，资产的虚假必然会影响其结构的合理性，有时候结构不合理可能比虚假还要来得危险。如 2004 年四川长虹虽然发生 3 672 382 717.56 元的巨亏，核销了 5 亿多美元坏账，但是其存货的真实性或结构合理性仍然值得怀疑。我们先来看一下长虹 2004 年年报的相关数据：营业成本 9 886 619 828 元，存货年初 7 005 590 000 元、年末 6 012 898 300 元，流动资产年初 1 753 749 500

元、年末11 911 822 300元。假如四川长虹存货是真实的,那么我们可以简单计算两个指标:① 年末存货占流动资产的比率为50.48%;② 存货周转率为1.52次/年(即存货周转天数=237天)。这两个指标完全可以说明企业没有能力生产产品或者说明存货出现重大的虚假。

因此资产存在性质量指标必须从单项资产质量和整体资产质量两个角度来进行探讨。

4.2.2　存在性评价指标的选择

(1) 单项资产的存在性评价指标

企业的单项资产大致包括货币资金、应收款项、存货等经营性流动资产,固定资产、在建工程、无形资产等经营性长期资产以及对外投资。

由于审计具有公正性和独立性,货币资金的存在性基本不会受到怀疑,所以货币资金的存在性可以不需要指标来衡量。

应收款项的存在性主要从变现的角度来理解,需要解决三个问题:即应收款项是否真实存在? 真实存在的应收款项坏账有多少? 能否全部收回? 对于第一个问题应由审计报告的意见来决定,关键看审计部门是否进行了严格的审计程序,是否采取了严格的询证核对。关于坏账问题在资产负债表应收账款余额中已部分反映,同时需要关注企业管理当局的坏账政策,一般来说,坏账政策越谨慎说明应收款项单项资产的质量越高。因此这种资产的质量需要通过定性分析来解决。对于第三个问题主要考察应收账款的回收程度,可以通过资金回笼率指标来衡量。

$$资金回笼率 = \frac{经营活动现金净流量}{主营业务收入}$$

严格来讲,该指标需要考虑应收款项的期初减少额和期末增加额,由于上市公司合并报表的合并范围经常有变动,应收账款的期初减少额和期末增加额比较难以确定,所以如果上述金额的影响不是很大时,可以直接采用上述指标。需要指出的是如果上述金额影响很大时,需要结合合并范围的变动具体分析。

另外,还需要考虑应收款项中其他应收款的问题,因为很多上市公司的其他应收款比重较大,主要是由于关联公司的资金占用,这种资产越多说明资金沉淀越多,应收款项单项资产的存在性质量越差。

当然对债权的质量而言,其超过信用期的账龄很重要,我国还缺乏信用期这个意识,所以我国会计制度中所指的"账龄"并不科学。

存货的存在性质量需要考虑三个问题:一是存货的真实存在问题;二是存货的跌价损失问题;三是存货的变现问题。第一和第二个问题可以通过审计报告和会计报表予以反映,关键要求审计部门关注企业仓库中存货卡片上的变化,及时、准确地了解存货的动态,第三个问题属于存货的流动性质量。因此存货的存在性质量指标不需要特定的指标予以衡量。

对外投资的存在性质量衡量需要区分以公允价值计量和以成本计量。一般来说,以公允价值计量的对外投资比以成本计量的对外投资的存在性质量要低,因为当金融资产的市场价值处于上升趋势时,毋庸置疑,以成本计量的金融资产的质量会更高;反之当金融资产的价值处于下降趋势时,以成本计量的金融资产可以通过资产减值准备的计提将金融资产的存在性质量予以弥补。根据现行会计制度,企业对外投资分为交易性金融资产、可供出售金融资产、持有至到期投资、长期股权投资,前二种对外投资一般以公允价值计量,后两种对外投资一般以成本计量(或成本与市价孰低原则计价)。根据以上分析,对外投资的单项资产存在性质量可通过下列公式予以衡量:

$$对外投资结构 = \frac{持有至到期投资 + 长期股权投资}{对外投资总额}$$

需要指出的时候，狭义的资产质量应该是指企业经营性资产的质量。对外投资质量有其特殊性，它的质量依赖于被投资企业的资产质量。

固定资产的存在性质量需要考虑两个问题：一是固定资产的成新率；二是固定资产的结构问题。固定资产的成新率越高说明其隐性损耗越少，维护成本越低，同时说明其生产效率和生成能力越高。固定资产的结构问题是指生产用固定资产的比例，该比例越高说明其存在价值越高。所以固定资产的存在性质量可通过下列指标予以衡量：

$$固定资产结构 = \frac{生产用固定资产净额}{固定资产净额}$$

需要指出的是由于固定资产成新率难以从公开财务报表中直接获取，通常不加以采用，而是在固定资产结构指标中以净额的方法予以反映。

（2）整体资产的存在性

1）不良资产比率

1997 年 12 月，中国证监会颁布《公开发行股票公司信息披露的内容与格式准则第二号〈年度财务报告的内容与格式〉》，要求上市公司对净资产进行调整，包括三年以上的应收账款、待摊费用、待处理财产净损失、开办费、长期待摊费用和住房周转金负数余额等项目。随后，财政部又陆续颁布了 7 项准则，要求企业对 8 项资产计提减值准备和跌价准备。这些无非是从提高企业的资产质量角度考虑的。因此，对于资产的存在性考察也主要是针对这层意义上的，主要指标有不良资产率。

$$不良资产比率 = \frac{年末不良资产总额}{年末资产总额} \times 100\%$$

其中，不良资产是指将三年以上的应收款项净额（未计提坏账准备部分）、待摊费用、待处理（流动、固定）资产净损失、开办费、长期待摊费用、股权投资差额（借方）等。笔者认为，从资产是否能给企业带来经济利益的角度,可以将资产项目分为实资产与虚资产两部分,其中虚资产主要包括以上调整项。因而不良资产比率可以反映资产真实存在的程度。

2)资产类型结构指标

前已述及,资产由流动资产和结构性资产构成,资产类型结构分析就是对构成资产总额的这两大类别资产与总资产,以及两大类资产之间比例关系的分析。资产类型结构指标与行业有关,每个行业应该有一个合理的构成比例,但不同行业会有很大差距。反映资产类型结构的指标主要有流动资产率、结构性资产率以及结构性资产与流动性资产比率。

很显然,流动资产率、结构性资产率和结构性资产与流动性资产比率之间是互补关系。因此在考察资产类型结构时,我们只要考虑流动资产率就可以了。

$$流动资产率 = \frac{流动资产}{资产总额} \times 100\%$$

流动资产代表企业短期可运用资金,该比例越高,说明企业营运资金在企业全部资产中所占比重越大,企业资产的流动性和变现能力越强。流动资产率高,对企业有以下几点好处:① 企业有足够的货币资产或可以立即转化为货币资产的其他流动资产,可以降低企业不能偿还到期债务的风险;② 因为流动资产短期内即可完成周转,所以面临较小的市场风险;③ 流动资产弹性大,使企业对经济形势的应变能力增强,当经济形势发生变动时,流动资产往往能迅速适应变化了的经济形势,是企业盈利能力和资本结构安全性的保证。同时也应注意到,根据风险与收益对等的原则,流动资产的收益能力也相对较低。流动资产率高并不一定好,要根据具体情况来判断。但流动资产比率高时,要注意分析企业是否超负荷运作,企业营业利润是否按同一比例增长。因此,企业应当把流动比率控制在一个恰当的范围内,必须在加速流动资金周转的前提下,尽量降低资金占用量。至于流动资产率恰当范围的确定,应考虑企业性质、企业经营状况、企业管理水平、企业经营的季节性波动、市场周期等因素。可以对近几年的流动资产率进行趋势分析,或与同行业的平均水平进行比较,以确定流动资产率的合理性。总的来说,对于一定资产总量,在资产运用效率一定的情况下,流动资产率越高越好。

3)资产项目结构指标

资产项目结构包含两层含义:一是在两大类资产内部,包括性质不同的各种资产间的结构,比如流动资产中的货币资金、存货等之间的结构;二是指各种性质资产包含的处于不同状态的资产间的结构,比如存货中原材料、在产品、完工产品间的结构,固定资产中机器设备、房屋建筑物、交通工具、土地等的结构,以及房屋建筑物中的生产用与管理用房屋建筑物之间的结构。可以说,资产项目结构是资产类型结构的细化与深入,通过资产项目结构分析可以知道企业布局的详细信息,如同在做 CT 检测。如果说资产类型结构是反映投资中心的投资理念,那么,资产项目结构则可以直接反映企业的管理和内部控制水平。

$$存货流动资产比率 = \frac{平均存货}{平均流动资产} \times 100\%$$

之所以选取该指标,是因为对于生产企业,流动资产的主要部分是存货,并且存货直接与生产相关,同时存货中的库存商品直接影响销售情况。一般认为,存货流动资产比率越小越好,即存货越少,企业的资产结构越趋于合理。随着计算机自动化控制技术在企业生产经营全过程的广泛应用,现代化大企业的库存量目前在逐年减少,有的企业甚至提出零库存的管理目标。如果存货流动资产比率增加,就要具体分析是因为企业扩大生产经营规模而引起的存货储备量增加,还是因为产品滞销导致的存货增加。至此,如果要进一步找出原因,就需要对存货内部结构进行分析,也就是第二层面上的资产项目结构分析,这一点在稍后论述。

$$长期投资结构性资产比率 = \frac{长期投资}{结构性资产} \times 100\%$$

该指标表示长期投资所占的比重,可以反映企业的经营特点。

长期投资结构性资产比率较高的企业,金融利润和风险要高。在长期投资结构性资产比率高的情况下,可能存在多种问题。首先,企业对投资所占资金的经营控制权受到限制,对于长期债权投资,企业只有定期收取利息和到期收回本金的权利,对于长期股权投资,其对资产的控制权取决于持股比例和控制能力;其次,企业能否得到预期收益,取决于被投资公司有无可供分配的利润以及被投资企业要不要分配利润,不确定性较高;最后,企业自身实力或者产业趋于分散。

$$在建工程结构性资产比率 = \frac{在建工程}{结构性资产} \times 100\%$$

该指标是在建工程与结构性资产之比率,反映企业正在进行生产结构调整的规模。

企业的在建工程增加,则要看企业长期资金来源是否有保证;企业投资项目是否高于长期投资收益率;企业的经济环境或市场前景是否良好。

$$无形资产比率 = \frac{无形资产}{结构性资产} \times 100\%$$

该指标是无形资产与结构性资产之比率,反映企业在技术创新、技术引进、研发等方面的投入程度。

一般而言,企业的无形资产越大,企业的科技含量越高,在资产质量最基本应表现为两点:生产效率提高,即能提高资产有效性;另外企业产品的附加值提升,即能提高资产的收益性。

通过上述分析,同时考虑到指标合理性和计算可行性,最终在衡量资产质量存在性指标时选取了不良资产比率、流动资产率、固定资产成新率、存货流动资产比率、两项资金占流动资产比率、对外投资资产比率、在建工程结构性资产比率以及无形资产比率等指标。

4.3　资产有效性的含义及评价指标的选择

4.3.1　资产有效性的含义及特征

一个企业运作好坏直接与资产质量的第二特征——资产有效性有关,假设一个企业的设备使用率很低或库存中有许多材料或产成品对应的仓库卡片有很长时间没有收发记录,那么这个企业的效益肯定很差。只有企业资产有效了,企业才可能有收益。那么,如何理解资产有效性呢? 由于资产不同,在企业的生产经营过程中扮演的"角色"不同,因此对有效性的理解也不同。

对于流动资产而言,其有效性主要指耗用和变现的能力,如应收账款等债权就要看变现能力,能变现的债权说明是有效的债权;而对原材料就看其是否被很快耗用,被很快耗用说明原材料是有效的;同样对产成品要看是否被很快销售,能被很快销售说明产成品也是有效的,否则原材料、产成品都会成为呆滞,会出现跌价和占用资金等损失。

对于固定资产和无形资产而言,其有效性主要是指利用率和增值的能力。从企业生产经营的角度看,利用率是第一位的。看企业的厂房和办公楼是否全部使用,生产线或设备是否正常运转,如利用率高说明企业的固定资产质量高。同样对无形资产也是一样,有些企业耗巨资获得的如专利、非专利技术、商标权、土地使用权等,如不能使用或利用率很低,则说明无形资产质量较差;自己有商标权但绝大部分还是贴牌生产,那么说明企业商标权缺乏有效性。当然有效性还表现在一个方面就是增值能力,这在土地所有权上可以明显感觉到。有些企业正常生产经营时根本不需要很多土地,可是企业却大量廉价购入土地使用权,实际上企业更多关心的是土地增值所带来的有效收益。

对于对外投资而言,其有效性是指获得现金的能力和增值的能力。一项股权投资如每年能分得现金股利,同时被投资企业的净资产能增值,说明此项投资是有效的。

关于资产有效性实际上很早就受到各方的重视。早在 1999 年 6 月 1 日,财政部、国家经济贸易委员会、人事部和国家发展计划委员会联合发布了《国有资本金绩效评价规则》和《国有资本金效绩评价操作细则》,其中以资产周转率作为评价资产营运状况的基本指标。资产的有效性反映了资产在企业运作过程中是否在发挥作用,也就是有没有"工作"。笔者认为,会计指标中资产周转率是较理想的指标,其表明了每一分钱发挥效益的程度,而开机率、使用率等非会计指标是对资产周转率的很好补充。一般,周转速度越快越好,周转速度越快意味着企业用同样多的资产可以取得更多的营业收入,或取得同样多的营业收入所占用的流动资产会减少;同时也说明,资产的变现速度越快,资产的风险小。资产的周转率可用两种方式计算,即周转次数和周转天数,其中周转天数等于周转次数除计算期天数,两者实质是一样的,因此本书中用周转次数(周转额除以资产占用金额)来表示周转率。

4.3.2　有效性评价指标的选择

(1) 单项资产有效性指标

1) 流动资产有效性指标

$$\text{流动资产周转率} = \frac{\text{销售收入}}{\text{平均流动资产总额}}$$

$$= \frac{\text{销售成本}}{\text{平均流动资产总额}} \times \frac{\text{销售收入}}{\text{销售成本}}$$

$$= 流动资产垫支周转次数 \times 成本收入率$$

可见,影响流动资产周转率的因素有两个:流动资产垫支周转次数和成本收入率。其中,流动资产垫支周转次数准确地反映了流动资产在一定时期内周转的次数;成本收入率反映了企业的所费与所得之间的关系。

存货周转率是指企业在一定时期内存货占用资金可周转的次数或存货每周转一次所需要的天数。

$$存货周转率 = \frac{年销售成本}{平均存货}$$

存货属于流动资产中变现能力最弱和风险最大的资产,但存货又是流动资产中收益率最大的资产。存货是企业生产经营能够正常进行的物质基础。一般来讲,在企业存货每周转一次都可为企业带来利润的情况下,存货的周转速度越快,企业的盈利越大,因此正常情况下,该指标是正指标。存货周转率既反映企业的经营管理效率水平的高低,也反映企业资金使用效率状况。

存货主要由原材料、在产品和库存商品组成。为了进一步详细分析存货各个组成部分的周转情况,可以分各个组成部分为考察对象,分析考察。周转率计算公式如下:

$$材料周转率 = \frac{当期材料消耗额}{平均库存材料占用额}$$

$$在产品周转率 = \frac{当期完工产品成本}{平均在产品成本}$$

$$库存商品周转率 = \frac{销售成本}{平均库存商品}$$

通过上述三个指标可以较容易地看出存货周转率变动的原因,进而分析存货的增加是由于产品滞销还是因为扩大生产规模所致。按照同样的方法,也可以对某一类或某一型号存货作分析,对于周转速度慢的存货及时检查、处理,以便于采取有效的措施提高存货周转率。

应收账款周转率为企业一定时期内的赊销收入净额除以平均应收账款余额。

$$应收账款周转率 = \frac{赊销收入净额}{平均应收账款余额}$$

其中，

$$赊销收入净额 = 销售收入 - 现销收入 - 销售退回/折让/折扣$$

考虑到赊销活动属于商业秘密，企业不愿披露，企业非管理人员难以取得这方面信息，因此用销售收入净额代替赊销收入净额。如果都用同一尺度的指标，指标也不失可比性，因此本书中就以销售收入净额除以平均应收账款余额来计算应收账款周转率。应收账款周转率可以用来估计应收账款回收的速度和管理的效率。回收迅速快既可以节约资金，也不易发生坏账损失。可以认为在不考虑其他因素的情况下，周转率高的应收账款比周转低的应收账款的质量好，也就是说该指标是正指标，越高越好。

2）结构性资产有效性指标

结构性资产是企业风险最大的一类资产，其变现能力最差，但同时结构性资产又是企业从事生产经营活动的物质基础，企业必须购置一定量的结构性资产。要降低结构性资产的风险，就需要提高结构性资产的使用效率，提高结构性资产使用效率就意味着节约了结构性资产，企业经营风险降低。在企业的长期资产中，长期投资是企业投资于企业之外的股权或债权，与企业的主营业收入没有直接关系，因而长期投资不存在资产周转问题，在考察企业结构性资产周转情况时不予考虑。在结构性资产中，最重要的是固定资产，在此我们重在分析固定资产的周转情况。

$$固定资产周转率 = \frac{营业收入}{平均固定资产净额}$$

之所以在该计算公式中使用固定资产净额而非固定资产原值，

是因为固定资产净值能反映企业真实的、占有于固定资产之上的资金量,因此以固定资产净值作为计算固定资产周转率指标的基础,才能准确反映企业营业收入与固定资产产出能力的关系,反映企业固定资产的周转情况。

3)总资产有效性指标

总资产周转率是营业收入与平均总资产(不包含长期投资)余额的比值。

$$总资产周转率 = \frac{营业收入}{平均总资产 - 对外投资}$$

因为资产周转率具有强烈的行业特性,在判断一个企业资产有效性时,必须与同行业数据进行对比。可以看出,总资产有效性受流动资产有效性和结构性资产有效性的影响。在总资产周转率相同的情况下,结构性资产周转快的企业风险程度相对较低。为了降低总资产周转率,有的企业尽可能地降低结构性资产的规模,如耐克公司采用了委托加工方式,自己不设工厂,不从事生产,这样将更多的资金用于周转快的流动资产项目上。

(2)整体资产的有效性指标

整体资产的有效性强调在各项流动资产和结构性资产的配合之下,企业总资金流转的效率。总资金流转的途径主要是通过采购、生产、销售以及资金回笼来完成的。因此整体资产的有效性质量理论上可以通过货币资金的周转率来衡量,但是由于该指标的严重缺陷(如流动资产与结构性资产配置不合理或采购资金、生产资金与销售资金配置不合理时,会造成货币资金流动不畅,此时偏高的货币资金周转率就失去其衡量意义),可以采用产销率这个次综合指标来消除上述影响。

$$产销率 = \frac{主营业务成本}{期末库存商品 + 主营业务成本 - 期初库存商品}$$

　　一般来说,产销率越高说明企业当年生产的产品销路越好,资金在生产经营中运用得越充分,资金流动的有效性质量越强。从指标的构成上来看,影响产销率的因素主要包括期末库存商品和期初库存商品。当期末库存商品大于期初库存商品时,产销率就会小于100%,这种现象说明企业当年生产出的产品没能全部销售出去,这种产品的积压可能形成一定的资金沉淀,从而影响资金流动的有效性。与之相反,当期末库存商品低于期初库存商品时,产销率就会大于100%,这种现象说明企业不仅当年生产的商品全部销售出去,而且前期积压的商品也形成了一定的销售,这种产销两旺的形势在极大地减少存货变质、贬值、毁损所形成的损失的同时,也会促进现金的短期循环和长期循环之间的良性发展。当然值得注意的是,当企业的发展速度很快时,销售额就会急剧增加,由于交货和结算的原因,可能会形成期末库存商品远远超过期初库存商品,这时的产销率指标可能会受到一定的影响,因此运用该指标进行评价时,还需要结合其他因素,如销售额的增长、停工检修的频率和时间等。

　　通过上述分析,同时考虑到指标合理性和计算可行性,最终在衡量资产质量有效性指标时选取了流动资产周转率、存货周转率、应收账款周转率、固定资产周转率以及总资产周转率等指标。

4.4　资产收益性的含义及评价指标的选择

4.4.1　资产收益性的含义及特征

　　所有者与债权人之所以出资组建企业是因为通过对企业资产的运作,能使资产得以增值、保值,从会计要素出发资产理应是能给企业带来未来收益的经济资源。资产收益性可以理解为在企业运行过程中,各资产相互有机协调的使用给企业带来的收益。因此,资产收益性是资产运行的最终目标,当然资产收益性应该通过资产存在性和资产有效性等得以保障,没有合理的资产结构和资产的有效使用就很难能确保资产的良好收益。

企业通过资产的运作取得收益是企业得以生存和发展的必要条件,只有获利的企业才能长久地存在下去。三株失败后,该公司总裁吴炳新发表了一份数百字的《吴炳新自白书》,第一句话就是:"没有利益,就没有生存的意义。"没有利益,所有者和债权人就不会出资,企业也就不会存在。可见,利润对于资产的重要性。并且,资产的高效性只能说明该资产的使用效率较高,而不能说明该资产的使用效果如何,对真实存在的资产,只有既有高效率的利用又有良好的使用效果,才具备了优质资产的充分条件。当然不同形态的资产使用效果的表现方式不同,如货币资金的效果表现为原料的充分供应,债权资产的效果表现为销售的增长,存货资金的效果表现为毛利润的产生,固定资产的效果表现为在等量损耗的基础上产值的提高,为了表述的方便,可以将各种资产的利用效果描述为资产的收益性(效果性)。

经营性资产的收益性一般是各项资产综合作用的结果,因为企业的利润是综合核算形成的,因此在分析资产收益性的时候应以整体资产收益指标为主。一般来讲,经营性资产很难衡量单个资产的收益性,从理论上,制造业企业的目的不是以出售单个资产来获利,当然对于对外投资可以以单项投资收益来进行衡量。

4.4.2 收益性评价指标的选择

(1) 单项资产收益性质量指标

货币资金是流动性最强的资产,拥有足够的货币资金对降低企业财务风险、增强企业资金的流动性具有十分重要的意义。企业在生产经营过程之中,为了满足购买材料、支付工资、缴纳税款、支付股利等日常支付的需要,必须保留一定的现金余额以使企业在现金支出大于现金收入时,不至于中断交易。应该说,企业持有货币资金的目的除了满足日常开支的动机之外,还包括应付意外事故对现金的需求、购买机器设备、偿还借款等事项,后者的动机是为了满足一些非常事项的要求,不属于主要目的。货币资金的利用效果主要表现为原料的充分供应、工资和税金的按时支付。一般情况下,只要企业正常生产经营,货币资金的目的就基本达到,因此单项资产货币资金的收益性质量不需要特定的指标予以衡量。

债权资产的利用效果表现为销售的增长,所以债权资产的收益性质量可以通过销售增长率来衡量。

$$销售增长率 = \frac{当年主营业务收入}{上年主营业务收入}$$

债权资产主要包括应收账款、应收票据和其他应收款,其中只有其他应收款不是由于销售形成的,但由于正常情况下其他应收款的比重较小,不足以影响用销售增长率来衡量债权资产收益性质量的合理性。就现实情况来讲,很多上市公司的其他应收款比重较大,主要原因是关联企业的资金占用。因此当其他应收款比重较大时,其质量已经在存在性质量中得到体现。

也许有人会认为,企业销售增长率的提高主要是企业的销售能力和产品的受欢迎程度在起作用,而与应收账款、应收票据无关。我们认为企业销售的增长一方面体现为应收款项的增长,另一方面企业的销售政策也起到比较重要的作用,应收款项的存在就是为了销售,没有销售,应收款项就没有存在的必要性。从这个角度来看,要想体现应收款项在生产经营中所起的作用,即衡量应收款项的利用效果,只能通过销售来体现。另外需要说明的是,当企业的产品供不应求时,可能会出现大量的现金销售,企业的应收款项很小,此时的应收款项的质量就会在有效性质量中体现。

　　企业对外投资就是将资金投放于企业外部以获取投资收益。资产是企业拥有或控制的资源,企业的生产经营活动就是运用资产取得收益,以使资本不断增值。因此企业必须充分利用现有的资产,提高资产的利用效率,任何资产的闲置都是一种浪费。但是在企业的生产经营活动过程之中,由于市场的变化或者企业管理等原因,有时会出现资产闲置,或者出现资产报酬率下降甚至亏损的情况。在这种情况之下,企业可以考虑利用现有资产对外投资,进行资产的重新组合,以优化资源配置、增加企业的收益。追求更高的利润,是资本固有的属性,资本从低收益领域流向高收益领域是市场经济的一般规律。企业对外投资正是在这一市场规律支配下的一种能动反映。因此,优化资源配置,提高资产利用效率,从而增加企业的收益、提高资产报酬率,是企业对外投资的主要目的。除此之外,对外投资的目的还有降低经营风险、稳定与客户的关系、扩大市场占有率等。因此,从它的主要目的出发,对外投资单项资产的收益性质量可以用投资收益率指标衡量。

$$投资收益率 = \frac{投资收益}{对外投资总额}$$

　　存货主要包括原材料、在产品和库存商品,占流动资产的比重较大,一般约为 40% ~ 60%。存货资产质量的好坏,对企业资产质量的影响很大。衡量企业存货的收益性需要从企业利润的形成途径来考虑,企业通过投入原材料、人工成本、水电折旧等间接费用,形成库存商品的成本,然后通过库存商品的销售获取经营利润。从这个过程来看,似乎经营利润是销售阶段获取的,其实根据马克思政治经济学理论,销售过程本身并没有创造价值,而是销售活动实现了前面阶段创造的价值。如果将企业的生产经营活动分为采购、生产、销售三个阶段,采购和生产阶段属于剩余价值创造阶段,销售则属于剩余价值实现阶段。由于采购和生产阶段对应的资金形态属于存货,销售阶段对应的资金形态属于应收款项,从这个意义上讲存货最主要的利用效果体现为经营利润的产生,尤其是毛利润的产生,所以存货的收益性质量可以用毛利率指标来体现,即

$$毛利率 = \frac{(销售收入 - 销售成本)}{销售收入}$$

固定资产具有投资金额大、资金占用时间长、风险高等特点。固定资产作为企业生产经营的主要劳动资料,代表了企业的生产能力和经营规模的大小,从某种程度上讲,固定资产的资产质量基本代表整个企业的资产质量。同样衡量固定资产的收益质量必须考查固定资产在企业生产经营中如何发挥作用。

在企业的生产经营过程之中,固定资产的价值随着固定资产的使用而损耗,逐渐地、部分地转移并脱离固定资产的实物形态,转化为货币资金;而未转移部分则继续存在于固定资产的实物形态中,直到固定资产丧失其全部功能。这样,固定资产的价值就获得双重存在,一部分转化为货币资金,另一部分继续存在于固定资产实物形态中。固定资产在全部使用年限内,束缚在实物形态中的价值逐渐减少,而转移为货币资金的价值逐渐增加,直到固定资产报废时,垫支在固定资产上的资金才实现全部价值的补偿,并需要更新固定资产的实物形态。总之,固定资产是通过折旧的方式完成产品的生产、价值的创造。因此衡量固定资产的利用效果关键看损耗每一元钱的固定资产能创造多少产值,创造的产值越高,说明固定资产利用的效果越好。故可以用折旧产值率指标来衡量固定资产的收益性质量。

$$折旧产值率 = \frac{主营业务收入}{当年固定资产折旧}$$

(2) 整体资产收益性质量指标

前面已经分析,整体资产收益性分析分为两个方向:一是从市场

的角度对整体资产收益性进行评价,该角度的优点在于市场的客观性和预见性,同时也存在波动性、非理性的缺点。二是从会计的角度对整体资产收益性进行评价,该角度的优点在于稳定性和合理性,同时也存在受盈余管理影响以及会计利润只反映当期成果而不能体现未来成果等缺点。应该说,这两个方向的评价各有利弊,且互补性很强,因此对整体资产收益性质量的评价指标采用市场指标和会计指标。

1) 市场指标

所谓市场指标就是根据企业公布的会计要素的数据(如资产、净资产、收益等),市场对其作出的价格评价。就上市公司而言,一般根据净资产、净利润等会计指标进行市场定价。

$$① \ 每股收益 = \frac{净利润}{总股本}$$

$$② \ 市净率 = \frac{每股市价}{每股净资产}$$

$$③ \ 市盈率 = \frac{每股市价}{每股收益}$$

$$④ \ 净资产收益率 = \frac{净利润}{平均净资产}$$

需要说明的是,每股市价属于动态指标,波动性很强,为了消除影响,通常采用平均价格,如月平均价格或季平均价格。至于每股净资产和每股收益,根据会计信息的及时性,可以采用及时公布的季报中的每股净资产和累计每股收益的年化数据(如果公司属于季度性很强的周期行业,比如制冷和制热设备制造业,则需要具体分析,合理确定公司的每股收益)来衡量。

2) 会计指标

① 总资产收益率。总资产收益率又称资产净利率或投资收益率,它反映了上市公司总资产所创造的收益额。其计算公式为

$$总资产收益率 = \frac{息税前利润}{资产平均余额}$$

不考虑资产筹集方式(股东基金、举债和短期借款),总资产代表着公司经营可用的总资源,为了避免因期末募集资金或其他原因导致资产规模增长过快而造成指标失真,总资产应使用资产的平均余额;当总资产作为分母时,分子必须剔除利息费用的影响,因为利息费用是支付给企业债权人的理财成本,这样所得的收益率才是企业对债权人和股东进行分配前真正的资产收益率。一般而言,总资产收益率越高,表明资产利用的效益越好,利用资产创造的利润越多,整个企业的资产收益能力越强;否则则相反。

同时,总资产收益率的公式也可以转化为:

$$总资产收益率 = 总资产周转率 \times 销售利润率$$

它把资产周转率与销售利润率这二者有机结合起来,从而能更准确、更全面地反映企业的资产效率和收益情况。

② 主营业务利润增长率。企业利润构成中所占比例最高的是主营业务利润,其对未来年度收益的贡献具有延续性。因此,利用主营业务利润增长率这一指标可以较好地考察公司资产收益的成长性。其计算公式如下

$$主营业务利润增长率 = \frac{本年主营业务利润增长额}{上年主营业务利润}$$

主营业务利润增长率反映了公司经营业务的稳定性,它是衡量收益稳定性的基础,通常用近 3 年的这一指标的增长情况来说明。如果 3 年持续增长,表明公司主营业务突出,业务扩张能力强,资产的收益能力也比较稳定。反之,如果 3 年连续下降或者有两年增长率为负,则表明公司主营业务发展停滞,业务扩张能力弱,资产的收益能力难以稳定。

③ 主营业务现金比率。主营业务现金比率是上市公司经营活

动现金净流量和主营业务收入的比值,说明每实现一元钱的主营业务收入,为企业创造多少经营活动现金净流量。其计算公式如下

$$主营业务现金比率 = \frac{经营活动现金净流量}{主营业务收入}$$

能直接或间接地给企业带来经济利益是资产的一个重要特征,经济利益的实现是以企业收到现金为最终表现形式的,经营者购入资产,就是看中它在未来会产生现金流入。主营业务现金比率实际上是对总资产收益率及营业成本利润率的修正,即将总资产报酬率及主营业务利润率的分子用经营活动现金净流量替代了。由于经营活动现金净流量中剔除了可能发生坏账损失的应收账款,因此修正后的指标更为保守。该比率越高,则说明公司总资产和主营业务收入所创造的经营活动现金净流量越大,资产回收经济利益的目标越能得以实现,企业资产收益的变现性越强。

④ 内部资产收益率。内部资产收益率是上市公司一定时期的营业利润和内部资产(资产总额减去对外投资额)的比例,反映上市公司所控制的经营业务的收益能力。其计算公式是

$$内部资产收益率 = \frac{营业利润}{(资产总额 - 对外投资额)}$$

通过上述分析,同时考虑到指标合理性和计算可行性,最终在衡量资产质量收益性指标时选取了总资产息税前收益率、对外投资收益率、营业业务利润率以及经营资产经营活动现金净流量等指标。

4.5　资产安全性质量指标

4.5.1　资产安全性的含义及特征

正常情况下,资产质量主要考虑的就是资产存在性、资产有效性

和资产收益性,但是有时候由于企业中财务风险、经营风险或重大灾害的存在,会影响到资产的正常使用,如一个企业银行账户中的货币资金有可能由于企业欠供应商款项而被法院查封,使货币资金无法正常使用,同样,设备也会由于意外事故导致未能正常使用,这些都涉及资产的安全性。那么什么是资产的安全性?

资产安全性是指资产按照管理层的意愿继续为企业服务的性质。这其中包括两个方面的内容:一是资产抗拒破坏性损失的能力,如灾害、意外事故、被盗、自然力破坏等;二是资产维持原用途的可能性。第一种情况主要是影响个别资产的资产质量,货币资金在收支过程中的内部控制制度的不完善会降低货币资金的资产质量,因为这时的货币资金随时存在潜在风险。由于这种情况影响的是个别资产,且影响程度不容易量化,因此在本书中不作重点考虑。第二种情况有两种可能:其一是企业转产造成资产用途改变,资产价值降低;其二是企业破产造成资产转手或低价处理,在这种情况下,资产脱离其存在的原本目的,其价值也只是清算价值。因此,资产的安全性是资产质量的一个重要方面。

企业资产的安全性在此特指资产能以企业这个整体形态存在的可能性,而不是指企业资产被盗等外在的威胁企业资产完整的因素。企业在市场中生存下去的基本条件是以收抵支。企业一方面付出货币,从市场上取得所需的资源;另一方面提供市场需要的商品或服务,从市场上换回货币。企业从市场获得的货币至少要等于付出的货币,才能维持继续经营,这是企业长期存在下去的基本条件。企业生存的另一个基本条件是到期偿还债务。企业为扩大业务规模或满足经营周转的临时需要,可以向外界借债,企业如果不能偿还到期债务,就可能被债权人接管或被法院判定破产。因此长期亏损是企业终止的内在原因,不能偿还到期债务是企业终止的直接原因。企业是否亏损与企业资产的收益性密切相关,而资产的收益性是评价资产质量的重要方面,在此侧重分析后一因素即偿债能力对企业存在的威胁。

4.5.2　安全性评价指标的选择

作为某个企业的资产,不能只就资产谈资产,企业毕竟是资产的有机组合,但是企业的风险必将影响资产的质量。如果企业一旦破产,企业所有的资产都将以清算价值变现,这对资产是极大的损伤。因此,在分析评价企业资产质量时,不得不考虑企业破产的风险。企业破产的直接原因是企业无法偿还到期债务,要想能够偿还到期债务,企业就需要保持一定的流动资产和现金,还要有一定的现金来源。企业偿债能力分析受企业负债内容和偿债所需资产内容的制约,不同的负债其所需要偿还的资产不同。一般来说,由于负债可分为流动负债和长期负债,资产可分为流动资产和非流动资产,因此,偿债能力分析通常被分为短期偿债能力分析和长期偿债能力分析。

1)流动比率

流动比率是指流动资产与流动负债之间的比率。

$$流动比率 = \frac{流动资产}{流动负债}$$

流动比率是衡量企业短期偿债能力的重要指标,表明企业每一元流动负债有多少流动资产作为支付保障,反映企业流动资产在短期债务到期时可变现用于偿还流动负债的能力。从理论上讲,流动比率为 2 比较合适,此时企业财务状况稳定、可靠,除了满足日常生产经营的流动资金需要外,还有足够的财力偿付到期债务。在运用该指标分析公司短期偿债能力时,还应结合流动资产的结构,特别是存货的规模大小、周转速度、变现能力和变现价值等指标进行综合分析,以免发生误差。我们在此只是把该指标作为评价指标体系的一部分,不会仅仅依据这一个指标评价企业的偿债能力。

2）速动比率

速动比率是指企业的速动资产与流动负债之间的比率。

$$速动比率 = \frac{速动资产}{流动负债}$$

考虑到流动资产中的存货变现能力较差，待摊费用、待处理流动财产损溢等资产项目是为了满足会计的可比性，在当期作为流动资产记录，实质上已经不具有资产的特性，因此用流动比率衡量偿债能力有点不足。而速动比率可用于衡量企业流动资产中可以立即用于偿还流动负债的能力，它是对企业流动比率的重要补充。当企业流动资产中的速动资产比重较低时，即使流动比率较高，流动资产的流动性仍较低，偿债能力依然不高。一般经验认为，速动比率为1就说明企业有偿债能力。

3）经营现金短期偿债比率

经营现金短期偿债比率是指企业一定时期的经营活动现金净流量与流动负债的比值。

$$经营现金短期偿债比率 = \frac{经营活动现金净流量}{流动负债}$$

经营现金短期偿债比率反映企业经营活动中产生的现金净流入可以在多大程度上保证当期流动负债的偿还。这是动态反映偿债能力的指标，该指标是正指标。

4）到期债务本息偿还比率

到期债务本息偿还比率是指经营活动现金净流量与到期债务本息和的比率。

$$到期债务本息偿还比率 = \frac{经营活动现金净流量}{到期债务本息和}$$

本期的到期债务是指本期即将到期的长期债务和应付票据。企业可以根据该比例的大小判断公司的即期偿债能力。这一比率用来衡量企业到期债务本金及利息可由经营活动创造现金支付的程度。比率越大,说明企业偿付到期债务的能力越强,该指标是个正指标。

5)资产负债率

资产负债率是综合反映企业偿债能力,尤其是反映企业长期偿债能力的重要指标。

$$资产负债率 = \frac{负债总额}{总资产} \times 100\%$$

资产负债率是衡量企业负债水平及风险程度的重要标志。一般认为,资产负债率的适宜水平为40%~60%。财务管理中有一个观点:即当投资报酬率大于借款利息率时,企业举债有利。因此,适当的负债水平(即资产负债率)对企业是有利的:一方面企业能比较容易地从债权人处融资;另一方面也可以适当地利用财务杠杆,为股东增加财富。而较高的资产负债率,则会增加企业财务风险,由于在实际运作中,借款利息率是相当固定的,而投资报酬率是一个预期数,所以很难完全确保投资报酬率大于借款利息率这一前提。同样,我们评价资产的安全性时,该指标越小越好,比率越小,企业破产的风险就越小,说明企业的资产可以按正常用途进行使用。该指标是负指标。

通过上述分析,同时考虑到指标合理性和计算可行性,最终在衡量资产质量安全性指标时选取了流动比率、速动比率、经营现金流动负债比率以及资产负债率等指标。

4.6　企业资产质量综合评价指标体系的建立

根据前面分析,我们最终选定各项资产质量特征指标构成了企业资产质量评价指标体系,如表4-1所示。

表4-1　资产质量评价指标体系

评价目标	评价内容	评价指标	修正评价指标(指标代码)
资产质量最优化	资产存在性	*不良资产比率	良好资产比率(X_1)
		流动资产率	流动资产率(X_2)
		固定资产成新率	固定资产成新率(X_3)
		*存货流动资产比率	非存货流动资产比率(X_4)
		*两项资金占流动资产比率	非两项资金占流动资产比率(X_5)
		*对外投资资产比率	非对外投资占资产比率(X_6)
		*在建工程结构性资产比率	非在建工程结构性资产比率(X_7)
		无形资产比率	无形资产比率(X_8)
	资产有效性	流动资产周转率	流动资产周转率(X_9)
		存货周转率	存货周转率(X_{10})
		应收账款周转率	应收账款周转率(X_{11})
		固定资产周转率	固定资产周转率(X_{12})
		总资产周转率	总资产周转率(X_{13})
	资产收益性	总资产息税前收益率	总资产息税前收益率(X_{14})
		对外投资收益率	对外投资收益率(X_{15})
		营业业务利润率	营业业务利润率(X_{16})
		经营资产经营活动现金净流量	经营资产经营活动现金净流量(X_{17})
	资产安全性	流动比率	流动比率(X_{18})
		速动比率	速动比率(X_{19})
		经营现金流动负债比率	经营现金流动负债比(X_{20})
		*资产负债率	1－资产负债率(X_{21})

注:在实证中由于涉及结论的合理性,需要将评价指标中带 * 号的负指标都调整为正指标,正指标＝1－负指标(其实部分指标没有正负之说,只是在一定的区间内反映为正指标,超过此区间过高、过低均不合适)

4.7 小　结

本章在第3章资产质量定性分析基础上,系统地研究了四大问题:一是提出了设置资产质量评价指标及其指标体系的原则,这是设置指标的基础。二是对资产质量存在性、有效性、收益性和安全性的含义作了进一步探讨,如提出了资产存在性主要理解为账实相符性和资产结构的合理性,并对账实相符性和资产结构的合理性作了进一步理论解释。三是对资产质量存在性、有效性、收益性和安全性评价指标进行选择和设置,如为反映资产质量存在性设置了不良资产比率、流动资产率、固定资产成新率、存货流动资产比率、对外投资资产比率、在建工程结构性资产比率、两项资金占流动资产比率及无形资产比率等指标。同时对传统指标作了相应的调整,使指标更合理。四是在上述各单项指标的基础上构筑了一个完整的资产质量整体评价指标体系。

本章后面三个问题的研究是本书的主要创新点,也是研究资产质量课题的核心。

第5章 企业资产质量
综合评价指标体系的评价

5.1 评价方法的选择

在第 4 章中,我们分析了影响资产质量的几个主要因素,并选择出了相应的指标。如何根据评价对象和目的选择评价方法是至关重要的。目前常用的评价方法主要包括:综合指数法、层次分析法(AHP)、模糊综合评价法(FCE)、因子分析法和主成分分析法等。下面对主要评价方法逐一作出说明。

1)综合指数法

综合指数法是指在确定一套合理的经济效益指标体系的基础上,对各项经济效益指标个体指数加权平均,计算出经济效益综合值,用以综合评价经济效益的一种方法。即将一组相同或不同指数值通过统计学处理,使不同计量单位、性质的指标值标准化,最后转化成一个综合指数,以准确地评价工作的综合水平。综合指数值越大,工作质量越好,指标多少不限。

综合指数法将各项经济效益指标转化为同度量的个体指数,便于将各项经济效益指标综合起来,以综合经济效益指数作为企业间综合经济效益评比排序的依据。各项指标的权数是根据其重要程度决定的,体现了各项指标在经济效益综合值中作用的大小。综合指数法的基本思路则是利用层次分析法计算的权重和模糊评判法取得的数值进行累乘,然后相加,最后计算出经济效益指标的综合评价指数。

2）层次分析法（Analytic Hierarchy Process,简称 AHP）

层次分析法是将与决策总是有关的元素分解成目标、准则、方案等层次,在此基础之上进行定性和定量分析的决策方法。该方法是美国运筹学家匹茨堡大学教授 T. L. Saaty 于 20 世纪 70 年代初期,在为美国国防部研究"根据各个工业部门对国家福利的贡献大小而进行电力分配"课题时,应用网络系统理论和多目标综合评价方法提出的,是一种层次权重决策分析方法。这种方法的特点是在对复杂的决策问题的本质、影响因素及其内在关系等方面进行深入分析的基础上,利用较少的定量信息使决策的思维过程数学化,从而为多目标、多准则或无结构特性的复杂决策问题提供简便的决策方法。尤其适合于对决策结果难于直接准确计量的场合。

运用层次分析法建模,大体上可按下面四个步骤进行:

① 建立递阶层次结构模型;

② 构造出各层次中的所有判断矩阵;

③ 层次单排序及一致性检验;

④ 层次总排序及一致性检验。

3）模糊综合评价法（Fuzzy Comprehensive Evaluation,简称 FCE）

模糊综合评价法是一种基于模糊数学的综合评价方法。该综合评价法利用模糊数学的方法,对受到多个因素影响的事物,按照一定的评判标准,给出事物获得某个评语的可能性。将模糊评价方法用于信息系统效益评价,可以综合考虑影响信息系统的众多因素,根据各因素的重要程度和对它的评价结果,把原来的定性评价定量化,较好地处理信息系统多因素、模糊性以及主观判断等问题。

模糊综合评价是对受多种因素影响的事物作出全面评价的一种十分有效的多因素决策方法,其特点是评价结果不是绝对的肯定或否定,而是以一个模糊集合来表示。

4)因子分析法(Factor Analysis)

因子分析的基本目的就是用少数几个因子去描述许多指标或因素之间的联系,即将相关比较密切的几个变量归在同一类中,每一类变量就成为一个因子(之所以称其为因子,是因为它是不可观测的,即不是具体的变量),以较少的几个因子反映原资料的大部分信息。运用这种研究技术,我们可以方便地找出影响消费者购买、消费以及满意度的主要因素是哪些,以及它们的影响力(权重)。运用这种研究技术,我们还可以为市场细分作前期分析。

5)主成分分析法(Principal Component Analysis)

主成分分析法主要是作为一种探索性的技术,在分析者进行多元数据分析之前,用主成分分析来分析数据,让自己对数据有一个大致的了解。主成分分析法一般很少单独使用,其使用方法如下:① 了解数据;② 和聚类分析一起使用;③ 和判别分析一起使用,比如当变量很多、个案数不多时,直接使用判别分析可能无解,这时候可以使用主成分分析法对变量进行简化;④ 在多元回归中,主成分分析法可以帮助判断是否存在共线性(条件指数),还可以用来处理共线性。

本书首先是为了评价我国家电行业上市公司的资产质量,包括对家电行业上市公司的资产质量整体现状进行评价,其次要对行业内各上市公司资产质量的优劣作出评定。因此,对于家电行业上市公司的资产质量整体现状评价采用统计描述方法,主要通过计算各指标的均值和方差。在分析家电行业上市公司资产质量的优劣时,首先要用第4章确定的指标体系,而这个指标体系中每个指标都在不同程度上反映了公司业绩状况的某些信息,并且指标彼此之间有一定相关性,所以所得的统计数据反映的信息在一定程度上有重叠。如果片面考虑,就会导致分析问题失去重心,得到错误的结论。同时作为评价主体,自然希望在进行定量分析的过程中涉及的指标较少,而得到的信息量又较多。选择主成分分析法可以满足上述要求,因为通过主成分分析法一方面可以找出影响指标的主要因素,另一方面满足资产质量优劣的排序要求,因此主成分分析法是评价某一行业内各企业资产质量优劣排序比较理想的方法。

5.2 主成分分析法概述

主成分分析法也称主分量分析法,是由 Hotelling 于 1933 年首先提出的。它是一种降维以简化数据的多元统计方法,它通过寻找出一组数目较少的、相互独立的公共因子来代替相对较多的、互相关联的原始变量,选取的公共因子能集中反映出原始变量所含有的大部分信息,从而起到简化分析的作用,是把多指标转化为少数几个综合指标的多元统计分析方法。因此,主成分分析法的核心就是通过主成分分析,选择 I 个主分量,以每个主分量的方差贡献率作为权数,构造综合评价函数 F。

$$F = a_1 F_1 + a_2 F_2 + \cdots + a_m F_m$$

其中 $F_I(I = 1, 2, \cdots, m)$ 为第 I 个主成分的得分。当计算出每个样品的主成分得分后,可由主成分得分衡量每个样品在第 I 个主成分所代表的资产质量方面的程度及地位。当把 m 个主成分得分代入上式后,即可计算出每个样品的综合评价函数得分,以这个得分的大小排队,即可自然排列出每个样品资产质量名次。综合评价函数值越大,资产质量越好。根据综合评价函数值排序,可对样品的综合资产质量进行对比,也可对不同样品或同一样品不同时期的资产质量进行横向对比和动态分析。

5.3 运用主成分分析法进行企业资产质量综合指标评价的步骤

前面已经说明企业资产具有很强的行业特性,一般来讲,同行业企业的资产具有可比性,不同行业的资产不具有可比性,如房地产企业的资产和软件企业的资产是不能直接相比的。本书资产质量的实证研究是在同行业范围内进行的。因此在选择样本时,以行业为范围选取具有代表力的样本。对于每个行业,都以第 4 章中所建立和选择的指标为评价指标,通过主成分分析法可以得到符合行业特性的主成分 F_i 以及主成分重要性水平 a_I,构造出综合评价函数,建立该行业的评价指标体系,得到目标企业资产质量的得分。因为建立评价指标体系时,各指标都经过标准化,即 X_i 的平均值是零,因此行业平均综合函数得分 $F_{平均}$ 是零,如果说行业间的资产质量趋于相同或相近,同时因为企业在该行业的得分可以代表其资产质量水平在行业内的位置,那么不同行业间的企业也可以进行大体的间接比较。以主成分分析法进行系统评价的基本步骤如下:

① 设有 n 个样本,每个样本有 p 个指标,于是得到原始数据矩阵:

$$X = \begin{bmatrix} x_{11} & x_{12} & \cdots & x_{1p} \\ x_{21} & x_{22} & \cdots & x_{2p} \\ \vdots & \vdots & \vdots & \vdots \\ x_{n1} & x_{n2} & \cdots & x_{np} \end{bmatrix}$$

② 对原始数据进行标准化处理。目的在于避免计量单位和数量级的影响,这里采用 Z-score 法,变换公式为

$$Z_{ij} = \frac{x_{ij} - \bar{x}_j}{S_j}$$

式中, $\bar{x}_j = \dfrac{1}{n} \sum\limits_{i=1}^{n} x_{ij}$; $S_j^2 = \dfrac{1}{n-1} \sum\limits_{i=1}^{n} (x_{ij} - \bar{x}_j)^2$; $i = (1,2,3,\cdots,n)$; $j = (1,2,3,\cdots,p)$

经标准化后的数据 Z_{ij} ,有

$$\bar{Z}_j = \frac{1}{n} \sum_{i=1}^{n} z_{ij} = 0 , \operatorname{var}(z_j) = \frac{1}{n-1} \sum_{i=1}^{n} (z_{ij} - \bar{x}_j)^2 = 1$$

③ 计算样本相关矩阵 $\boldsymbol{R}$ 。

$$\boldsymbol{R} = \begin{bmatrix} r_{11} & r_{12} & \cdots & r_{1p} \\ r_{21} & r_{22} & \cdots & r_{2p} \\ \vdots & \vdots & \vdots & \vdots \\ r_{n1} & r_{n2} & \cdots & r_{np} \end{bmatrix}$$

矩阵中相关系数 r_{ij} 的计算公式为

$$r_{ij} = \frac{1}{n-1} \sum_{k=1}^{n} z_{ki} \cdot z_{kj}$$

其中, $(i,j = 1,2,3,\cdots,p)$;且有 $r_{ii} = 1$, $r_{ij} = r_{ji}$

④ 求相关矩阵 $\boldsymbol{R}$ 的特征根及特征向量和贡献率。

根据特征方程式 $|\boldsymbol{R} - \lambda I| = 0$,可求得 p 个特征根 $\lambda_g (g = 1,2,\cdots, p)$,将 λ_g 按其大小顺序排列为 $\lambda_1 \geqslant \lambda_2 \geqslant \cdots \geqslant \lambda_p \geqslant 0$,它是主成分的方差,其大小描述了各个主成分在描述被评价对象上所起作用的大小。

根据方程组 $(\boldsymbol{R} - \lambda_g I) \times I_g = 0$ 求得特征根 λ_g 对应的特征向量 I_g $[\boldsymbol{I}_g (I_g = I_{g1}, I_{g2}, \cdots, I_{gp}), g = (1,2,\cdots,p)]$,即标准化向量 $\boldsymbol{Z}_j (\boldsymbol{Z}_j = Z_{1j}, Z_{2j}, \cdots, Z_{nj})$ 为在新坐标系下的各分量上的系数。

$$\alpha = \frac{\lambda_g}{\sum\limits_{g=1}^{p} \lambda_g}$$

表明每个分量说明原始变量的信息量即特征值的单个方差贡献率。

⑤ 求累积贡献率,确定主成分个数。

利用主成分分析法进行系统评价时,通常是选取尽量少的 k 个主成分 $(k < p)$ 来进行分析,而忽略后面 $(p-k)$ 个分量,这 k 个分量保留观测变量信息的比重:

$$\alpha(k) = \frac{(\sum\limits_{g=1}^{k} \lambda_g)}{\sum\limits_{g=1}^{p} \lambda_g}$$

设定 $\alpha(k) \geqslant 85\%$,确定 k 值,即确定了主成分个数 k ,这样能确保信息的利用率达 85% 以上 [一般 $x(k)$ 最低可以取 75% ,表明所选的主成分能够代表整体]。

⑥ 用 k 个主成分进行系统评价。

a. 求出每个主成分的线性加权值 F_{ig} 。

$$F_{ig} = \sum_{j=1}^{p} Lg \cdot Z_{ij}$$

其中,$(i = 1, 2, \cdots, n)$; $j, g = (1, 2, \cdots, p)$

b. 用每个主成分的贡献率

$$d_g = \frac{\lambda_g}{\sum\limits_{g=1}^{p} \lambda_g}$$

做权数,对 k 个主成分进行加权求和,即得综合值

$$F_i = \sum_{g=1}^{k} d_g \cdot F_{ig}$$

其中,$i = (1, 2, \cdots, n)$; $g = (1, 2, \cdots, k)$

c. 根据 F_i 进行系统评价排序。

5.4 用主成分分析法综合评价企业资产质量的主要优点

从运用主成分分析法评价资产质量的过程,可以看出以主成分

分析法综合评价资产质量的主要优点。

1）全面性

应用主成分分析法时，在满足条件的状况下，不限制变量（指标）的个数，可以综合评价我们所确定的所有资产质量指标，在选择了前面的 m 个主分量后，仍能保留原始数据信息量。因此，用这一方法综合评价资产质量比较全面，可以克服片面追求个别指标而忽略对资产质量评价的整体性的缺点。

2）可比性

从上述用主成分进行多指标系统评价步骤中可以看出，第一步是使指标数据标准化，数据标准化处理后，变成了无量纲的相对数，不受计量单位影响，数量级也相同，使各个资产质量指标之间具有可比性及可加性，这样就可以利用其进行计算得出系统评价值。

在分析与计算中，经过两次变换：第一步，将 p 个资产质量指标化成 m 个综合因子；第二步，将 m 个综合因子经过线性组合化为一个综合评价函数。这样一来，就可以按照综合评价函数值的大小，对行业内各企业的资产质量进行比较，并排出名次，从而较好地解决样品之间的可比性问题。

3）客观性

由主成分分析法的计算过程可以看出，综合评价函数是各综合因子的线性组合，各综合因子的权数不是人为确定的，而是根据综合因子的贡献率的大小确定的。如 F_1 的权数，就是综合因子的贡献率，即 F_1 的方差占全部总方差的比重。方差越大的变量越重要，自然应具有较大的权数。因此，以 a_1 作为 F_1 权数是客观的、合理的。这样，就克服了某些评价方法中确定权数的缺陷，使得综合评价结果唯一，而且客观合理。

4）合理性

多指标系统评价实质就是强使 P 维指数转化为一维指数的过

程。对任何一种多指标系统评价方法,都要求将其转化为评价指标无量纲化,以解决可综合性的问题。从上述用主成分进行多指标系统评价步骤中可以看出,第一步指标数据标准化,就将可综合性问题解决了。在这一步中,数据标准化处理后,变成了无量纲的相对数,不受计量单位影响,数量级也相同,满足了系统评价中合成的要求,可以利用其进行计算,得出系统评价值。

5) 准确性

主成分分析法通过数学变换将原来相关的各原始变量变为相互独立的分量,然后再对分量计算系统评价值。与其他直接综合指标评价值的方法相比,主成分分析法消除了指标间相关对被评价对象的重复信息,这是以主成分分析法进行系统评价的最大特点,也是其最主要的优点。

6) 可操作性

在主成分分析法用于多指标系统评价的各步骤中,各步骤的方法都比较单一,不像其他系统评价方法那样选择余地比较大,比如无量纲化只能用 *Z*-score 法,求系统评价值只宜用加权线性和法,求解相关系数矩阵 **R** 及其特征向量、贡献率等方法也比较规范。随着计算机的普及,统计应用软件的使用也方便、容易起来了,其中 SPSS (Statistical Package for the Social Science,即社会学统计软件包)是使用非常广泛的软件。在计算机上安装该软件,然后按照一定的指令输入原始数据,就可以完成主成分分析的全部计算并给出结果。另外,随着互联网的迅速发展与普及,从网上可以获取大量的数据,收集数据要较以前容易得多。将收集来的数据输入软件进行主成分分析,得到综合评价函数,将目标企业的数据代入,即可得到该企业的资产质量状况。因此,可以通过软件程序,在计算机上实现分析的全部计算,并打印出计算结果。

5.5　小　结

　　本章主要研究两大问题:一是对指标体系的评价方法作了简单描述,同时在此基础上,根据本书设置的资产质量综合评价体系及本书所研究的目的和内容,提出了合理评价方法——主成分分析法;二是介绍了运用主成分分析法进行资产质量综合指标评价的步骤,用主成分分析法综合评价资产质量所具备的主要优点等等。

第6章 我国家电行业资产质量的实证研究

6.1 我国家电行业的基本状况

6.1.1 我国家电行业发展综述

20世纪80年代以来,中国家电行业开始了艰辛的改革开放历程,并取得了初创期的良好业绩。家电产品的销售总额持续增长,家电生产流通行业成为我国发展最快的行业之一,对促进国民经济增长作出了突出贡献。

20世纪80年代初,中国家电产品的生产与流通处于初创期,市场需求和利润空间较大。中央和地方有关部门及企业从国外引进大量家电生产线,短期内迅速形成了较大规模的生产能力。20世纪90年代,家电行业在引进技术与技术合作的同时,利用价格机制,在整体上提升了产品结构,整合了国内品牌,促进了资产重组。在家电产品结构方面,使产品的技术、功能、质量结构变动朝向有利于技术提升、类型多样、质量保障的方向发展。

政府在国民经济发展规划中提出的核心任务是进行结构调整,摆脱资源约束,发展节能、环保等新兴产业。随着相关行业调整的开展,国家扩大内需的政策和大力开拓农村市场的措施初见成效,加之受加入WTO等因素影响,我国家电行业面临产品升级、产品结构调整、产品节能、产业重组的生存选择;我国家电产品市场面临来自国内外不同层次与类型的需求以及更加严峻的发展现实。

6.1.2　我国家电市场的现状

我国家电业对外开放较早,市场竞争相对充分,且经过多年的不断发展,目前在世界家电市场中已颇具竞争实力。尤其是20世纪90年代中期以来,大量外资和技术的注入使中国家电业得到进一步发展,成为世界四大家用电器生产基地之一。随着我国加入WTO,我国的经济形势发生巨大的变化,家用电器行业正处在一个全新的发展时期。

加入WTO后的中国家电市场,是一个开放的充满竞争的市场。在这个市场中,中国家电企业与国际大企业存在明显的差距。我国企业规则不平等,加之对国际规则不熟悉,形成了WTO对中国家电企业短期内的主要挑战。国内家电企业与国外同类产品企业的差距主要表现在客户服务网络、营销网络、品牌价值、供应链管理、产品技术创新和核心技术创新等几个方面。对制造业来说,拥有自土的贸易销售权至关重要,国内企业必须完善客户服务网络,扩大营销网络,不断进行品牌推广。在生产方面,国内企业需要加强供应链管理,提升低成本的动力。

后工业时代,家电业发展的重心将全面转至渠道发展,谁赢得渠道谁就能赢得市场。一个行业(产业)的健康有序发展依赖于产业链上各个环节、各类企业群的同步协调发展。中国家电业最终必将形成技术研发、配套生产、品牌生产、物流供应、零售服务等环节稳定合作、产业链条固化的局面。

由于渠道费用负担沉重,渠道的整合(包括自身优化和多公司共享)将是必然趋势;商流、物流和资金流的独立管理将有利于专业分工,优化的流程和运作模式能降低企业经营风险;渠道终端控制和管理是企业占领市场的重要策略。

加入 WTO 后的中国家电市场,是一个极具发展变化的市场。中外家电生产企业要想在这个市场生存和发展,就必须对这个市场的消费现状、消费需求、品牌偏好、购买渠道以及影响购买因素等状况有一个全面、透彻的了解和把握。现在,我国家电市场的产品项目非常广泛,除彩电、冰箱、洗衣机、空调器、影碟机、家庭影院等传统家电产品外,还包括以家用电脑、移动电话、数码相机、掌上电脑等为代表的数码家电产品,以及微波炉、燃气灶、抽油烟机、热水器、电磁炉、豆浆机、烤面包机、电饭煲、洗碗机、消毒碗柜、电饭煲等厨卫家电产品。此外,家电市场的产品项目还包括电暖器、吸尘器、饮水机、电开水壶、电风扇、电熨斗、空气清新器等 30 余种当前极具消费潜力的小家电产品。

6.1.3 家电行业竞争总体分析

纵观全局分析家电行业竞争,从当前中国家电行业的生产开发能力上看,彩色电视机、电冰箱、洗衣机等大宗耐用家电产品已经明显供大于求。OEM(贴牌)生产规模不断扩大,品牌数量相应减少,市场逐渐呈现出两类主要市场,即全国性品牌市场和区域性品牌市场,全国性品牌对消费者已具有较强的影响力,并能决定市场价格;而区域性品牌则依据地区优势构成潜在的价格竞争优势。

20 世纪 90 年代首批拥有家电产品的家庭已开始进入产品更新换代期,城市居民家庭对传统家电产品的更新需求已表现出很高的成熟度,他们在购买家电产品时,不仅关注产品价格,而且对其他购买因素,诸如品牌、品质、性能、使用的方便性、购买渠道等方面也表现得十分内行。

从总体需求看,当前我国家电市场总量增长缓慢,缺乏强有力的新技术产品带动整个市场总量快速增长。一些新兴家电产品,如饮水机、豆浆机等虽然近年表现出较强的增长势头,但是市场规模仍然较小,地区差异较大,面临着较大的市场拓展难度。

从家电市场品牌集中度看,我国家电产品差异性较大,市场集中度超过50%的产品主要集中在市场规模较小的产品中,如微波炉、豆浆机、洗碗机等;市场集中度在36% ~50%的产品主要有电视机、电冰箱、洗衣机、电风扇、电饭煲等;市场集中度较低(35%以下)的产品主要有空调器、热水器、抽油烟机、燃气灶、家庭影院等产品。一般来讲,行业内品牌集中度越低,参与市场同类产品竞争的企业就越多;反之,品牌集中度越高,则参与市场竞争的同类生产企业就越少。

从总体上看,我国家电市场品牌集中度随着市场竞争态势的发展会越来越高,这主要是由于行业领先品牌对区域性小品牌生存空间的挤压;此外,近年来家电企业推行产品多元化经营策略,也对原有市场格局产生了影响。

我国电视机市场的竞争最为激烈。由于产品发展战略选择趋同,前几年,在低端产品市场上,主要是国内品牌之间的竞争;在高端产品市场上,竞争主要表现为国产品牌对国外品牌的冲击。目前从整体市场看,海信、创维、长虹、TCL、康佳、海尔等品牌的市场占有率明显领先。在电视机市场,市场份额已经呈现出由以国外品牌为主转为以国内品牌为主的趋势。

目前我国家电制造业正在日益发展壮大,已成为我国具有较强国际竞争力的行业。在WTO的市场条件下,我国家电生产企业经过引进、吸收世界先进生产技术和管理经验,缩短了在核心技术上的差距,逐步树立起自身的品牌形象和品牌影响力;同时,国外家电生产企业,特别是著名跨国公司通过品牌竞争策略的实施,必然会促进我国家电市场的进步与快速发展。随着我国家电市场进一步成熟,"品牌"在广大消费者中的影响力将会进一步提高。

6.1.4 家电行业存在的问题

经过近30年的发展,中国家电业市场状态趋于稳定。但同时,也存在着多方面、多层次、多种类型的生存发展问题,涉及生产能力、规模经济、行业集中度与行业整体效益;技术整体水平、核心技术掌握;产品质量、产品销售、市场流通、跨国公司竞争、行业分化等。

1)生产加工能力过剩

2006年以前,我国主要家电产品生产能力利用率不到50%。如彩电行业产能过剩短时间内不可能改变,但大的彩电企业如长虹、康佳、TCL等正在大力进行产业升级和产业拓宽。如长虹目标是做世界彩电大王,2010年投建的国内首条42英寸以上新型平板显示面板生产线、虹欧等离子面板生产线近期正式宣布全面量产,2012年预计等离子面板产能有望达到600万片。在白色家电行业方面,生产过剩严重。以空调行业为例,新上马的空调企业非常多,空调市场竞争激烈异常。2008年,我国空调总产量接近7 000万台。而国外品牌看好中国市场,不断进入也加强了市场竞争态势。自2002年以来,西门子、伊莱克斯、日立、LG等老牌企业也不断扩大其在中国的开拓力度。虽然,彩电、冰箱业已步入成熟期,洗衣机、空调、影碟机等家电产品也步入成长期,但是,由于前期在短期利益特别是利润动机驱使下,全国范围内持续重复引进同一类型、同一技术水平的家电生产线,致使生产加工能力过剩且库存积压量大。与国外家电业相比,行业集中度仍显偏低。

行业整体效益不高,整体产销量增长幅度大于销售收入的增长幅度。比如,微波炉2002年上半年销量同比增长36%,但销售收入只增长18%,空调销量同比增长47.9%,但销售收入只增长9.1%。但彩电是个例外,2002年1—5月彩电销售量是1 500多万台,同比增长27.5%,而销售收入增长了30%,特别是在城市市场,销售额增长率超过了销售量的增长率。在出口方面,彩电出口量同比增长24.9%,而出口额达到6.8亿美元,同比增长39.3%。其中虽然21英寸和14英寸彩电仍然占出口的2/3以上,但29英寸及34英寸以上产品出口增长非常快,同比增幅超过100%。这显示了2002年上半年彩电行业通过行业内的结构重组和行业内公司的产品结构调整和业务整合,以及受整体市场的复苏影响,行业复苏迹象非常明显。

2)技术整体水平偏低,存在一定的质量问题

经过多年艰难创业和发展,我国家电业业绩辉煌。目前,在国内市场上已稳稳地占据了大半江山,但在国际市场上却难有作为。技术因素依然是制约家电业进一步腾飞的基本关节。产品核心技术的自主研发与行业整体技术提升仍是家电行业的基本缺点与弱点。家电企业缺乏甚至没有自主知识产权的核心技术。同时,产品质量问题亦不容乐观,一些家电产品在能耗、环保等重要指标上达不到国际规定的质量认证标准。在家电行业与家电市场中,技术创新意识、质量保障意识及环保意识滞后。企业业绩的提升仍停留在通过自身规模的扩张来占领市场份额,产品的差异性仅停留于外观的设计上。我国加入WTO,外资企业因具备资本、技术、品牌及芯片和彩管等核心技术的自配优势,对国内家电企业的威慑力加重;同时,随着技术、质量、环保及习惯要求的提高,家电出口亦障碍重重。

国内市场同样也面临家电企业的产品质量问题,据赛迪网2009年3月27日报道,在2008年电视机的投诉品牌中,国产电视机的投诉量最大,共1 546宗,占投诉总量的65.37%;洋品牌的投诉量共819宗,占投诉总量的34.63%。随着国产电视机性价比的不断提高,越来越多的消费者选择购买国产品牌,像长虹、创维、康佳、TCL、海尔、海信等国产品牌在市场上占有相当重要的份额。与之相应的是,投诉量也在不断走高。

在电视机行业投诉品牌排行前十位中,其中有六家是国产品牌,

分别是位于投诉排行榜第一的长虹、第三的创维、第四的海信、第五的康佳、第七的海尔和第十的 TCL。另外有四家是洋品牌,分别是位于投诉排行榜第二的三星、第六的飞利浦、第八的 LG、第九的东芝。值得一提的是,夏普和厦华电视机的投诉量也较大,投诉量同为 82宗;其他洋品牌如索尼、松下、三洋和日立等的投诉量相对较少。

3)产品市场流通不畅

家电产品价格还在逐步下滑,国内市场销售不畅的局面还没改变。从家电行业的产品价格走势来看,基本上是逐步下滑的。2002年 1—5 月空调器重点 33 家企业有 48% 的销售收入下降,主要原因是价格下降、库存增加和回款不好。从白色家电整体来看,国内市场销售实际同比萎缩了 14% 左右,2002 年上半年之所以销售增长主要是由于出口带动。这里深层的原因是:各企业引进的生产技术基本一致,加之产能过剩导致过度竞争。

在需求方面,主要家用电器产品在城镇中的普及率较高,消费空间已由购买上的填补空白阶段转向更新换代阶段,消费需求由普通型、粗放型转向高性能、个性化、节能环保诸类型等方面。农村家电市场相当大的部分目前尚处于普及阶段,其消费特点是追求产品的价廉和实用性。但是,面对消费需求多层次、多元化的现实,家电产品与服务的供给尚未适应。在供给方面,多数企业经营观念仍沿用传统产品的制造和销售模式,尽管一些大企业市场占有率、主营收入逐年提高,但因营销观念滞后,产品在流通环节滞留时间过长,导致销售费用、管理费用、财务费用不断攀升,甚至营业成本的增长快于主营业务收入的增长。

2009 年国务院出台的轻工业振兴规划涉及家电行业的内容,主要是家电行业中的小家电子行业,其他家电子行业不在行业振兴的规划范围之内。

而和小家电行业有关的轻工业振兴规划内容有如下两点:一是

进一步扩大"家电下乡"补贴品种,将微波炉、电磁炉两类产品纳入补贴范围,并将每类产品每户只能购买一台的限制放宽到两台,中央财政加大对民族地区和地震重灾区的支持力度;二是提高小家电产品的出口退税率,可能是将现在 14% 的出口退税率提高到 17%。另外,规划还提及要推进产品升级,鼓励节能产品的应用等政策。

4）跨国公司结构调整

家电产品出口在 2002 年上半年有了较大幅度的增长,同时拓展的国家也愈来愈多,方式也多种多样。在继续拓展美国、日本等传统国家市场的同时,在东南亚、俄罗斯、欧洲、非洲等地也是全面开花。随着加入 WTO 和国外各种贸易壁垒的削弱乃至消失,中国家电产品的市场竞争力将越来越强。

但与此同时,跨国公司也加快了其结构调整步伐。日本、美国等家电强国由于其本国经济不景气,一方面宣布大规模裁员,另一方面抓紧时间对在华机构进行调整,重新制订战略规划,从中国低端产品市场退出,加强对高端产品如背投彩电、高效节能空调、大容量冰箱、滚筒洗衣机等的生产和市场投入。预计高端产品的竞争会不断激烈。

5）市场竞争日趋加剧

从 2002 年上半年的家电行业情况看,家电行业已经进入高速的震荡和调整期,但是震荡将带来巨大的机会。这种震荡的结果会导致目前品牌阵营中两极分化的现象继续扩大。但是市场的运作将趋于更加理性,该退出的会退出,同时竞争的焦点已经不单单在外部市场,真正的竞争焦点正在向企业内部转移,包括管理、经营、营运模式、企业活力、企业核心竞争力、技术开发能力、内部资源优化配置及整合等方面。企业如何在短时间内积累资源、增大投入产出比,从而提高核心竞争力是其未来生存的关键。

6）缺乏技术创新能力和核心竞争力

短期内,国内家电企业加强并提升技术创新能力的可行性并不大。同时,每个企业都面临着来自各方面的重重压力,既要保证企业的稳定发展和正常流转,特别是资金流不能出现问题,还要面对来自战略转型和流程再造过程中的巨大风险和竞争压力,真是左右为难。同时,国内家电企业建立核心竞争优势的可能性和空间比较小。因此,国内家电企业可以在竞争中寻找比较优势,扩大对市场的控制权和话语权。目前,国内家电企业的比较优势主要集中体现在规模化竞争、价格利器、中低端市场三方面。

6.2 样市的选择、基础数据及各年单项 资产质量指标值

6.2.1 样本的选择

本书选定 2006 年、2007 年、2008 年中国沪、深两市家电行业上市公司的年报数据作为研究对象。因此我们在选择样本时将 2006 年以后上市的公司予以剔除。除去上述剔除掉的样本和少数数据不全的样本外,本书共选择了有 3 年年报数据的沪、深两市家电行业上市公司 25 家。

6.2.2 基础数据

为了计算相对应的资产质量评价指标,就得根据上市公司的财务报表及报表附注中对应的基础数据来进行计算,本书样本观测值的所有财务数据均来自巨潮资讯网、东方证券网及中国证券网等网站。有关基础数据及部分数据的含义说明见附表 1。

6.2.3 3 年单项资产质量指标值

在收集到的基础数据的基础上,根据表 4-1 设计的资产质量评

价指标体系中的指标,计算出相应的 3 年该企业单项资产质量指标值,具体见附表 1。

6.3　家电行业上市公司资产存在性质量指标的评价

6.3.1　资产存在性质量指标的描述性统计分析

根据附表 1 的家电行业各公司 3 年的资产存在性质量指标数据值,对应的资产质量存在性评价指标的描述性统计结果见表 6-1。

表 6-1　资产存在性质量指标的描述性统计表

		良好资产比率(X_1)	流动资产率(X_2)	固定资产成新率(X_3)	非存货流动资产比率(X_4)
2006 年	μ	0.895 3	0.704 0	0.594 3	0.663 3
	σ	0.120 2	0.121 3	0.107 2	0.132 5
2007 年	μ	0.899 5	0.692 3	0.556 2	0.617 1
	σ	0.121 2	0.126 5	0.091 6	0.168 6
2008 年	μ	0.874 3	0.677 9	0.543 3	0.654 6
	σ	0.172 7	0.126 5	0.101 5	0.175 8

		非两项资金占流动资产比率(X_5)	非对外投资占资产比率(X_6)	非在建工程结构性资产比率(X_7)	无形资产比率(X_8)
2006 年	μ	0.544 7	0.930 4	0.951 4	0.165 6
	σ	0.189 5	0.083 0	0.052 0	0.133 8
2007 年	μ	0.551 3	0.922 3	0.956 8	0.180 4
	σ	0.170 1	0.121 5	0.048 1	0.150 6
2008 年	μ	0.550 6	0.940 8	0.930 5	0.169 0
	σ	0.246 1	0.076 0	0.087 7	0.132 8

6.3.2　资产存在性质量指标主成分分析

（1）特征值与贡献率

通过主成分分析,先计算出各年份主成分特征值与累计贡献率,分别见表6-2、表6-3、表6-4。

表6-2　各主成分特征值与累计贡献率(2006年)

主成分因子序号	初始特征值			分析所选主成分因子		
	特征值	特征值占方差百分数(%)	特征值占方差百分数累加值(%)	特征值	特征值占方差百分数(%)	特征值占方差百分数累加值(%)
1	2.381	29.761	29.761	2.381	29.761	29.761
2	1.379	17.237	46.998	1.379	17.237	46.998
3	1.173	14.658	61.656	1.173	14.658	61.656
4	1.011	12.640	74.297	1.011	12.640	74.297
5	0.953	11.916	86.213	0.953	11.916	86.213
6	0.571	7.138	93.351			
7	0.377	4.713	98.064			
8	0.155	1.936	100.000			

表6-3　各主成分特征值与累计贡献率(2007年)

主成分因子序号	初始特征值			分析所选主成分因子		
	特征值	特征值占方差百分数(%)	特征值占方差百分数累加值(%)	特征值	特征值占方差百分数(%)	特征值占方差百分数累加值(%)
1	2.529	31.612	31.612	2.529	31.612	31.612
2	1.472	18.402	50.014	1.472	18.402	50.014
3	1.166	14.581	64.595	1.166	14.581	64.595
4	0.844	10.547	75.142	0.844	10.547	75.142
5	0.764	9.555	84.697	0.764	9.555	84.697
6	0.627	7.838	92.535			
7	0.455	5.689	98.224			
8	0.142	1.776	100.000			

表 6-4　各主成分特征值与累计贡献率(2008 年)

主成分因子序号	初始特征值			分析所选主成分因子		
	特征值	特征值占方差百分数(%)	特征值占方差百分数累加值(%)	特征值	特征值占方差百分数(%)	特征值占方差百分数累加值(%)
1	2.252	28.144	28.144	2.252	28.144	28.144
2	1.597	19.965	48.109	1.597	19.965	48.109
3	1.227	15.333	63.442	1.227	15.333	63.442
4	0.971	12.138	75.580	0.971	12.138	75.580
5	0.750	9.376	84.956	0.750	9.376	84.956
6	0.525	6.568	91.525			
7	0.459	5.738	97.263			
8	0.219	2.737	100.000			

由表 6-2、表 6-3、表 6-4 可知,2006 年、2007 年和 2008 年前 5 个因子的累计方差贡献率分别达到 86.213%、84.697%、84.956%。通常来讲,累计方差百分比达到 80% 以上,即认为是具有代表性的。说明前 5 个因子已经包含了样本主要的信息,因此本书对各年度都选取前 5 个因子作为公因子建立因子载荷矩阵。

(2) 建立因子载荷矩阵及旋转因子载荷矩阵

在建立主成分分析因子载荷矩阵(见附表 2、3、4)基础上,将因子载荷矩阵实现方差最大正交旋转,得到旋转后因子载荷矩阵如表 6-5、表 6-6、表 6-7。

表 6-5　旋转后因子载荷矩阵（2006 年）

	主成分因子序号				
	1	2	3	4	5
良好资产比率(X_1)	0.799	−0.042	0.318	0.143	0.072
流动资产率(X_2)	0.238	0.058	0.841	0.011	−0.132
固定资产成新率(X_3)	0.078	−0.017	0.024	0.967	−0.099
非存货流动资产比率(X_4)	0.346	0.708	−0.181	0.373	0.221
非两项资金占流动资产比率(X_5)	0.885	0.240	0.117	0.029	−0.083
非对外投资占资产比率(X_6)	0.062	−0.907	−0.193	0.171	0.151
非在建工程结构性资产比率(X_7)	−0.685	0.121	0.536	−0.015	0.254
无形资产比率(X_8)	−0.070	−0.034	−0.073	−0.087	0.960

表 6-6　旋转后因子载荷矩阵（2007 年）

	主成分因子序号				
	1	2	3	4	5
良好资产比率(X_1)	0.718	0.375	−0.315	−0.144	0.213
流动资产率(X_2)	0.031	0.022	0.070	0.937	0.042
固定资产成新率(X_3)	0.052	−0.166	0.139	0.037	0.939
非存货流动资产比率(X_4)	0.214	0.866	0.090	−0.113	−0.187
非两项资金占流动资产比率(X_5)	0.857	0.058	−0.185	−0.113	0.114
非对外投资占资产比率(X_6)	−0.097	0.733	−0.471	0.308	−0.048
非在建工程结构性资产比率(X_7)	−0.242	−0.054	0.891	0.109	0.153
无形资产比率(X_8)	−0.768	0.036	−0.053	−0.317	0.192

表 6-7　旋转后因子载荷矩阵（2008 年）

	主成分因子序号				
	1	2	3	4	5
良好资产比率(X_1)	0.818	0.195	0.245	−0.262	−0.133
流动资产率(X_2)	−0.211	0.859	0.045	0.191	0.090
固定资产成新率(X_3)	0.891	−0.173	0.002	0.083	0.103
非存货流动资产比率(X_4)	0.068	−0.064	0.932	0.083	−0.132
非两项资金占流动资产比率(X_5)	0.375	0.314	0.560	−0.370	0.308
非对外投资占资产比率(X_6)	0.016	−0.092	−0.072	−0.153	0.923
非在建工程结构性资产比率(X_7)	−0.054	0.056	0.024	0.935	−0.141
无形资产比率(X_8)	−0.252	−0.763	0.043	0.196	0.330

　　旋转后因子载荷矩阵是按照方差极大化对因子载荷矩阵的旋转，其因子变量在很多变量上的载荷都有所提高。而且，在因子载荷矩阵中的每一个数据表示了相应的因子变量对原变量的相对重视程度。因此，根据表 6-5 的结果可以看出：2006 年第一个因子变量中，良好资产比率(X_1)、非两项资金占流动资产比率(X_5)、非在建工程结构性资产比率(X_7)有比较大的载荷。而根据表 6-6 的结果可以看出：2007 年第一个因子变量中，良好资产比率(X_1)、非两项资金占流动资产比率(X_5)、无形资产比率(X_8)有比较大的载荷。具体见表 6-8。

表 6-8　各公因子主要反映的指标信息一览表

	2006 年	2007 年	2008 年
F_1	X_1, X_5, X_7	X_1, X_5, X_8	X_1, X_3
F_2	X_2, X_4, X_6	X_4, X_6	X_2, X_8
F_3	X_2, X_7	X_7	X_4, X_5
F_4	X_3	X_2	X_7
F_5	X_8	X_3	X_6

（3）计算各公司的综合因子得分并排序

　　在此基础上确定因子得分矩阵（见附表 2、3、4），最后得到资产质量存在性评价得分以及排序。具体见表 6-9、表 6-10、表 6-11。

表 6-9　各家电上市公司资产质量存在性得分及排序表（2006 年）

单位	F_1	F_2	F_3	F_4	F_5	F	排序
ST 夏新	0.423 3	-0.992 2	0.714 1	-0.228 5	0.348 4	7.224 2	11
海信电器	0.127 7	-0.875 2	0.621 3	-0.139 0	-0.077 1	-4.852 8	17
成都博讯	-1.493 1	1.473 1	0.273 8	-0.244 2	-0.237 2	-20.944 7	22
福日电子	0.949 5	1.826 8	-0.016 3	0.007 4	1.361 4	75.823 5	1
浙江阳光	0.347 4	-0.230 2	-0.029 4	4.637 0	-0.525 8	58.286 2	2
澳柯玛	0.259 0	0.044 0	0.378 0	0.320 8	1.647 3	37.692 9	3
上海广电	-0.583 5	2.498 1	0.571 7	0.003 2	-0.343 7	30.018 1	6
青岛海尔	0.364 6	0.595 9	-0.083 0	-0.099 3	-0.745 4	9.768 8	9
宁波富达	0.724 2	-0.867 9	0.039 5	-0.689 7	-1.030 8	-13.830 9	18

续表

单位	F_1	F_2	F_3	F_4	F_5	F	排序
大显股份	0.360 2	0.563 4	0.668 7	-0.647 4	-1.199 3	7.759 2	10
四川长虹	-0.763 8	-0.680 1	0.156 1	-0.170 9	1.240 8	-19.541 8	21
ST 厦华	-0.254 4	-0.967 5	1.263 8	-0.092 4	0.474 8	-1.235 1	14
合肥三洋	1.723 5	-0.273 9	-0.790 6	-0.238 5	-0.364 3	27.628 2	8
深康佳 A	0.160 6	-0.833 7	1.377 8	-0.280 3	-0.835 6	-2.894 5	15
ST 华发	-1.512 5	0.013 3	-1.885 4	0.504 7	-0.601 8	-73.210 3	24
TCL 集团	-0.239 6	-0.250 1	0.906 2	-0.119 2	-0.276 0	-2.953 2	16
小天鹅	-0.694 1	0.096 3	0.250 8	-0.195 7	0.311 9	-14.078 5	19
美菱股份	0.322 5	-0.240 6	-0.802 4	-0.095 1	3.255 1	31.273 5	5
美的电器	0.047 5	-1.209 7	0.432 6	-0.303 6	-0.167 3	-18.931 0	20
万家乐	-0.089 5	-0.082 1	0.001 5	-0.120 7	0.539 0	0.842 2	13
佛山照明	2.204 6	0.605 0	-2.310 1	-0.466 5	-0.719 4	27.707 6	7
ST 长岭	-2.754 7	-0.617 7	-1.364 8	-0.285 1	-0.471 5	-121.858 3	25
格力电器	0.543 6	-0.767 8	0.742 2	-0.191 0	-0.871 0	1.029 7	12
四川湖山	-0.003 9	1.856 9	0.910 9	-0.270 3	-0.370 1	37.415 1	4
ST 科龙	-0.169 0	-0.683 9	-2.026 9	-0.595 8	-0.342 3	-58.138 3	23

其中：$F = 29.761 \times F_1 + 17.237 \times F_2 + 14.658 \times F_3 + 12.640 \times F_4 + 11.916 \times F_5$

表 6-10　各家电上市公司资产质量存在性得分及排序表（2007 年）

单位	F_1	F_2	F_3	F_4	F_5	F	排序
ST 夏新	-0.654 0	-0.623 9	-1.499 6	0.121 1	0.210 6	-48.051 4	22
海信电器	0.062 8	-0.008 2	0.491 3	4.391 3	0.275 0	10.417 6	11
成都博讯	-0.271 4	-4.127 1	0.851 0	-0.827 9	-0.263 1	-72.992 9	24
福日电子	0.541 3	1.130 7	1.340 0	-1.068 1	-0.423 1	50.275 1	3
浙江阳光	0.593 0	0.501 7	-0.870 9	-0.133 9	0.912 3	15.753 8	10
澳柯玛	-2.121 6	1:154 1	0.257 4	-0.821 8	1.908 7	-20.971 8	18
上海广电	0.662 8	0.263 1	1.825 5	-0.553 4	-0.363 4	50.739 3	2
青岛海尔	0.915 0	-0.045 5	-0.384 4	-0.007 2	0.028 9	16.338 3	9
宁波富达	1.197 0	-0.558 1	-0.719 7	-0.013 5	0.854 1	30.277 4	6
大显股份	1.146 9	-0.071 9	0.619 7	-0.051 1	-0.374 5	41.639 5	5
四川长虹	-1.088 1	0.176 6	-0.042 0	-0.333 0	1.043 5	-24.190 1	19
ST 厦华	-0.396 9	0.242 9	-0.037 7	0.159 9	-0.944 4	-19.014 7	17
合肥三洋	0.528 5	-0.025 9	-2.667 9	-0.273 2	-1.555 8	-37.532 8	21
深康佳 A	0.527 9	0.002 5	-0.071 1	0.375 2	-0.621 2	9.760 1	13
ST 华发	-0.024 3	0.869 2	0.867 2	-0.114 4	-0.068 5	27.216 4	8
TCL 集团	0.381 5	0.533 8	0.630 7	0.155 6	-0.163 0	29.520 7	7

续表

单位	F_1	F_2	F_3	F_4	F_5	F	排序
小天鹅	0.006 7	0.498 2	0.266 2	-0.297 5	-0.507 2	8.416 1	14
美菱股份	-0.852 7	0.443 3	-0.898 2	-0.781 4	0.305 1	-28.979 5	20
美的电器	-0.123 0	-0.164 8	-0.365 2	0.271 9	1.283 3	0.015 4	15
万家乐	-0.415 2	0.377 2	0.806 8	0.170 8	-2.051 2	-14.019 0	16
佛山照明	1.170 2	0.801 0	0.174 3	-0.608 8	-0.419 0	50.268 6	4
ST 长岭	-2.612 6	-0.403 6	0.643 7	0.478 0	-0.296 8	-83.465 4	25
格力电器	0.640 5	0.114 3	-1.429 7	0.118 4	0.905 2	10.151 5	12
四川湖山	1.263 8	-0.841 4	0.923 2	-0.227 6	1.893 6	56.021 7	1
ST 科龙	-1.077 9	-0.238 2	-0.710 4	-0.129 4	-1.569 0	-63.809 3	23

其中：$F = 31.612 \times F_1 + 18.402 \times F_2 + 14.581 \times F_3 + 10.547 \times F_4 + 9.555 \times F_5$

表 6-11　各家电上市公司资产质量存在性得分及排序表（2008 年）

单位	F_1	F_2	F_3	F_4	F_5	F	排序
ST 夏新	-0.057 3	-0.296 2	-1.951 4	-1.014 9	0.753 9	-42.696 9	21
海信电器	0.659 8	1.155 5	0.656 7	0.443 4	1.072 5	67.144 2	2
成都博讯	-0.769 4	-0.863 0	2.325 9	-0.246 6	1.051 1	3.639 7	12
福日电子	-0.560 9	-0.212 3	2.136 9	0.461 8	-1.241 0	6.708 8	11
浙江阳光	0.854 4	0.515 7	0.258 1	-0.483 7	-0.009 7	32.335 4	6
澳柯玛	0.245 5	-2.763 1	-0.071 5	1.450 1	0.549 6	-26.596 9	20
上海广电	-0.318 7	-0.209 8	-0.299 7	0.494 0	-3.693 5	-46.387 0	22
青岛海尔	0.269 0	0.725 4	0.664 1	0.241 3	0.688 6	22.855 3	7
宁波富达	0.655 7	-0.015 8	-0.586 1	-1.992 5	-0.341 8	-18.237 1	18
大显股份	-0.059 2	0.818 8	-0.427 2	-0.064 2	-0.884 5	-0.940 3	13
四川长虹	0.055 4	-0.945 4	-0.369 2	-2.318 5	0.169 1	-49.532 6	23
ST 厦华	-3.288 6	0.159 0	-1.590 0	0.819 5	0.712 8	-97.127 8	25
合肥三洋	-0.582 5	0.698 2	-0.085 2	-2.162 3	0.372 2	-26.517 9	19
深康佳 A	-0.016 4	1.493 8	0.140 7	0.539 7	0.756 3	45.159 3	4
ST 华发	0.632 9	-0.724 3	-0.279 9	0.243 9	-0.315 9	-0.942 9	14
TCL 集团	0.100 1	0.805 5	0.549 7	0.575 4	0.594 6	39.886 6	5
小天鹅	-0.281 8	0.310 2	0.196 9	0.534 0	0.017 3	7.923 6	10
美菱股份	1.394 3	-1.642 6	-0.332 4	0.537 4	0.524 5	12.794 0	9
美的电器	0.944 0	-0.308 0	-0.523 5	0.108 8	0.269 1	16.221 9	8
万家乐	-1.373 5	1.106 8	0.300 3	0.455 6	0.172 2	-4.808 8	15
佛山照明	-0.222 0	-0.330 7	1.196 7	-0.963 8	-0.313 8	-9.144 1	17
ST 长岭	-0.208 7	-0.227 3	-0.989 0	1.012 5	0.667 8	-7.022 5	16
格力电器	1.368 1	0.810 4	0.618 5	0.696 6	0.969 6	81.711 6	1
四川湖山	1.456 2	1.174 2	-1.508 9	1.117 8	-0.781 4	47.529 9	3
ST 科龙	-0.896 3	-1.234 4	-0.030 5	-0.002 8	-0.382 3	-53.955 6	24

其中：$F = 28.144 \times F_1 + 19.965 \times F_2 + 15.333 \times F_3 + 12.138 \times F_4 + 9.376 \times F_5$

6.4 资产有效性质量指标的评价

6.4.1 资产有效性质量指标的描述性统计分析

根据附表 1 各公司 3 年的资产有效性质量指标数据值,对应的资产质量有效性评价指标的描述性统计结果见表 6-12。

表 6-12 资产有效性质量指标的描述性统计表

		流动资产周转率(X_9)	存货周转率(X_{10})	应收账款周转率(X_{11})	固定资产周转率(X_{12})	总资产周转率(X_{13})
2006 年	μ	1.822 7	5.897 0	8.984 1	6.648 5	1.292 5
	σ	0.974 8	5.720 6	6.445 0	5.036 6	0.741 7
2007 年	μ	1.954 5	5.378 8	11.362 5	9.997 7	1.376 8
	σ	0.985 7	6.180 7	11.161 6	6.621 6	0.784 3
2008 年	μ	1.719 0	6.243 3	12.238 2	6.940 9	1.128 8
	σ	1.150 6	6.251 2	17.433 1	5.184 3	0.725 3

6.4.2 资产有效性质量指标主成分分析

(1) 特征值与贡献率

通过主成分分析,先计算出各年份资产有效性质量指标主成分特征值与累计贡献率,分别见表 6-13、表 6-14、表 6-15。

表 6-13　各主成分特征值与累计贡献率（2006 年）

主成分因子序号	初始特征值			分析所选主成分因子		
	特征值	特征值占方差百分数(%)	特征值占方差百分数累加值(%)	特征值	特征值占方差百分数(%)	特征值占方差百分数累加值(%)
1	3.370	67.406	67.406	3.370	67.406	67.406
2	0.753	15.069	82.475	0.753	15.069	82.475
3	0.581	11.627	94.102			
4	0.272	5.449	99.551			
5	0.022	0.449	100.000			

表 6-14　各主成分特征值与累计贡献率（2007 年）

主成分因子序号	初始特征值			分析所选主成分因子		
	特征值	特征值占方差百分数(%)	特征值占方差百分数累加值(%)	特征值	特征值占方差百分数(%)	特征值占方差百分数累加值(%)
1	2.972	59.445	59.445	2.972	59.445	59.445
2	1.058	21.153	80.598	1.058	21.153	80.598
3	0.552	11.030	91.629			
4	0.367	7.341	98.969			
5	0.052	1.031	100.000			

表 6-15　各主成分特征值与累计贡献率（2008 年）

主成分因子序号	初始特征值			分析所选主成分因子		
	特征值	特征值占方差百分数(%)	特征值占方差百分数累加值(%)	特征值	特征值占方差百分数(%)	特征值占方差百分数累加值(%)
1	2.831	56.626	56.626	2.831	56.626	56.626

主成分因子序号	初始特征值			分析所选主成分因子		
	特征值	特征值占方差百分数(%)	特征值占方差百分数累加值(%)	特征值	特征值占方差百分数(%)	特征值占方差百分数累加值(%)
2	1.010	20.194	76.820	1.010	20.194	76.820
3	0.734	14.675	91.495	0.734	14.675	91.495
4	0.399	7.974	99.469			
5	0.027	0.531	100.000			

由表 6-13、表 6-14、表 6-15 可知,2006 年和 2007 年前两个因子的累计方差贡献率分别达到 82.475% 和 80.598%,2008 年前 3 个因子的累计方差贡献率达到 91.495%。因此本书对 2006 年、2007 年选取前两个因子作为公因子建立因子载荷矩阵,对于 2008 年选取前 3 个因子作为公因子建立因子载荷矩阵。

(2) 建立因子载荷矩阵及旋转因子载荷矩阵

在建立主成分分析因子载荷矩阵(见附表 2、3、4)的基础上,将因子载荷矩阵实现方差最大正交旋转,得到旋转后因子载荷矩阵见表 6-16、表 6-17、表 6-18。

表 6-16 旋转后因子载荷矩阵(2006 年)

	主成分因子序号	
	1	2
流动资产周转率(X_9)	0.882	0.322
存货周转率(X_{10})	0.211	0.973
应收账款周转率(X_{11})	0.735	0.114
固定资产周转率(X_{12})	0.856	0.127
总资产周转率(X_{13})	0.930	0.289

表 6-17　旋转后因子载荷矩阵（2007 年）

	主成分因子序号	
	1	2
流动资产周转率(X_9)	0.924	0.183
存货周转率(X_{10})	－0.009	0.940
应收账款周转率(X_{11})	0.798	－0.061
固定资产周转率(X_{12})	0.595	0.588
总资产周转率(X_{13})	0.939	0.188

表 6-18　旋转后因子载荷矩阵（2008 年）

	主成分因子序号		
	1	2	3
流动资产周转率(X_9)	0.928	0.121	0.139
存货周转率(X_{10})	0.153	0.953	0.028
应收账款周转率(X_{11})	0.145	0.020	0.988
固定资产周转率(X_{12})	0.648	0.586	0.000
总资产周转率(X_{13})	0.960	0.205	0.144

根据表 6-16 的结果可以看出：2006 年第一个因子变量中，流动资产周转率(X_9)、应收账款周转率(X_{11})、固定资产周转率(X_{12})、总资产周转率(X_{13})有比较大的载荷。而根据表 6-18 的结果可以看出：2008 年第一个因子变量中，流动资产周转率(X_9)、固定资产周转率(X_{12})、总资产周转率(X_{13})有比较大的载荷。具体见表 6-19。

表 6-19　各公因子主要反映的指标信息一览表

	2006 年	2007 年	2008 年
F_1	$X_9, X_{11}, X_{12}, X_{13}$	$X_9, X_{11}, X_{12}, X_{13}$	X_9, X_{12}, X_{13}
F_2	X_{10}	X_{10}, X_{12}	X_{10}, X_{12}
F_3			X_{11}

（3）计算各公司的综合因子得分并排序

在此基础上确定因子得分矩阵（见附表 2、3、4），最后得到资产质量有效性评价得分以及排序。具体见表 6-20、表 6-21、表 6-22。

表 6-20　各家电上市公司资产质量有效性得分及排序表（2006 年）

单位	F_1	F_2	F	排序
ST 夏新	0.107 6	− 0.550 0	− 1.031 6	12
海信电器	1.680 4	− 0.444 5	106.571 9	2
成都博讯	− 0.714 5	0.029 1	− 47.720 6	18
福日电子	− 0.791 5	4.009 0	7.057 1	11
浙江阳光	− 0.634 1	0.291 9	− 38.345 7	15
澳柯玛	− 1.204 3	− 0.416 2	− 87.447 8	24
上海广电	− 0.810 5	0.550 3	− 46.337 2	17
青岛海尔	1.199 6	1.015 5	96.160 3	3
宁波富达	− 0.638 4	− 0.593 8	− 51.977 9	20
大显股份	− 1.201 5	− 0.659 4	− 90.922 2	25
四川长虹	− 0.155 1	− 0.424 4	− 16.852 3	14
ST 厦华	1.255 7	− 0.451 3	77.841 2	5
合肥三洋	− 0.492 2	− 0.545 9	− 41.401 2	16
深康佳 A	0.380 6	− 0.745 9	14.418 1	9
ST 华发	− 1.216 7	0.087 6	− 80.694 0	23
TCL 集团	1.457 5	− 0.217 9	94.959 5	4
小天鹅	− 0.094 5	− 0.309 2	− 11.032 2	13
美菱股份	0.081 9	0.209 9	8.682 0	10
美的电器	0.899 4	− 0.588 1	51.765 2	7
万家乐	− 0.671 5	− 0.354 4	− 50.602 0	19
佛山照明	− 0.819 8	− 0.196 4	− 58.219 6	21
ST 长岭	− 1.067 0	− 0.410 3	− 78.107 3	22
格力电器	1.043 7	− 0.801 2	58.278 0	6
四川湖山	2.088 0	1.514 6	163.568 1	1
ST 科龙	0.317 1	0.001 0	21.391 2	8

其中：$F = 67.406 \times F_1 + 15.069 \times F_2$

表 6-21 各家电上市公司资产质量有效性得分及排序表(2007 年)

单位	F_1	F_2	F	排序
ST 夏新	− 0.383 1	− 0.457 6	− 32.451 6	17
海信电器	1.275 6	− 0.388 8	67.603 1	3
成都博讯	0.201 5	0.687 1	26.514 2	10
福日电子	− 0.954 9	4.334 6	34.924 6	8
浙江阳光	− 0.719 6	− 0.078 3	− 44.434 7	19
澳柯玛	− 0.889 3	− 0.473 2	− 62.873 8	20
上海广电	− 0.672 0	0.428 2	− 30.887 0	15
青岛海尔	2.319 6	− 0.307 8	131.376 5	2
宁波富达	− 0.830 4	− 0.755 0	− 65.335 0	21
大显股份	− 1.162 8	− 0.855 6	− 87.221 3	25
四川长虹	− 0.442 2	− 0.280 6	− 32.220 1	16
ST 厦华	0.542 6	0.516 2	43.171 1	6
合肥三洋	− 0.483 3	− 0.675 2	− 43.012 0	18
深康佳 A	− 0.133 8	− 0.300 7	− 14.316 6	13
ST 华发	− 0.939 3	− 0.452 8	65.414 2	22
TCL 集团	0.392 0	0.282 5	29.280 7	9
小天鹅	− 0.141 9	0.052 0	− 7.334 7	12
美菱股份	0.352 5	0.028 5	21.554 0	11
美的电器	0.853 1	− 0.392 3	42.411 0	7
万家乐	− 0.383 4	− 0.064 9	− 24.162 6	14
佛山照明	− 1.024 3	− 0.466 2	− 70.752 4	24
ST 长岭	− 0.919 3	− 0.561 6	− 66.527 7	23
格力电器	0.945 4	− 0.445 2	46.781 1	4
四川湖山	2.433 8	0.702 4	159.536 9	1
ST 科龙	0.763 6	− 0.075 7	43.790 6	5

其中: $F = 59.445 \times F_1 + 21.153 \times F_2$

表 6-22　各家电上市公司资产质量有效性得分及排序表（2008 年）

单位	F_1	F_2	F_3	F	排序
ST 夏新	- 0. 365 4	- 0. 697 4	3. 071 2	10. 296 8	10
海信电器	- 1. 547 8	0. 475 8	- 0. 320 7	- 82. 742 8	22
成都博讯	.	.	.	#VALUE!	–
福日电子	- 0. 700 5	4. 368 6	- 0. 106 5	46. 987 5	5
浙江阳光	- 0. 144 2	- 0. 222 6	- 0. 386 4	- 18. 329 4	16
澳柯玛	0. 039 6	- 0. 334 9	- 0. 481 8	- 11. 588 8	14
上海广电	0. 314 8	0. 332 5	- 0. 657 7	14. 887 1	9
青岛海尔	1. 769 3	0. 468 4	1. 107 9	125. 904 0	1
宁波富达	- 0. 605 3	- 0. 693 2	- 0. 295 3	- 52. 605 9	19
大显股份	- 1. 128 6	- 0. 714 1	- 0. 382 9	- 83. 944 9	23
四川长虹	0. 002 2	- 0. 264 6	- 0. 422 0	- 11. 409 7	13
ST 厦华	2. 181 8	0. 042 9	- 0. 882 0	111. 469 7	2
合肥三洋	- 0. 248 4	- 0. 524 0	0. 124 9	- 22. 812 8	17
深康佳 A	0. 032 3	- 0. 207 0	- 0. 307 4	- 6. 863 3	12
ST 华发	- 0. 855 9	- 0. 573 6	- 0. 443 8	- 66. 561 0	20
TCL 集团	0. 720 1	0. 275 9	- 0. 262 9	42. 489 1	6
小天鹅	0. 329 2	- 0. 202 0	- 0. 395 2	8. 762 1	11
美菱股份	0. 542 5	- 0. 354 5	0. 047 6	24. 258 6	8
美的电器	1. 223 7	- 0. 239 9	- 0. 085 3	63. 197 3	4
万家乐	- 0. 038 1	- 0. 172 8	- 0. 597 9	- 14. 419 0	15
佛山照明	- 0. 725 3	- 0. 276 7	- 0. 124 8	- 48. 488 7	18
ST 长岭	- 1. 141 1	- 0. 707 1	- 0. 462 0	- 85. 677 1	24
格力电器	- 0. 203 7	0. 302 3	2. 971 0	38. 168 3	7
四川湖山	- 1. 321 4	- 0. 066 3	- 0. 445 9	- 82. 707 4	21
ST 科龙	1. 870 0	- 0. 015 8	- 0. 261 9	101. 730 3	3

其中：$F = 56. 626 \times F_1 + 20. 194 \times F_2 + 14. 675 \times F_3$

6.5　资产收益性质量指标的评价

6.5.1　资产收益性质量指标的描述性统计分析

根据附表1各公司3年的资产收益性质量指标数据值,对应的资产质量收益性评价指标的描述性统计结果见表6-23。

表 6-23　资产收益性质量指标的描述性统计表

		总资产息税前收益率(X_{14})	对外投资收益率(X_{15})	营业业务利润率(X_{16})	经营资产经营活动现金净流量(X_{17})
2006 年	μ	0.016 2	0.270 2	0.006 2	0.054 8
	σ	0.083 5	0.844 6	0.084 5	0.071 6
2007 年	μ	0.009 6	0.663 3	0.003 6	0.050 4
	σ	0.249 7	1.380 5	0.128 9	0.056 5
2008 年	μ	0.086 5	1.230 7	−0.031 0	0.014 5
	σ	0.533 3	4.170 9	0.210 2	0.114 7

6.5.2　资产收益性质量指标主成分分析

（1）特征值与贡献率

通过主成分分析,先计算出各年份资产收益性质量指标主成分特征值与累计贡献率,分别见表6-24、表6-25、表6-26。

表 6-24　各主成分特征值与累计贡献率(2006 年)

主成分因子序号	初始特征值			分析所选主成分因子		
	特征值	特征值占方差百分数(%)	特征值占方差百分数累加值(%)	特征值	特征值占方差百分数(%)	特征值占方差百分数累加值(%)
1	1.968	49.207	49.207	1.968	49.207	49.207
2	1.393	34.831	84.038	1.393	34.831	84.038
3	0.453	11.319	95.357			
4	0.186	4.643	100.000			

表 6-25　各主成分特征值与累计贡献率(2007 年)

主成分因子序号	初始特征值			分析所选主成分因子		
	特征值	特征值占方差百分数(%)	特征值占方差百分数累加值(%)	特征值	特征值占方差百分数(%)	特征值占方差百分数累加值(%)
1	2.058	51.460	51.460	2.058	51.460	51.460
2	0.874	21.841	73.301	0.874	21.841	73.301
3	0.564	14.101	87.402			
4	0.504	12.598	100.000			

表 6-26　各主成分特征值与累计贡献率(2008 年)

主成分因子序号	初始特征值			分析所选主成分因子		
	特征值	特征值占方差百分数(%)	特征值占方差百分数累加值(%)	特征值	特征值占方差百分数(%)	特征值占方差百分数累加值(%)
1	1.773	44.337	44.337	1.773	44.337	44.337
2	1.242	31.062	75.399	1.242	31.062	75.399
3	0.807	20.178	95.576			
4	0.177	4.424	100.000			

　　由表 6-24、表 6-25、表 6-26 可知,2006 年、2007 年和 2008 年前两个因子的累计方差贡献率分别达到 84.038%，73.301% 和

75.399% 。因此本书对 2006 年、2007 年和 2008 年均选取前两个因子作为公因子建立因子载荷矩阵。

（2）建立因子载荷矩阵及旋转因子载荷矩阵

在建立主成分分析因子载荷矩阵（见附表 2、3、4）的基础上，将因子载荷矩阵实现方差最大正交旋转，得到的旋转后因子载荷矩阵见表 6-27、表 6-28、表 6-29。

表 6-27　旋转后因子载荷矩阵（2006 年）

	主成分因子序号	
	1	2
总资产息税前收益率（X_{14}）	− 0.173	0.943
对外投资收益率（X_{15}）	− 0.870	− 0.140
营业业务利润率（X_{16}）	0.416	0.855
经营资产经营活动现金净流量（X_{17}）	0.871	− 0.034

表 6-28　旋转后因子载荷矩阵（2007 年）

	主成分因子序号	
	1	2
总资产息税前收益率（X_{14}）	0.885	− 0.041
对外投资收益率（X_{15}）	0.066	0.942
营业业务利润率（X_{16}）	0.738	0.298
经营资产经营活动现金净流量（X_{17}）	0.581	0.534

表 6-29　旋转后因子载荷矩阵（2008 年）

	主成分因子序号	
	1	2
总资产息税前收益率（X_{14}）	0.756	0.130
对外投资收益率（X_{15}）	− 0.392	0.826
营业业务利润率（X_{16}）	0.208	0.833
经营资产经营活动现金净流量（X_{17}）	0.895	− 0.230

根据表 6-27 的结果可以看出:2006 年第一个因子变量中,对外投资收益率(X_{15})、经营资产经营活动现金净流量(X_{17})有比较大的载荷。而根据表 6-29 的结果可以看出:2008 年第一个因子变量中,总资产息税前收益率(X_{14})、经营资产经营活动现金净流量(X_{17})有比较大的载荷。具体见表 6-30。

表 6-30　各公因子主要反映的指标信息一览表

	2006 年	2007 年	2008 年
F_1	X_{15} , X_{17}	X_{14} , X_{16} , X_{17}	X_{14} , X_{17}
F_2	X_{14} , X_{16}	X_{15} , X_{17}	X_{15} , X_{16}

(3) 计算各公司的综合因子得分并排序

在此基础上确定因子得分矩阵(见附表 2、3、4),最后得到资产质量收益性评价得分以及排序。具体见表 6-31、表 6-32、表 6-33。

表 6-31　各家电上市公司资产质量收益性得分及排序表(2006 年)

单位	F_1	F_2	F	排序
ST 夏新	− 0.117 2	0.114 9	− 1.768 3	14
海信电器	0.019 2	0.281 2	10.740 8	11
成都博讯	1.258 4	− 3.044 0	− 44.104 3	24
福日电子	− 0.516 0	− 0.001 3	− 25.435 5	19
浙江阳光	− 0.146 9	1.229 9	35.608 5	9
澳柯玛	− 4.111 8	− 0.724 4	− 227.560 5	25
上海广电	0.010 2	− 0.433 4	− 14.591 0	17
青岛海尔	0.964 6	0.295 9	57.772 1	3
宁波富达	0.402 4	0.704 3	44.332 4	5
大显股份	− 0.467 4	− 0.357 8	− 35.461 0	22
四川长虹	− 0.149 9	0.255 8	1.536 5	12
ST 厦华	0.094 7	− 1.243 4	− 38.648 0	23
合肥三洋	0.708 2	1.215 3	77.180 2	2

续表

单位	F_1	F_2	F	排序
深康佳 A	− 0.080 7	0.073 6	− 1.404 6	13
ST 华发	0.162 5	− 1.154 5	− 32.216 9	21
TCL 集团	0.506 5	− 1.548 6	− 29.017 6	20
小天鹅	0.248 5	− 0.014 7	11.715 1	10
美菱股份	− 0.206 6	0.116 8	− 6.097 6	15
美的电器	0.319 1	0.592 2	36.329 4	8
万家乐	− 0.443 8	0.366 1	− 9.087 6	16
佛山照明	0.783 0	1.504 4	90.927 1	1
ST 长岭	− 0.206 8	1.357 1	37.093 2	7
格力电器	0.519 8	0.341 6	37.472 9	6
四川湖山	− 0.681 6	0.316 8	− 22.504 3	18
ST 科龙	1.131 5	− 0.243 7	47.189 9	4

其中：$F = 49.207 \times F_1 + 34.831 \times F_2$

表 6-32　各家电上市公司资产质量收益性得分及排序表（2007 年）

单位	F_1	F_2	F	排序
ST 夏新	− 1.653 0	− 0.807 7	− 102.701 3	23
海信电器	− 0.429 0	3.874 7	62.546 5	3
成都博讯	1.100 6	− 0.430 8	47.227 8	4
福日电子	− 0.418 6	− 0.525 1	− 33.006 3	22
浙江阳光	0.652 7	− 0.248 3	28.162 8	9
澳柯玛	− 1.976 9	− 0.829 7	− 119.853 8	24
上海广电	0.103 7	− 0.356 7	− 2.457 2	16
青岛海尔	0.657 8	− 0.027 7	33.243 6	8
宁波富达	0.442 7	− 0.412 4	13.773 7	11
大显股份	1.224 2	0.634 7	76.858 0	1
四川长虹	− 0.111 4	− 0.712 2	− 21.285 3	20
ST 厦华	− 0.399 1	− 0.197 9	− 24.860 0	21
合肥三洋	0.113 3	1.707 6	43.126 0	6
深康佳 A	0.117 2	− 0.422 9	− 3.205 9	17

单位	F_1	F_2	F	排序
ST 华发	0.244 4	− 0.523 9	1.133 4	15
TCL 集团	− 0.117 9	− 0.641 4	− 20.074 1	19
小天鹅	0.703 1	0.452 7	46.065 0	5
美菱股份	0.051 6	0.040 7	3.543 8	13
美的电器	0.537 6	0.388 5	36.148 1	7
万家乐	0.284 9	− 0.524 9	3.198 4	14
佛山照明	1.071 7	0.422 5	64.376 2	2
ST 长岭	− 3.216 2	0.659 5	− 151.101 2	25
格力电器	0.670 5	− 0.424 0	25.245 9	10
四川湖山	0.378 4	− 0.361 3	11.583 1	12
ST 科龙	− 0.032 2	− 0.734 0	− 17.687 4	18

其中：$F = 51.460 \times F_1 + 21.84 \times F_2$

表 6-33　各家电上市公司资产质量收益性得分及排序表（2008 年）

单位	F_1	F_2	F	排序
ST 夏新	− 2.193 4	− 1.475 6	− 143.085 7	24
海信电器	0.302 4	0.359 1	24.561 5	7
成都博讯	− 1.885 1	3.733 9	32.403 2	3
福日电子	0.026 2	− 0.034 8	0.081 9	18
浙江阳光	0.456 7	0.078 0	22.670 7	8
澳柯玛	0.007 8	0.037 8	1.520 8	17
上海广电	− 0.676 2	− 0.967 2	− 60.025 0	22
青岛海尔	0.618 3	0.007 2	27.639 9	6
宁波富达	0.432 4	0.084 9	21.810 9	9
大显股份	− 1.326 6	− 1.891 6	− 117.574 3	23
四川长虹	0.538 6	− 0.087 9	21.152 1	10
ST 厦华	− 0.496 4	− 1.144 8	− 57.570 1	21
合肥三洋	0.500 3	0.260 5	30.271 8	5
深康佳 A	0.146 0	− 0.049 5	4.936 3	14
ST 华发	.	.	#VALUE!	–
TCL 集团	0.054 1	0.034 7	3.478 6	16

续表

单位	F_1	F_2	F	排序
小天鹅	− 0.264 5	0.006 5	− 11.525 3	19
美菱股份	0.204 6	− 0.084 0	6.463 3	13
美的电器	0.799 7	− 0.009 9	35.149 2	2
万家乐	0.203 5	0.001 7	9.077 5	13
佛山照明	0.372 6	0.476 5	31.320 1	4
ST 长岭	3.043 7	− 0.128 1	130.968 5	1
格力电器	− 0.073 5	0.706 4	18.681 4	11
四川湖山	− 0.061 7	0.241 7	4.773 2	15
ST 科龙	− 0.729 5	− 0.155 7	− 37.179 5	20

其中：$F = 44.337 \times F_1 + 31.062 \times F_2$

6.6　资产安全性质量指标的评价

6.6.1　资产安全性质量指标的描述性统计分析

根据附表 1 各公司 3 年的资产安全性质量指标数据值,对应的资产质量安全性评价指标的描述性统计结果见表 6-34。

表 6-34　资产安全性质量指标的描述性统计表

		流动比率	速动比率	经营现金流动负债比	1 − 资产负债率
2006 年	μ	1.361 2	0.959 8	0.165 2	0.341 1
	σ	1.068 2	0.930 4	0.290 9	0.369 3
2007 年	μ	1.343 4	0.913 0	0.088 6	0.260 2
	σ	1.214 9	1.049 8	0.098 8	0.579 6
2008 年	μ	1.303 5	0.925 3	0.051 9	0.300 2
	σ	1.421 6	1.188 6	0.210 4	0.400 7

6.6.2 资产安全性质量指标主成分分析

(1) 特征值与贡献率

通过主成分分析,先计算出各年份资产安全性质量指标主成分特征值与累计贡献率,分别见表6-35、表6-36、表6-37。

表6-35 各主成分特征值与累计贡献率(2006年)

主成分因子序号	初始特征值			分析所选主成分因子		
	特征值	特征值占方差百分数(%)	特征值占方差百分数累加值(%)	特征值	特征值占方差百分数(%)	特征值占方差百分数累加值(%)
1	3.268	81.703	81.703	3.268	81.703	81.703
2	0.628	15.696	97.399			
3	0.093	2.334	99.733			
4	0.011	0.267	100.000			

表6-36 各主成分特征值与累计贡献率(2007年)

主成分因子序号	初始特征值			分析所选主成分因子		
	特征值	特征值占方差百分数(%)	特征值占方差百分数累加值(%)	特征值	特征值占方差百分数(%)	特征值占方差百分数累加值(%)
1	2.600	64.992	64.992	2.600	64.992	64.992
2	0.811	20.267	85.259	0.811	20.267	85.259
3	0.582	14.561	99.820			
4	0.007	0.180	100.000			

表 6-37　各主成分特征值与累计贡献率（2008 年）

主成分因子序号	初始特征值			分析所选主成分因子		
	特征值	特征值占方差百分数（%）	特征值占方差百分数累加值（%）	特征值	特征值占方差百分数（%）	特征值占方差百分数累加值（%）
1	2.760	69.009	69.009	2.760	69.009	69.009
2	0.788	19.696	88.705	0.788	19.696	88.705
3	0.447	11.169	99.874			
4	0.005	0.126	100.000			

由表 6-35、表 6-36、表 6-37 可知，2006 年前一个因子的累计方差贡献率已经达到 81.703%，而 2007 年和 2008 年前两个因子的累计方差贡献率分别达到 85.259% 和 88.705%。因此本书对 2006 年选取前一个因子作为公因子，而 2007 年和 2008 年选取前两个因子作为公因子建立因子载荷矩阵。

（2）建立因子载荷矩阵及旋转因子载荷矩阵

在建立主成分分析因子载荷矩阵（见附表 2、3、4）的基础上，将因子载荷矩阵实现方差最大正交旋转，得到旋转后因子载荷矩阵见表 6-38、表 6-39、表 6-40。

表 6-38　主成分分析因子载荷矩阵（2006 年）

	主成分因子序号
	1
流动比率（X_{18}）	0.988
速动比率（X_{19}）	0.978
经营现金流动负债比（X_{20}）	0.913
1 − 资产负债率（X_{21}）	0.708

表 6-39　旋转后因子载荷矩阵（2007 年）

	主成分因子序号	
	1	2
流动比率（X_{18}）	0.956	0.285
速动比率（X_{19}）	0.970	0.237
经营现金流动负债比（X_{20}）	0.243	0.795
1－资产负债率（X_{21}）	0.197	0.830

表 6-40　旋转后因子载荷矩阵（2008 年）

	主成分因子序号	
	1	2
流动比率（X_{18}）	0.819	0.516
速动比率（X_{19}）	0.798	0.524
经营现金流动负债比（X_{20}）	0.894	－0.036
1－资产负债率（X_{21}）	0.122	0.941

　　根据表 6-38 的结果可以看出：2006 年只有一个因子变量，所有指标均有比较大的载荷。而根据表 6-40 的结果可以看出：2008 年第一个因子变量中，流动比率（X_{18}）、速动比率（X_{19}）、经营现金流动负债比（X_{20}）有比较大的载荷。具体见表 6-41。

表 6-41　各公因子主要反映的指标信息一览表

	2006 年	2007 年	2008 年
F_1	$X_{18}, X_{19}, X_{20}, X_{21}$	X_{18}, X_{19}	X_{18}, X_{19}, X_{20}
F_2		X_{20}, X_{21}	X_{18}, X_{19}, X_{21}

（3）计算各公司的综合因子得分并排序

　　在此基础上确定因子得分矩阵（见附表 2、3、4），最后得到资产质量安全性评价得分以及排序。具体见表 6-42、表 6-43、表 6-44。

表 6-42　各家电上市公司资产质量安全性得分及排序表（2006 年）

单位	F_1	F	排序
ST 夏新	− 0.432 4	− 35.329 2	20
海信电器	0.428 0	34.964 8	4
成都博讯	− 0.500 7	− 40.910 3	23
福日电子	− 0.424 9	− 34.715 6	19
浙江阳光	0.218 0	17.809 6	5
澳柯玛	− 0.408 2	− 33.347 1	18
上海广电	− 0.188 3	− 15.387 1	10
青岛海尔	1.319 3	107.792 4	3
宁波富达	− 0.232 6	− 19.007 4	12
大显股份	− 0.205 7	− 16.803 9	11
四川长虹	0.108 7	8.877 0	6
ST 厦华	− 0.457 7	− 37.393 8	21
合肥三洋	1.579 8	129.071 9	2
深康佳 A	− 0.180 4	− 14.740 9	8
ST 华发	− 0.041 7	− 3.403 7	7
TCL 集团	− 0.363 2	− 29.676 2	16
小天鹅	− 0.187 5	− 15.320 1	9
美菱股份	− 0.405 0	− 33.093 0	17
美的电器	− 0.237 1	− 19.375 0	13
万家乐	− 0.468 1	− 38.244 4	22
佛山照明	3.858 0	315.209 4	1
ST 长岭	− 1.460 5	− 119.330 5	25
格力电器	− 0.315 6	− 25.787 9	15
四川湖山	− 0.240 7	− 19.662 6	14
ST 科龙	− 0.761 3	− 62.197 2	24

其中：$F = 81.703 \times F_1$

表 6-43　各家电上市公司资产质量安全性得分及排序表（2007 年）

单位	F_1	F_2	F	排序
ST 夏新	-0.331 6	-1.055 5	-42.944 0	22
海信电器	0.074 3	-0.003 3	4.759 9	5
成都博讯	-0.947 9	0.280 8	-55.914 5	24
福日电子	-0.253 4	-0.450 2	-25.592 3	18
浙江阳光	0.286 3	0.741 7	33.636 9	3
澳柯玛	-0.283 8	-0.925 5	-37.203 4	21
上海广电	-0.307 3	0.119 1	-17.559 3	15
青岛海尔	-0.069 1	1.764 2	31.263 0	4
宁波富达	-0.367 7	0.326 5	-17.281 4	14
大显股份	-0.598 7	1.590 5	-6.678 4	8
四川长虹	0.028 4	-0.514 1	-8.569 9	9
ST 厦华	-0.286 6	-0.495 4	-28.664 1	20
合肥三洋	1.225 9	1.012 5	100.195 3	2
深康佳 A	-0.024 4	-0.028 8	-2.166 7	7
ST 华发	-0.422 4	0.673 5	-13.802 0	12
TCL 集团	0.059 7	-0.651 1	-9.313 9	10
小天鹅	-0.220 4	0.820 3	2.300 3	6
美菱股份	-0.475 3	0.175 5	-27.332 3	19
美的电器	-0.453 2	0.500 7	-19.303 6	17
万家乐	-0.100 0	-0.456 7	-15.751 9	13
佛山照明	4.411 4	0.081 7	288.364 9	1
ST 长岭	0.167 2	-3.306 5	-56.149 0	25
格力电器	-0.310 0	0.365 0	-12.747 0	11
四川湖山	-0.368 2	0.277 1	-18.312 1	16
ST 科龙	-0.433 4	-0.842 1	-45.233 9	23

其中：$F = 64.992 \times F_1 + 20.267 \times F_2$

表 6-44　各家电上市公司资产质量安全性得分及排序表(2008 年)

单位	F_1	F_2	F	排序
ST 夏新	− 0.246 4	− 1.870 5	− 53.842 7	24
海信电器	0.084 1	0.518 6	16.016 5	6
成都博讯	− 1.932 1	1.669 5	− 100.446 8	25
福日电子	− 0.201 3	− 0.298 0	− 19.760 8	16
浙江阳光	0.312 0	0.265 7	26.764 4	4
澳柯玛	− 0.270 8	− 0.275 6	− 24.119 2	18
上海广电	− 0.467 4	0.062 7	− 31.016 9	20
青岛海尔	0.630 9	0.344 6	50.325 1	2
宁波富达	0.013 8	0.121 6	3.347 8	8
大显股份	− 1.219 9	1.657 8	− 51.530 4	23
四川长虹	0.329 7	− 0.103 3	20.716 2	5
ST 厦华	0.489 7	− 2.513 1	− 15.704 6	14
合肥三洋	0.291 5	0.446 7	28.916 2	3
深康佳 A	− 0.037 5	0.178 7	0.934 0	10
ST 华发	− 0.730 7	0.766 2	− 35.330 9	21
TCL 集团	− 0.114 3	− 0.058 1	− 9.028 2	12
小天鹅	− 0.505 3	0.728 9	− 20.521 5	17
美菱股份	− 0.196 1	− 0.157 4	− 16.634 6	15
美的电器	0.304 8	− 0.421 7	12.726 5	7
万家乐	− 0.037 6	− 0.182 3	− 6.182 6	11
佛山照明	3.994 4	1.714 9	309.421 8	1
ST 长岭	0.464 6	− 1.567 9	1.181 5	9
格力电器	− 0.161 6	− 0.076 5	− 12.656 9	13
四川湖山	− 0.418 4	0.050 3	− 27.885 7	19
ST 科龙	− 0.376 4	− 1.001 1	− 45.689 0	22

其中：$F = 69.009 \times F_1 + 19.696 \times F_2$

6.7 资产质量综合指标的评价

(1) 特征值与贡献率

通过主成分分析,先计算出各年份资产质量综合指标主成分特征值与累计贡献率,分别见表 6-45、表 6-46、表 6-47。

表 6-45 各主成分特征值与累计贡献率(2006 年)

主成分因子序号	初始特征值			分析所选主成分因子		
	特征值	特征值占方差百分数(%)	特征值占方差百分数累加值(%)	特征值	特征值占方差百分数(%)	特征值占方差百分数累加值(%)
1	5.505	26.216	26.216	5.505	26.216	26.216
2	3.964	18.878	45.094	3.964	18.878	45.094
3	2.649	12.615	57.708	2.649	12.615	57.708
4	1.856	8.838	66.547	1.856	8.838	66.547
5	1.481	7.054	73.601	1.481	7.054	73.601
6	1.273	6.061	79.662	1.273	6.061	79.662
7	0.942	4.483	84.146			
8	0.835	3.977	88.122			
9	0.682	3.248	91.370			
10	0.520	2.477	93.846			
11	0.373	1.775	95.622			
12	0.304	1.446	97.068			
13	0.244	1.163	98.231			
14	0.147	0.701	98.932			
15	0.104	0.495	99.426			
16	0.069	0.327	99.753			
17	0.030	0.145	99.898			
18	0.016	0.077	99.974			
19	0.005	0.023	99.997			
20	0.001	0.003	100.000			
21	5.79E−005	0.000	100.000			

表6-46 主成分分析各主成分特征值与累计贡献率(2007年)

主成分因子序号	初始特征值			分析所选主成分因子		
	特征值	特征值占方差百分数(%)	特征值占方差百分数累加值(%)	特征值	特征值占方差百分数(%)	特征值占方差百分数累加值(%)
1	5.780	27.525	27.525	5.780	27.525	27.525
2	3.953	18.823	46.349	3.953	18.823	46.349
3	2.162	10.297	56.645	2.162	10.297	56.645
4	1.817	8.651	65.296	1.817	8.651	65.296
5	1.586	7.554	72.850	1.586	7.554	72.850
6	1.190	5.667	78.517	1.190	5.667	78.517
7	1.015	4.832	83.349	1.015	4.832	83.349
8	1.003	4.775	88.124	1.003	4.775	88.124
9	0.886	4.218	92.342			
10	0.482	2.297	94.639			
11	0.303	1.445	96.084			
12	0.259	1.235	97.319			
13	0.185	0.879	98.197			
14	0.141	0.670	98.867			
15	0.118	0.562	99.429			
16	0.054	0.259	99.688			
17	0.034	0.162	99.850			
18	0.023	0.107	99.957			
19	0.006	0.031	99.988			
20	0.002	0.012	100.000			
21	0.000	0.000	100.000			

表 6-47　各主成分特征值与累计贡献率（2008 年）

主成分因子序号	初始特征值			分析所选主成分因子		
	特征值	特征值占方差百分数(%)	特征值占方差百分数累加值(%)	特征值	特征值占方差百分数(%)	特征值占方差百分数累加值(%)
1	5.037	23.986	23.986	5.037	23.986	23.986
2	3.137	14.936	38.922	3.137	14.936	38.922
3	2.420	11.523	50.445	2.420	11.523	50.445
4	2.182	10.391	60.836	2.182	10.391	60.836
5	1.825	8.692	69.528	1.825	8.692	69.528
6	1.574	7.494	77.022	1.574	7.494	77.022
7	1.283	6.111	83.134	1.283	6.111	83.134
8	0.840	3.999	87.132			
9	0.804	3.830	90.963			
10	0.654	3.113	94.076			
11	0.429	2.044	96.119			
12	0.325	1.548	97.668			
13	0.183	0.870	98.538			
14	0.125	0.597	99.135			
15	0.082	0.392	99.527			
16	0.059	0.279	99.805			
17	0.024	0.112	99.917			
18	0.015	0.070	99.987			
19	0.002	0.010	99.998			
20	0.000	0.002	100.000			
21	5.43E−005	0.000	100.000			

由表6-45、表6-46、表6-47可知,2006年前6个因子的累计方差贡献率已经达到79.662%,2007年前8个因子的累计方差贡献率达到88.124%,而2008年前7个因子的累计方差贡献率达到83.134%。因此本书对2006,2007和2008年度分别选取前6,8和7个因子作为公因子建立因子载荷矩阵。

(2)建立因子载荷矩阵及旋转因子载荷矩阵

在建立主成分分析因子载荷矩阵(见附表2、3、4)的基础上,将因子载荷矩阵实现方差最大正交旋转,得到旋转后因子载荷矩阵见表6-48、表6-49、表6-50。

表6-48 旋转后因子载荷矩阵(2006年)

	主成分因子序号					
	1	2	3	4	5	6
良好资产比率(X_1)	0.459	0.417	0.366	0.012	0.370	0.399
流动资产率(X_2)	−0.042	0.250	0.075	0.034	−0.053	0.779
固定资产成新率(X_3)	−0.070	−0.169	−0.064	0.165	0.690	0.210
非存货流动资产比率(X_4)	0.405	−0.141	0.281	0.758	0.050	0.023
非两项资金占流动资产比率(X_5)	0.554	0.103	0.189	0.255	0.413	0.314
非对外投资资产比率(X_6)	0.070	−0.025	0.168	−0.808	0.115	−0.144
非在建工程结构性资产比率(X_7)	−0.811	0.107	0.236	0.134	−0.207	0.129
无形资产比率(X_8)	−0.161	0.080	0.594	0.027	−0.154	−0.530
流动资产周转率(X_9)	−0.108	0.907	−0.139	0.167	−0.076	−0.094
存货周转率(X_{10})	−0.010	0.470	0.096	0.760	0.135	−0.171
应收账款周转率(X_{11})	0.216	0.786	−0.089	−0.153	0.200	0.060
固定资产周转率(X_{12})	−0.114	0.815	0.036	−0.020	−0.177	0.319

	主成分因子序号					
	1	2	3	4	5	6
总资产周转率(X_{13})	-0.105	0.916	-0.130	0.170	-0.097	0.140
总资产息税前收益率(X_{14})	0.335	0.021	0.108	-0.227	0.753	-0.277
对外投资收益率(X_{15})	0.003	-0.289	0.811	-0.075	-0.100	0.103
营业业务利润率(X_{16})	0.425	0.104	-0.424	-0.253	0.556	-0.304
经营资产经营活动现金净流量(X_{17})	0.421	0.069	-0.709	-0.141	-0.254	-0.063
流动比率(X_{18})	0.956	-0.037	-0.071	0.010	0.070	0.036
速动比率(X_{19})	0.949	-0.096	-0.052	0.116	0.071	-0.011
经营现金流动负债比(X_{20})	0.901	-0.069	-0.340	-0.012	-0.080	-0.143
1 - 资产负债率(X_{21})	0.668	0.189	0.184	0.149	0.105	0.340

表 6-49　旋转后因子载荷矩阵(2007 年)

	主成分因子序号							
	1	2	3	4	5	6	7	8
良好资产比率(X_1)	0.204	0.768	0.175	0.203	-0.400	-0.173	0.175	0.079
流动资产率(X_2)	0.219	-0.053	-0.055	0.079	-0.051	0.933	-0.023	0.059
固定资产成新率(X_3)	0.163	-0.031	-0.041	0.037	0.082	-0.098	-0.141	0.922
非存货流动资产比率(X_4)	-0.223	0.051	0.313	0.050	-0.424	0.057	0.738	-0.086
非两项资金占流动资产比率(X_5)	0.153	0.557	0.415	0.446	0.066	-0.048	0.258	0.054
非对外投资资产比率(X_6)	0.002	-0.026	0.081	-0.024	-0.943	0.145	0.018	-0.139
非在建工程结构性资产比率(X_7)	-0.140	-0.080	-0.467	-0.209	0.352	0.259	0.195	0.410
无形资产比率(X_8)	0.001	-0.281	-0.011	-0.702	0.188	-0.136	-0.039	-0.080
流动资产周转率(X_9)	0.887	0.110	-0.164	-0.045	0.134	0.099	-0.014	0.053

续表

	主成分因子序号							
	1	2	3	4	5	6	7	8
存货周转率(X_{10})	0.198	0.038	-0.040	-0.092	0.231	-0.176	0.885	-0.083
应收账款周转率(X_{11})	0.814	0.047	0.131	0.384	-0.134	-0.064	-0.041	0.040
固定资产周转率(X_{12})	0.589	0.117	-0.239	-0.054	0.641	0.177	0.162	-0.058
总资产周转率(X_{13})	0.907	0.080	-0.144	0.007	0.034	0.189	0.067	0.098
总资产息税前收益率(X_{14})	0.107	0.868	0.070	0.214	0.318	0.020	-0.115	-0.144
对外投资收益率(X_{15})	0.048	0.055	0.309	0.151	-0.024	0.863	-0.124	-0.169
营业业务利润率(X_{16})	-0.126	0.368	0.489	0.596	-0.125	0.120	0.094	-0.104
经营资产经营活动现金净流量(X_{17})	0.205	0.084	-0.066	0.843	0.290	0.254	-0.144	0.012
流动比率(X_{18})	-0.128	0.222	0.919	0.131	-0.107	0.131	0.042	-0.017
速动比率(X_{19})	-0.183	0.188	0.920	0.101	-0.084	0.103	0.114	-0.035
经营现金流动负债比(X_{20})	0.079	0.161	0.363	0.849	-0.029	-0.121	-0.055	-0.073
1-资产负债率(X_{21})	0.031	0.926	0.235	0.169	0.002	0.076	0.011	-0.006

表 6-50　旋转后因子载荷矩阵(2008 年)

	主成分因子序号						
	1	2	3	4	5	6	7
良好资产比率(X_1)	0.901	0.142	-0.206	-0.071	0.033	0.128	0.028
流动资产率(X_2)	-0.144	-0.048	-0.068	0.166	0.116	0.072	0.914
固定资产成新率(X_3)	0.655	-0.251	-0.257	0.319	-0.021	0.235	-0.270
非存货流动资产比率(X_4)	0.423	0.357	0.282	0.362	0.587	0.045	0.083
非两项资金占流动资产比率(X_5)	0.641	0.273	-0.166	-0.153	-0.076	0.356	0.259
非对外投资资产比率(X_6)	-0.082	0.029	0.045	0.294	-0.688	0.395	-0.091
非在建工程结构性资产比率(X_7)	-0.386	-0.203	-0.119	-0.046	0.675	0.186	0.014

	主成分因子序号						
	1	2	3	4	5	6	7
无形资产比率(X_8)	−0.355	−0.055	0.058	0.133	0.074	0.095	−0.763
流动资产周转率(X_9)	−0.106	−0.098	0.853	−0.046	−0.004	0.028	−0.361
存货周转率(X_{10})	0.183	−0.011	0.461	0.020	0.702	0.058	−0.062
应收账款周转率(X_{11})	0.109	−0.090	0.219	−0.365	−0.219	0.792	−0.024
固定资产周转率(X_{12})	−0.330	−0.096	0.757	0.105	0.325	0.085	0.252
总资产周转率(X_{13})	−0.210	−0.066	0.922	0.019	0.011	0.077	−0.044
总资产息税前收益率(X_{14})	−0.120	−0.049	−0.528	0.610	0.024	0.069	−0.108
对外投资收益率(X_{15})	0.128	0.059	−0.006	0.100	0.142	0.862	0.005
营业业务利润率(X_{16})	0.517	0.306	0.245	0.523	0.006	0.072	0.064
经营资产经营活动现金净流量(X_{17})	0.019	0.133	0.057	0.919	−0.103	−0.150	0.095
流动比率(X_{18})	0.127	0.973	−0.128	0.003	−0.027	0.017	0.028
速动比率(X_{19})	0.124	0.978	−0.089	0.018	0.030	0.046	0.004
经营现金流动负债比(X_{20})	0.164	0.770	0.069	0.488	−0.208	−0.066	−0.060
1−资产负债率(X_{21})	0.692	0.433	−0.220	0.051	0.134	−0.214	0.189

同样根据表6-48、表6-49、表6-50的结果可得出各因子变量中包含比较大的载荷的指标。

表6-51　各公因子主要反映的指标信息一览表

	2006 年	2007 年	2008 年
F_1	$X_7,X_{18},X_{19},X_{20},X_{21}$	X_9,X_{11},X_{12},X_{13}	$X_1,X_3,X_5,X_{16},X_{21}$
F_2	X_9,X_{11},X_{12},X_{13}	X_1,X_5,X_{14},X_{21}	X_{18},X_{19},X_{20}
F_3	X_8,X_{15},X_{17}	X_{18},X_{19}	X_9,X_{12},X_{13},X_{14}
F_4	X_4,X_6,X_{10}	X_8,X_{16},X_{17},X_{20}	X_{14},X_{16},X_{17}
F_5	X_3,X_{14},X_{16}	X_6,X_{12}	X_4,X_6,X_7,X_{10}
F_6	X_2,X_8	X_2,X_{15}	X_{11},X_{15}
F_7		X_4,X_{10}	X_2,X_8
F_8		X_3	

（3）计算各公司的综合因子得分并排序

在此基础上确定因子得分矩阵（见附表 2、3、4），最后得到资产质量综合评价得分以及排序。具体见表 6-52、表 6-53、表 6-54。

表 6-52　各家电上市公司资产质量综合得分及排序表（2006 年）

单位	F_1	F_2	F_3	F_4	F_5	F_6	F	排序
ST 夏新	−0.250 0	0.114 6	0.307 8	−0.854 8	0.105 9	0.388 5	−4.960 0	15
海信电器	0.265 6	1.574 1	0.247 4	−0.829 8	0.167 5	0.348 3	35.758 4	6
成都博讯	−0.649 8	−1.172 9	−1.223 7	1.299 0	−2.353 9	0.693 9	−55.532 6	24
福日电子	−0.148 2	0.616 7	0.937 9	2.599 0	0.738 6	−0.919 9	42.190 1	4
浙江阳光	−0.280 7	−0.886 2	−0.442 8	0.658 3	3.224 7	0.946 1	4.623 5	10
澳柯玛	−0.063 9	−1.280 9	3.763 5	−0.305 3	−0.480 1	0.463 8	18.345 8	7
上海广电	−0.371 7	−0.822 4	−0.382 6	1.870 2	−0.152 6	0.636 0	−10.789 1	17
青岛海尔	1.126 1	1.266 0	−0.801 6	0.724 0	−0.387 4	−0.054 1	46.646 7	3
宁波富达	−0.088 3	−0.522 1	−0.547 8	−0.879 6	0.941 3	0.401 7	−17.781 7	19
大显股份	−0.261 3	−1.409 1	−0.138 9	0.182 5	0.281 6	1.460 7	−22.750 1	21
四川长虹	−0.106 8	−0.032 9	0.496 1	−0.628 8	−0.419 5	−0.639 3	−9.554 9	16
ST 厦华	−0.371 6	0.951 3	0.310 7	−0.737 2	−1.342 2	0.830 9	1.190 3	13
合肥三洋	1.823 0	−0.443 5	−0.194 8	−0.477 5	0.411 5	0.167 3	36.659 1	5
深康佳 A	−0.257 9	0.145 5	−0.143 2	−0.869 2	0.194 9	1.376 2	−3.785 9	14
ST 华发	−0.277 6	−1.212 6	−0.320 0	0.228 3	−0.855 6	−0.708 2	−42.514 2	23
TCL 集团	−0.415 7	1.031 7	−0.276 0	−0.038 1	−1.241 4	1.061 8	2.438 5	12
小天鹅	−0.267 1	−0.171 5	−0.191 4	−0.096 3	−0.439 8	−0.126 9	−17.377 1	18
美菱股份	−0.154 4	0.698 1	1.499 1	0.006 8	0.089 4	−2.122 8	15.866 5	8
美的电器	−0.179 9	0.931 6	−0.199 8	−1.197 8	0.554 6	−0.171 1	2.638 3	11
万家乐	−0.279 7	−0.671 8	0.394 2	−0.261 9	0.058 8	−0.193 8	−18.116 9	20
佛山照明	3.792 0	−0.778 0	−0.421 9	0.181 3	−0.220 1	−0.792 0	74.652 1	1
ST 长岭	−1.765 5	−1.155 9	−1.173 2	−0.828 7	0.535 7	−2.337 5	−100.618 2	25
格力电器	−0.027 7	0.777 4	−0.522 1	−1.017 7	0.479 9	0.806 9	6.643 3	9
四川湖山	−0.559 6	2.159 4	0.075 1	1.804 8	0.585 5	0.095 3	47.700 2	2
ST 科龙	−0.229 2	0.293 5	−1.052 1	−0.531 5	−0.477 2	−1.611 6	−31.571 9	22

其中：$F = 26.216 \times F_1 + 18.878 \times F_2 + 12.615 \times F_3 + 8.838 \times F_4 + 7.054 \times F_5 + 6.061 \times F_6$

表 6-53 各家电上市公司资产质量综合得分及排序表(2007 年)

单位	F_1	F_2	F_3	F_4	F_5	F_6	F_7	F_8	F	排序
ST 夏新	0.0576	0.0639	-0.4551	-1.5437	-0.9323	-0.5709	-1.0890	-0.2090	-31.7897	22
海信电器	0.7532	-0.1178	-0.2044	0.3106	-0.0412	4.5040	-0.2877	0.3952	44.8060	3
成都博讯	-0.1663	0.1750	-0.3777	0.0714	4.1564	-0.4484	-1.8342	-0.3470	13.7832	8
福日电子	0.0676	-0.0962	-0.2643	-0.4442	1.1733	-0.2749	3.9810	-0.5317	17.4860	7
浙江阳光	-0.5688	0.2408	0.4501	0.7716	-0.5460	-0.5014	0.1924	0.7438	-2.2978	14
澳柯玛	-0.5937	-0.2537	0.0473	-2.4001	-0.4136	-0.2881	-0.3114	1.3788	-41.0699	24
上海广电	-1.0258	0.3536	-0.5903	0.2080	0.5638	0.0406	0.9282	0.5271	-14.3688	18
青岛海尔	2.3454	-0.2827	0.5635	1.4885	-0.3804	-0.8719	0.1052	-0.0549	70.3456	2
宁波富达	-0.8968	0.7272	-0.3551	0.6646	-0.5626	-0.5642	-0.5718	0.9399	-14.6266	19
大显股份	-1.6853	0.3123	-0.7773	2.3639	-0.0444	-0.0474	-0.1739	0.0769	-29.1400	20
四川长虹	-0.4414	0.4463	0.1930	-1.4576	0.0272	-0.0416	-0.5069	0.6818	-13.5949	17
ST 厦华	0.5914	-0.0915	-0.6902	-0.4271	-0.1257	0.1583	0.1778	-1.1049	-0.7135	12
合肥三洋	-0.0540	0.1042	1.8757	0.4184	-0.5298	0.1162	-0.6652	-2.3196	5.7735	11
深康佳A	-0.2825	0.4979	-0.4714	0.0721	-0.5646	0.0113	-0.1405	-0.2692	-8.7996	15
ST 华发	-1.2833	0.6040	-0.9662	0.3525	-0.8615	-0.1839	0.0935	0.4928	-35.5964	23
TCL集团	0.2648	0.6056	-0.4048	-0.7822	-0.4759	0.2230	0.5161	0.2196	8.9637	9
小天鹅	-0.2974	0.1314	-0.1652	0.7083	0.1637	0.1648	0.2934	-0.6370	-0.7392	13
美菱股份	0.5988	0.2099	-0.0254	-0.5711	-0.0883	-0.3812	-0.2831	-0.8440	7.0043	10
美的电器	0.7238	0.2429	-0.3669	-0.4958	-0.4111	-0.0487	-0.7218	0.8363	22.1304	6
万家乐	-0.7156	0.2597	-0.7449	-0.4026	-0.0921	0.4251	0.2043	-1.5278	-30.5534	21
佛山照明	-1.0150	0.4642	3.9551	-0.2170	0.3149	0.2550	0.3422	0.4806	27.4198	5
ST 长岭	-0.6734	-4.5804	0.0371	0.1468	0.0016	-0.0992	-0.0090	0.5416	-101.5550	25
格力电器	1.1491	-0.2071	0.0872	1.1638	-0.7368	-0.9721	-0.1989	0.2848	28.0201	4
四川湖山	2.2582	0.5115	0.1038	-0.1072	0.7968	-0.2231	0.3653	2.0666	88.3152	1
ST 科龙	0.8899	-0.3211	-0.4539	-0.8834	-0.3912	-0.3811	-0.3165	-1.8207	-9.2031	16

其中：$F = 27.525 \times F_1 + 18.823 \times F_2 + 10.297 \times F_3 + 8.651 \times F_4 + 7.554 \times F_5 + 5.667 \times F_6 + 4.832 \times F_7 + 4.775 \times F_8$

表 6-54 各家电上市公司资产质量综合得分及排序表(2008 年)

单位	F_1	F_2	F_3	F_4	F_5	F_6	F_7	F	排序
ST 夏新	-0.7418	-0.6467	-0.3390	-2.8876	-1.5860	1.3060	-0.7790	-70.1213	23
海信电器	0.7613	0.0728	-0.9337	0.2938	0.1577	0.0408	0.7985	18.1980	8
成都博讯								#VALUE!	-
福日电子	0.3843	-0.1070	0.8342	0.0034	2.9165	0.0975	0.0159	43.4456	4
浙江阳光	1.0110	-0.0903	0.0218	0.6331	-0.3502	-0.5134	0.4258	25.4427	5
澳柯玛	-0.3984	-0.3178	-0.4636	0.5793	0.6839	0.2855	-2.5894	-21.3637	19
上海广电	-0.2245	-0.3749	0.0630	-0.8533	1.6918	-1.4282	0.1110	-14.4417	17
青岛海尔	0.7807	0.4338	1.8072	0.2762	0.0883	0.1256	0.5212	53.7930	1

续表

单位	F_1	F_2	F_3	F_4	F_5	F_6	F_7	F	排序
宁波富达	1.155 9	-0.234 4	-0.349 0	0.008 9	-1.267 6	-0.820 1	-0.041 5	2.877 9	12
大显股份	-0.063 9	-0.241 6	-1.694 2	-1.979 9	0.378 7	-0.764 5	0.579 0	-44.136 0	20
四川长虹	0.759 7	-0.049 0	0.397 3	0.714 1	-1.444 3	-0.791 4	-0.534 0	7.739 6	10
ST 厦华	-3.352 3	-0.063 0	1.635 1	0.303 2	-0.629 6	-0.255 1	0.780 0	-61.952 5	22
合肥三洋	0.535 3	0.370 5	0.196 5	0.210 7	-1.480 5	-0.492 5	0.847 4	11.446 5	9
深康佳 A	-0.023 0	-0.046 4	-0.031 8	0.152 5	-0.207 9	-0.064 6	1.332 4	5.824 3	11
ST 华发								#VALUE!	-
TCL 集团	0.056 6	-0.170 0	0.551 0	0.241 6	0.269 3	0.440 3	0.773 9	18.048 3	7
小天鹅	-0.088 4	-0.027 8	-0.010 0	-0.381 4	0.418 9	-0.113 9	0.280 3	-2.111 0	14
美菱股份	0.745 8	-0.545 6	0.226 0	0.284 3	-0.202 0	-0.047 4	-1.822 3	2.052 7	13
美的电器	0.588 0	-0.342 5	0.983 8	0.927 1	-0.604 7	-0.217 5	-0.491 9	20.066 1	6
万家乐	-0.877 0	0.165 2	-0.093 3	0.217 9	0.134 1	-0.232 1	1.232 4	-10.420 0	15
佛山照明	-0.162 5	4.367 3	-0.624 7	-0.278 8	0.123 1	0.227 6	-0.670 8	49.914 4	2
ST 长岭	-1.712 1	-0.557 4	-2.336 6	2.312 1	-0.062 6	0.274 5	-0.569 6	-54.258 7	21
格力电器	0.665 0	-0.351 2	0.095 0	0.260 2	0.294 7	3.851 8	0.643 8	49.864 4	3
四川湖山	0.510 6	-0.861 6	-1.341 7	-0.183 6	0.444 5	-0.475 5	0.709 2	-13.354 9	16
ST 科龙	-0.310 5	-0.382 7	1.406 6	-0.853 6	0.231 1	-0.433 6	-1.552 5	-16.553 3	18

其中：$F = 23.986 \times F_1 + 14.936 \times F_2 + 11.523 \times F_3 + 10.391 \times F_4 + 8.692 \times F_5 + 7.494 \times F_6 + 6.111 \times F_7$

6.8　小　结

本章系统地研究了三大问题：一是在选择的样本基础上,采用描述性统计方法得出了家电行业上市公司资产质量各特征指标的均值和均方差。二是采用主成分分析法对家电行业各上市公司资产质量单项特征指标进行 3 年排序研究。三是采用主成分分析法对家电行业各上市公司资产质量综合评价指标进行 3 年排序研究。本章既是第 6 章设置指标体系的应用,又为第 7 章的分析和提出对策、建议提供了依据。

第7章 实证结果分析及对策建议

7.1 实证结果分析

7.1.1 家电行业整体资产质量状况分析

从第6章对家电行业上市公司资产质量各特征指标所作的描述性统计分析可以看出家电行业整体资产质量状况,具体有以下几点。

1) 资产存在性质量状况分析

从表6-1可看出整体家电行业上市公司的资产存在性质量状况:① 整个家电行业的不良资产比率明显偏高,主要表现为存货跌价损失和应收账款坏账损失比较大,两项资金(应收账款和库存商品)所占比重偏大;② 固定资产成新率较低,设备老化,新建项目很少;③ 主业相对突出,非控股对外投资很少;④ 无形资产投入不够,说明整个家电行业缺乏核心技术。

2) 资产有效性质量状况分析

从表6-12可看出整体家电行业上市公司的资产有效性质量状况:① 整个家电行业的资产周转明显偏慢,主要表现为总资产周转率在逐年下降,说明产能相对过剩,经营规模偏小;② 存货周转率偏低,平均采购和生产的周期超过60天;③ 从 σ 值可以看出,行业间各企业的差距很大,说明该行业的竞争相对激烈。

3）资产收益性质量状况分析

从表 6-23 可看出整体家电行业上市公司的资产收益性质量状况：① 整个家电行业的营业利润过低，2008 年行业平均值甚至为负数，说明行业整体亏损；② 总资产息税前收益率偏低，也从一个侧面反映出企业资产收益性较差；③ 对外投资收益率表面上高，实际上是由于对外投资总额不大，加之只有部分公司通过股权转让所取得的非稳定收益，从 σ 值也可以看出，行业间各企业的差距很大。

4）资产安全性质量状况分析

从表 6-34 可看出整体家电行业上市公司的资产安全性质量状况：① 整个家电行业上市公司的负债水平偏高，高于其他制造业上市公司的负债水平；② 短期偿债能力明显偏低，说明流动资产质量状况较差，同时有逐年下降的趋势；③ 经营活动现金流量较低，缺乏现金保障；④ 从 σ 值可以看出，行业间各企业的差距很大，绝大部分 ST 公司已资不抵债。

5）整体家电行业资产质量评述及主要原因分析

从前面四项资产质量特征指标的描述性统计结果可以看出，我国家电行业整体资产质量偏差，主要表现为以下几点：

① 家电企业的不良资产率偏大，其中大量虚假或呆滞的存货和应收账款是家电企业的重大隐患；

② 家电企业的整体资产周转过慢，表明家电企业的产能严重过剩，同时从侧面也印证了第①点；

③ 家电企业的营业利润过低，2008 年行业平均值甚至为负数，说明行业整体亏损，产品缺乏应有的附加值；

④ 家电企业的负债水平偏高，高于其他制造业上市公司的负债水平，同时缺乏经营活动现金流量的保障；

⑤ 家电企业间分化严重，各项指标的均方差明显偏大。

造成上述局面的原因有很多，主要原因有以下几点：

① 资本市场各参与方对上市公司的考核或期望往往体现在收入和利润等损益指标上,以致上市公司在所谓正常年度内不敢及时处理由于降价、退货、坏账、废损等产生的损失,导致了大量虚假或呆滞的存货和应收账款出现,从而也影响了资产周转,而一旦到非正常年度,就出现资产大量缩水现象。

② 我国对行业缺乏应有的管理(如行业准入、行业不正当竞争等),导致家电行业产能严重过剩,低水平重复建设、行业内恶性竞争导致产品毛利率低于应有的毛利率,造成行业的整体亏损。

③ 家电行业缺乏长期资产的投入,包括无形资产、固定资产方面的投入,缺乏核心技术和先进的设备,设备老化,工艺简陋,原来主要依赖于廉价劳动力来降低成本获取利润,随着劳动力成本大幅度上升,企业又缺乏关键部件的定价权,导致产品缺乏应有的附加值。

④ 家电上市公司原来的负债水平相对较低,然而由于近几年企业的亏损及大量不良资产的形成,为了生产经营的需要,企业必然需要进行债务性融资,导致了负债水平大幅提升。

7.1.2　家电上市公司资产质量排序分析

为了进一步分析家电行业上市公司的资产质量状况,同时为了也对设置的资产质量评价指标进行合理性分析,就有必要对实证得到的家电上市公司资产质量排序进行分析。我们取每年各项资产指标及综合指标前五位和最后五位来进行比较分析,先看一下每年各项资产指标及综合指标前五位和后五位企业的情况,见表7-1 ~ 表7-6。

表 7-1　各项资产指标及综合指标前五位企业情况（2006 年）

排　序	资产存在性质量指标	资产有效性质量指标	资产收益性质量指标	资产安全性质量指标	资产质量综合指标
第一位	福日电子	四川湖山	佛山照明	佛山照明	佛山照明
第二位	浙江阳光	海信电器	合肥三洋	合肥三洋	四川湖山
第三位	澳柯玛	青岛海尔	青岛海尔	青岛海尔	青岛海尔
第四位	四川湖山	TCL 集团	ST 科龙	海信电器	福日电子
第五位	美菱股份	ST 厦华	宁波富达	浙江阳光	合肥三洋

表 7-2　各项资产指标及综合指标前五位企业情况（2007 年）

排　序	资产存在性质量指标	资产有效性质量指标	资产收益性质量指标	资产安全性质量指标	资产质量综合指标
第一位	四川湖山	四川湖山	大显股份	佛山照明	四川湖山
第二位	上海广电	青岛海尔	佛山照明	合肥三洋	青岛海尔
第三位	福日电子	海信电器	海信电器	浙江阳光	海信电器
第四位	佛山照明	格力电器	成都博讯	青岛海尔	格力电器
第五位	大显股份	ST 科龙	小天鹅	海信电器	佛山照明

表 7-3　各项资产指标及综合指标前五位企业情况（2008 年）

排　序	资产存在性质量指标	资产有效性质量指标	资产收益性质量指标	资产安全性质量指标	资产质量综合指标
第一位	格力电器	青岛海尔	ST 长岭	佛山照明	青岛海尔
第二位	海信电器	ST 厦华	美的电器	青岛海尔	佛山照明
第三位	四川湖山	ST 科龙	成都博讯	合肥三洋	格力电器
第四位	深康佳	美的电器	佛山照明	浙江阳光	福日电子
第五位	TCL 集团	福日电子	合肥三洋	四川长虹	浙江阳光

表 7-4   各项资产指标及综合指标后五位的企业情况（2006 年）

排 序	资产存在性 质量指标	资产有效性 质量指标	资产收益性 质量指标	资产安全性 质量指标	资产质量 综合指标
第二十一位	四川长虹	佛山照明	ST 华发	ST 厦华	大显股份
第二十二位	成都博讯	ST 长岭	大显股份	万家乐	ST 科龙
第二十三位	ST 科龙	ST 华发	ST 厦华	成都博讯	ST 华发
第二十四位	ST 华发	澳柯玛	成都博讯	ST 科龙	成都博讯
第二十五位	ST 长岭	大显股份	澳柯玛	ST 长岭	ST 长岭

表 7-5   各项资产指标及综合指标后五位的企业情况（2007 年）

排 序	资产存在性 质量指标	资产有效性 质量指标	资产收益性 质量指标	资产安全性 质量指标	资产质量 综合指标
第二十一位	合肥三洋	宁波富达	ST 厦华	澳柯玛	万家乐
第二十二位	ST 夏新	ST 华发	福日电子	ST 夏新	ST 夏新
第二十三位	ST 科龙	ST 长岭	ST 夏新	ST 科龙	ST 华发
第二十四位	成都博讯	佛山照明	澳柯玛	成都博讯	澳柯玛
第二十五位	ST 长岭	大显股份	ST 长岭	ST 长岭	ST 长岭

表 7-6   各项资产指标及综合指标后五位的企业情况（2008 年）

排 序	资产存在性 质量指标	资产有效性 质量指标	资产收益性 质量指标	资产安全性 质量指标	资产质量 综合指标
第二十一位	ST 夏新	四川湖山	ST 厦华	ST 华发	ST 长岭
第二十二位	上海广电	海信电器	上海广电	ST 科龙	ST 厦华
第二十三位	四川长虹	大显股份	大显股份	大显股份	ST 夏新
第二十四位	ST 科龙	ST 长岭	ST 夏新	ST 夏新	成都博讯
第二十五位	ST 厦华	成都博讯	ST 华发	成都博讯	ST 华发

从表 7-1～表 7-6 可以看出:

① 资产存在性质量指标、资产有效性质量指标、资产收益性质量指标和资产安全性质量指标四个单项资产质量特征指标排序与资产质量综合评价指标排序较为吻合,如 2006 年、2007 年佛山照明、四川湖山、青岛海尔这三家公司在各单项指标排序及综合排序中均在前例。而 2007 年、2008 年 ST 长岭、ST 夏新、ST 华发这三家公司在各单项指标排序及综合排序中均为最后几位,这说明资产质量单项特征指标的排序基本与资产质量综合评价的排序相一致,同时表明各项资产质量特征指标之间存在相互联系;说明资产存在性、有效性、收益性和安全性的确反映了企业资产质量的几个方面,各资产质量特征相互结合才能构成企业资产质量的完整体系,同时也表明本书设置的资产质量综合指标体系具有一定的合理性。

② 通过企业资产安全性指标 3 年情况的比较可以看出,前五位几乎没有变动,同时与综合排序也很接近。说明资产质量状况好的企业必然是一个财务风险相对小的企业。

③ 从资产质量综合评价来看,在家电行业上市公司中海尔、佛山照明、格力电器、美的电器、海信的资产质量综合得分一直在先,四川湖山在 2006 年、2007 处在前两位,2008 年受特别事件影响整体下滑,也符合目前这些公司的实际状况。而一直遭到财务报表真实性质疑的 ST 夏新、ST 科龙、成都博讯(已经变为 ST)处在资产质量后几名,ST 长岭、ST 华发、ST 厦华等 ST 公司已严重资不抵债,自然处在最后几位,符合基本状况。

④ 有些上市公司在个别的资产质量特征指标方面很突出,但在资产质量综合指标上并不理想,这也说明单个资产质量特征指标不能全面反映企业资产质量整体面貌,只能把四个特征指标放在一起观察才能反映出资产质量的全貌。

7.2 对 策 建 议

　　家电行业面临着激烈竞争,上市公司已经出现了明显的分化,有许多家电行业上市公司已经成为 ST 或 *ST 公司,如何使家电行业上市公司走出困境,本书从提高资产质量的角度提出如下对策建议。

　　① 改变传统的以损益为中心的经营管理理念,树立以资产质量为中心的经营理念。

　　只有理念正确才能使家电行业上市公司走出困境。由于企业评价一直以损益为中心,导致大量企业不敢去盘活不良资产。事实上,企业形成不良资产是正常现象,完全消除只是一种理想状况,因此必须正确面对。不良资产价值会随时间而下降,如呆滞存货,如果不及时处理,其损失会越来越大,不能由于影响当期利润而不进行处理,处理后一方面能增加企业的货币资金,另一方面又可以减少未来的损失。

　　② 在缺乏核心技术和知识产权的情况下,企业要持续发展,必须不断提高研发投入及工艺设备投入,减少劳动者的投入,逐步实现从劳动密集型向技术密集型转变,提高自身资产的质量,防止劣质资产形成,以持续提升本企业的核心竞争能力。

　　③ 合理提高资产的收益性。

　　资产的收益性是资产运用的综合表现。只有稳定的收益才能确保上市公司的资产升值。从上述实证分析来看,资产的收益性指标是关键性的指标。而事实证明,整个家电行业的营业利润太低,2008年居然行业平均主营业务利润率是负数,说明整体行业主业亏损。因此家电行业上市公司应集中精力进行创新,提高产品的附加值,同时需要行业自律,减少恶性竞争,来整体提高资产的收益率。

　　④ 加速资产的合理流动,提高资产的有效性。

根据上述的关键衡量指标,优质质量与劣质质量的区别很大程度上体现在资产的周转率方面。资产只有被利用,才可能为股东创造价值。加速资产周转才可能充分利用资产,因此,加速资产周转率、缩短占用资金的周转期就是企业应实现的目标。资产运用得越充分、越高效,为企业获得未来收益的能力就越强。因此,企业应充分运用产权市场来增加资产的流动性,通过不断优化自己提升核心竞争力的能力及提高企业自身适应市场的能力来增加资产的有效性。同时要避免为了掩盖损失而延迟对不良资产特别是对存货和应收账款的处理,导致企业资产质量进一步下降。企业的风险揭示得越及时、越充分,则企业风险就能早点降低,大家知道,当企业清欠超过信用期的应收账款时,从理论上讲,不管得到什么结果都会对企业有所帮助。如对方已经破产,企业在拿到相关法律证明时,企业至少可以作为坏账损失而少交企业所得税。

⑤ 建立科学的决策机制。

从公司管理和业绩评价的角度来看,不论是股东对公司的评价,还是母公司对下属公司的评价,都应该充分考虑资产质量的因素。作为公司的经营者应该认识到提高公司资产质量的关键在于将公司的存量资产用足、用活,而不能为了做大规模而一味地扩大融资。只有提高资产质量,企业才具备做大、做强的基础。企业的投资决策也应该由领导的"拍脑门"决策转变为集体决策。建立决策委员会,按投资决策的科学程度进行规划和决策,并建立投资决策责任制,采取对重大投资决策的失误负法律责任等办法,来有效杜绝错误投资、盲目投资、低效或无效投资现象的发生。

7.3 小　结

本章在第6章的实证结果的基础上系统研究了三个问题:一是

对第 6 章得到的家电行业上市公司各资产质量特征指标的均值和方差结果进行了系统分析,得出了家电行业整体在资产质量方面存在的主要问题;二是通过单项资产质量特征指标排序和资产质量综合评价指标排序结果,理论分析了资产质量特征指标之间、单项资产质量特征指标和综合评价指标的内在关系,使本书构筑的资产质量整体评价指标体系具备可操作性和合理性;三是提出改善家电行业上市公司资产质量的主要对策和建议。

第8章 总结与展望

8.1 总 结

（1）结论

由于资产质量还是一个比较新的课题，为了理论准确，本书先从最基本的概念——资产、质量出发，在借鉴前人研究的基础上，推论出资产质量的含义。在此基础上，分别对企业整体资产和单项资产的质量特征作了较为详细的论述。又从资产质量的含义出发，选取了每个方面具有代表性的指标，作为进一步构建资产质量评价指标体系的元素。其次，运用主成分分析法，对所选指标进行分析，构建资产质量综合评价函数，依次对企业资产质量进行评价。最后，本书以我国家电行业为例说明了资产质量评价指标体系的运用，有力地证明了本书所构造的资产质量评价指标体系具有较强的优势。具体说来，通过本书研究可得出如下结论。

① 目前企业资产质量评价体系无论从理论上还是从实践上，都停留在一个较低的水平，形势不容乐观。这与长期以来评价企业的传统思维有关，也与没有一种先进的理论作为支撑密切相关。

② 资产存在性、有效性、收益性及安全性这四个方面是资产质量特征的完整且贴切的描述，这是对资产的含义、内容、特点等方面进行详细分析后得出的合理的结论。

③ 合理的资产质量评价指标体系的建立应基于资产质量特征的四个方面。只有从这四方面综合考核才能对资产质量有全面而准确的评价。也只有这样才能为企业优化资产质量提供思路。本书由此设定了企业资产质量评价指标。

④ 借助资产质量各特征指标,同时运用描述性统计分析方法可以分析家电行业上市公司的整体资产质量状况,另外运用主成分分析法可以对家电行业上市公司资产质量状况进行排序研究。同样本书设置的资产质量评价指标体系也适用于其他制造业。

(2) 本书创新点

本书的创新点主要有以下三点。

① 在明确了资产质量含义的基础上,系统完整地提出了资产质量四个特征:即资产存在性、资产有效性、资产收益性和资产安全性;同时明确了四个特征指标的相互关系,这是本书最主要的创新点,也是系统构建资产质量综合评价指标体系的基础。

② 设置了符合评价资产存在性、资产有效性、资产收益性和资产安全性等资产质量特征的相关指标,建立了系统完整的资产质量评价综合指标体系。同时在指标设置上区分了生产经营性资产和对外投资资产在企业中的不同作用,对传统指标都作了相应的调整和改进,如在周转率的指标设置中剔除了对外投资因素,增设了不良资产比率、两项资金占流动资产比率等因素。

③ 在评价方法上作了比较研究,提出了适合行业资产质量指标评价的两种方法——描述性统计分析法和主成分分析法。然后应用描述性统计分析法和主成分分析法来分析我国家电行业上市公司资产质量的状况,从单个资产质量特征和综合指标两方面来进行探讨,系统、客观地评价了家电行业上市公司存在的主要问题,并提出了改善资产质量的建议。

8.2 研究展望

资产质量是一个新的课题,资产质量评价指标体系只是一个研究基础,下面的课题值得我们进一步去探讨:

① 能否采用层次分析法对不同行业中的每个企业给出资产质量分值? 这有利于改善各个企业的资产质量;

② 能否从企业创新等视角来分析其与资产质量的相关性? 评价不是最终目的,最终目的还是为了改善企业的资产质量;

③ 能否建立以资产质量为核心的企业经济效益评价体系,来彻底改变传统的以损益表为基础的企业经济效益评价体系。

参 考 文 献

［1］章　彰.商业银行信用风险管理——兼论巴塞尔新资本协议.北京:中国人民大学出版社,2002.

［2］David Bernstein. Asset Quality and Scale Economies in Banking. Journal of Economics and Business,1996.

［3］Kaminsky G, Reinhart C. On Crises, Contagion, and Confusion. Journal of International Economics,2000.

［4］Ball R, P Brown. Theory and Accounting. Journal of Accounting Research, Vol.7,Autumn,1969.

［5］王翠春.上市公司财务质量评价的实证研究——兼评农业上市公司财务质量. 山东农业大学博士论文,2008.

［6］Collin,D S P Kothari, J Shanken, R Sloan. Of Timeliness Versus Noise as Explanations for low Contemporaneous Return-Earnings Association. Journal of Accounting and Economics, Vol.18,1994.

［7］Stewart,G Bennett. The Quest for Value. Harper Business,1991.

［8］查尔斯·吉布森. 财务报表分析——利用财务会计信息. 北京:中国经济出版社,1996.

［9］(美)德鲁克.公司的概念.慕凤丽译.北京:机械工业出版社,2006.

［10］Easton,Peter D. Earnings and Security Valuation:Empirical Evidence of the Fundamental Links. Journal of Accounting Research, 1985.

［11］Szewczyk S H，G P Tsetsekos，Z Zantout. Valuation of Corporate R&Expenditures：Evidence from Investment Opportunities and Free Cash Flow. Financial Management 25，1996.

［12］（美）David F. Hawkins. 公司财务报表与分析. 孙　净，郭永清主译. 大连：东北财经大学出版社，2000.

［13］Meigs，Mosich，Johnson. Intermediate Accounting，Fourth Edition. USA：Irwin McGraw-Hill，1983.

［14］Leopold A Berstein，John J Wild. Finacical Statement Analysis，Sixth Edition. USA：Irwin M-G，1998.

［15］张先治. 财务分析. 大连：东北财经大学出版社，2006.

［16］张新民. 财务状况质量分析理论研究. 东北财经大学博士论文，2000.

［17］李树华，陈征宇. 每股净资产调整差异分析：证券市场会计问题实证研究. 上海：上海财经大学出版社，2000.

［18］王生兵. 资产质量初探. 四川会计，2000(4).

［19］宋献中，高志文. 资产质量反映盈利能力的实证分析. 中国工业经济，2001(4).

［20］顾德夫. 企业资产质量小议. 上海会计，2001(4).

［21］张新民. 解读财务报表：案例分析方法. 北京：对外经济贸易大学出版社，2003.

［22］干胜道，王生兵. 试论企业资产质量优化与评价. 四川大学学报(哲学社会科学版)，2000(4).

［23］王秀丽，张新民. 企业资产质量分类及其思考. 财会通讯，2003(10).

［24］杜稳灵，宋润栓，李景元. 企业资产质量状况分析. 企业经济，2003(10).

［25］王　昶. 流动资产质量分析. 财经界，2007(7).

[26] 徐文学. 企业资产质量特征的理论探讨. 江苏商论,2007(6).

[27] 张麦利,徐文学. 企业资产质量及其影响因素的分析. 统计与决策,2004(12).

[28] 王长胜, 高洪艳. 加强应收账款管理,提高企业资产质量. 山东电力高等专科学校学报, 2005(8).

[29] 荀爱英. 我国上市公司的应收账款质量现状. Accountant, 2007(6).

[30] 丁金彦,徐文学. 应收账款质量评价及管理. 商场现代化, 2007(3).

[31] 张继慧,徐文学. 强化应收账款管理的建议. 财会通讯(理财版),2008(10).

[32] 徐文学. 资产质量综合评价指标体系的建立. 统计与决策, 2007(8).

[33] 牛国强. 如何评价企业资产质量. 现代管理,2007(4).

[34] 任晓敏. 企业资产质量评价体系的建立. 财务探索,2007(3).

[35] 李嘉明, 李松敏. 我国上市公司的资产质量与企业绩效的实证研究. 经济问题探索, 2005(4).

[36] 贺 武,刘 平. 基于盈利能力的沪市上市公司资产质量实证研究. 财会月刊(综合版), 2006(6).

[37] 张春景,徐文学. 我国上市公司资产质量评价的实证分析. 财会月刊(理论), 2006(7).

[38] 薛云奎,王志台. R&D 的重要性及其信息披露方式的改进. 会计研究,2001(3).

[39] 梁莱欲,熊 艳. 关于无形资产信息披露利益问题的分析. 湖南财经高等专科学校学报,2006(10).

[40] 李景韬,冯 鑫. 基于信息不对称理论下的无形资产信息分析. 管理科学,2006(3).

[41] 刘义鹃. 上市公司无形资产计量及其信息披露的思考. 商业时代,2007(15).

[42] 来　华,乾惠敏. 上市公司资产减值方向信息含量研究. 财会通讯,2007(6).

[43] 张新民. 企业财务报表分析. 北京:对外经济贸易大学出版社,2001.

[44] 张新民. 企业财务报表分析案例点评. 北京:对外经济贸易大学出版社,2003.

[45] 葛家澍. 会计审计博士文库——资产计量. 北京:中国财政经济出版社,1991.

[46] 葛家澍. 市场经济下会计基本理论与方法研究. 北京:中国财政经济出版社,1996.

[47] 中华人民共和国财政部. 企业会计准则. 北京:经济科学出版社,2006.

[48] 刘　杰. 论企业财务管理中的资产质量管理. 北京市经济管理干部学院学报,2003(12).

[49] 苏　萍. 企业资产质量浅议. 太原理工大学学报(社会科学版),2006(12).

[50] 谭劲松. 试论提高国有企业资产质量. 浙江社会科学,2000(4).

[51] 方玉辉,孙少华,牛光波. 略论企业资产质量分析与评价. 商业会计,1999(9).

[52] 余新培. 资产质量和收益质量及其分析. 当代财经,2003(2).

[53] 池国华,迟旭升. 我国上市公司经营业绩评价系统研究. 会计研究,2003(8).

[54] 费明群,干胜道. 资产质量分析——基于我国上市公司的数据. 财会通讯,2004(5).

[55] 王怀明,闫新峰. 农业上市公司资产结构与公司绩效的研究.

华东经济管理,2007(2).

[56] 李晓菁. 企业财务质量分析研究. 厦门大学硕士学位论文,2007.

[57] 沈卫香. 我国上市公司资产质量会计信息披露研究. 西北大学硕士学位论文,2008.

[58] 艾健明. 上市公司收益质量分析. 经济师,2001(7).

[59] 陈晓明. 农业上市公司资本运营实证研究. 厦门:厦门大学出版社,2003.

[60] 陈　金. 中国上市公司质量问题研究. 厦门大学博士学位论文,2001.

[61] 程小可. 上市公司盈余质量分析与评价研究. 大连:东北财经大学出版社,2006.

[62] 陈　共,周升业,吴晓求. 证券投资分析. 北京:中国人民大学出版社,1996.

[63] 储一昀,王安武. 上市公司盈余质量分析. 会计研究,2000(9).

[64] 财政部会计编写组. 企业会计准则讲解. 北京:人民出版社,2007.

[65] 董明志. 企业财务分析评价初探. 会计研究,2000(5).

[66] 方军雄. 2001 年上市公司综合财务质量分析. 上市公司,2002(11).

[67] 方军雄. 2002 年我国上市公司财务质量分析. 上市公司,2003(9).

[68] 范文智. 公司特征与股票系统风险之间关联性研究. 台湾交通大学管理科学研究所硕士论文,1989.

[69] 费明群. 农业上市公司财务质量评价与优化. 四川大学硕士学位论文,2004.

[70] 费方域. 交易成本理论与委托代理理论之比较. 外国经济与管

理,1996(8).

[71] 干胜道. 盈利质量分析. 会计之友,2006(9).

[72] 葛永波,张文兵. 农业上市公司财务指标相关性实证分析. 农业技术经济,2004(4).

[73] 葛永波. 中国农业上市公司投资问题研究. 北京:中国经济出版社,2005.

[74] 顾德夫. 企业资产质量小议. 上海会计,2001(4).

[75] 顾　岚. 中国股市上市公司财务的统计分析. 数理统计与管理,2001(4).

[76] 顾文炯. 用因子分析法对农业上市公司进行财务评价. 安徽大学学报(哲学社会科学版),2005(3).

[77] 郭鹏飞,杨朝军. 公司业绩与股价收益:基于行业特征的实证分析. 股票市场导报,2003(7).

[78] 郭旭芬. 上市公司业绩增长与股价涨幅关系实证研究. 吉林管理学院学报,2004(1).

[79] 何宜强. 农业上市公司绩效综合评价的实证分析. 江西财经大学学报,2005(5).

[80] 洪远朋. 合作经济的理论与实践. 上海:复旦大学出版社,1996.

[81] 贾生华,陈宏辉. 基于利益相关者的企业绩效评价——一个分析框架和应用研究. 科研管理,2003(4).

[82] 姜　丹. 关于生物资产准则的思考. 财政监督,2006(14).

[83] 姜　凌. 我国农业类上市公司经营业绩探析. 农业经济,2003(7).

[84] 康新春. 西方财务分析体系评价及我国财务分析体系的研究. 商业会计,2006(5).

[85] 黎　毅. 企业战略绩效评价体系研究. 经济论坛,2004(1).

[86] 李秉成、田笑丰、曹　芳. 现金流量表分析指标体系研究. 会

计研究,2003(10).

[87] 李从珠. 上市公司财务指标体系的统计分析与选股. 北京统计,2000(3).

[88] 李嘉明,李松敏. 我国上市公司的资产质量与企业绩效的实证研究. 经济问题探索,2005(4).

[89] 李宏旺. 上市公司收益质量分析. 财会通讯,2003(9).

[90] 李寿喜. 会计报表信息与股价相关性中美差异比较. 上海金融,2004(7).

[91] 李晓兵,张万英. 偿债能力财务分析指标的局限及改进. 经济技术协作信息,2006(10).

[92] 朱顺泉,李一智. 基于人工神经网络 BP 算法的公司财务质量评级. 计算机工程与应用,2002(2).

[93] 李玉菊,张秋生. 以企业资源为基础的会计要素研究. 会计研究,2006(1).

[94] 陆贵龙,徐文学. 净资产收益率与利润操纵——关于上市公司净资产收益率的实证研究. 统计与决策,2002(2).

[95] 梁客川. 系统风险与财务变数的关系——台湾股票市场的验证分析. 台湾交通大学管理科学研究硕士论文,1993.

[96] 林乐芬. 农业上市公司绩效的实证研究. 现代经济探讨,2004(8).

[97] 刘纯龙,钟向东,卿 松. 透视公司盈余质量分析. 会计之友,2005(7).

[98] 刘 伟,莫 蓉,黄 丽. 上市公司绩效评价指标的多元分析. 经济评论,2003(6).

[99] 刘 伟,杨印生. 我国农业上市公司业绩评价与分析. 农业技术经济,2006(4).

[100] 陆庆平. 以企业价值最大化为导向的企业绩效评价体系——

基于利益相关理论. 会计研究,2006(3).

[101] 罗常龙. 杜邦财务分析体系的缺陷及其改进. 商业研究, 2006(5).

[102] 马宝霞. 基于财务报表的上市公司财务质量分析. 内蒙古工业大学硕士学位论文,2005.

[103] 马若微,唐春阳. 一种确定上市公司绩效评价指标的新方法. 财会月刊(综合),2005(15).

[104] 孟　焰,袁　淳. 亏损上市公司会计盈余价值相关性实证研究. 会计研究,2005(5).

[105] (美)William H Beaver. 财务报表——会计革命. 薛云奎主译. 大连:东北财经大学出版社,1999.

[106] 潘　琰,程小可. 上市公司经营业绩的主成分评价方法. 会计研究,2000(1).

[107] 潘泽江,左　锋. 基于因子分析法的农业上市公司财务状况评价研究. 科技创业,2006(7).

[108] 彭　波. 收益质量分析中的消极信号. 上海会计,2003(1).

[109] 彭　熠. 农业上市公司经营绩效研究——基于转学经济背景的分析. 浙江大学博士学位论文,2006.

[110] 乔军. 流动比率指标的局限性及其修正探析. 会计之友, 2006(7).

[111] 綦好东,张孝友. 我国生物资产准则与IAS41的比较与思考. 会计研究,2006(11).

[112] 秦志敏. 上市公司盈利质量透视策略. 会计研究,2003(7).

[113] 沈晓明. 论农业产业化政策的市场性目标与公益性目标的冲突——兼析农业上市公司的竞争力减弱现象. 农业经济问题, 2002(5).

[114] 苏红梅. 现金流量表的财务质量分析. 新疆农垦经济,2003(2).

[115] 孙世敏,赵希男,朱久霞. 国有企业 CEO 声誉评价体系设计. 会计研究,2006(3).

[116] 谭根林. 企业不良资产管理. 北京:经济科学出版社,2001.

[117] 汤谷良,游 尤. 可持续增长模型的比较分析与案例验证. 会计研究,2005(8).

[118] 汤姆·科普兰,蒂姆科勒. 价值评估. 北京:中国大百科全书出版社,1998.

[119] 王翠春,王 欣. 基于功效系数法的农业上市公司财务质量评价研究. 山东经济,2008(2).

[120] 王翠春. 农村信用社股权改造中的逆向选择与监督政策趋向研究——基于山东省辖内 131 家县级联社的调查与分析. 财政研究,2008(5).

[121] 汪 平. 基于价值的企业管理. 会计研究,2005(8).

[122] 王化成,佟 岩. 控股股东与盈余质量——基于盈余反应系数的考察. 会计研究,2006(2).

[123] 王生兵,谢 静. 浅析资产质量. 中国软科学,2000(4).

[124] 王秀丽. 企业核心竞争力的分析与评析体系研究. 对外贸易大学硕士学位论文,2006.

[125] 王跃堂,周 雪,张 莉. 长期资产减值:公允价值的体现还是盈余管理行为. 会计研究,2005(8).

[126] 王竹泉. 利益相关者会计行为的分析. 会计研究,2003(10).

[127] 吴方卫,张锦华,刘营军. 农业上市公司的经营自由现金流量分析. 南京农业大学学报,2003(2).

[128] 谢 峥. 农业上市公司企业竞争力的实证研究及提升对策. 四川农业大学硕士学位论文,2005.

[129] 徐 滔. 上市公司财务困境实证研究. 大连:东北财经大学出版社,2002.

[130] 徐晓东，陈小悦. 第一大股东对公司治理、企业绩效的影响分析. 经济研究，2003(1).

[131] 许 彪，梁宇鹏. 农业上市公司经营绩效成因诊断. 农业技术经济，2002(1).

[132] 许辞寒，张仁健. 新增价值理念下的企业盈利分析. 财务与会计，2003(12).

[133] 薛 跃，韩之俊，盛党红. MTS 法用于上市公司财务质量评估初探. 数理统计与管理，2005(1).

[134] 杨宗昌，许 波. 企业经营绩效评价模式研究——我国电信企业集团经营绩效考评方法初探. 会计研究，2003(12).

[135] 尹立中. 农业上市公司资本效率研究. 长春：吉林大学出版社，2000.

[136] 祝 贺. 上市公司绩效评价研究. 天津财经大学硕士学位论文，2007.

[137] 张国彦. 我国农业上市公司背农问题探析. 北方经济，2003(1).

[138] 张建萍，钟 玉. 试论农业上市公司经营中的"离农"行为. 新疆农垦经济，2006(4).

[139] 张金昌. 国际竞争力评价的理论和方法. 北京：经济科学出版社，2002.

[140] 张金华. 农业上市公司的持续经营能力分析——基于自由现金流量的理论与实证研究. 农业技术经济，2003(3).

[141] 张鹏飞. 财务质量分析评价框架. 会计之友，2006(27).

[142] 张淑娟. 关于公司股权价值评估理论及实证研究——以农业上市公司为例. 中国农业大学硕士学位论文，2005.

[143] 张俊瑞. 资产变现论. 大连：东北财经大学出版社，1999.

[144] 储一昀，王安武. 上市公司盈利质量分析. 会计研究，2000(9).

[145] 张新民,王秀丽. 企业财务状况的质量特征. 会计研究,2003(9).

[146] 张新民. 企业财务状况质量分析理论研究. 北京:对外经济贸易大学出版社,2001.

[147] 张新民. 企业财务战略研究——财务质量分析视角. 北京:对外经济贸易大学出版社,2007.

[148] 王秀丽,张新民. 企业资产质量分类及其思考. 财会通讯,2003(10).

[149] 张金昌. 国际竞争力评价的理论和方法. 北京:经济科学出版社,2002.

[150] 张俊民. 财务分析. 上海:复旦大学出版社,2006.

[151] 张维迎. 企业的企业家:契约理论. 上海:上海人民出版社,1995.

[152] 赵秀娟,汪寿阳. 中国证券投资基金评价研究. 北京:科学出版社,2007.

[153] 张 青. 上市公司业绩评价研究. 武汉理工大学硕士学位论文,2002.

[154] 中国证券网转新华社:证监会正在制定新规定提高上市公司信息披露质量,2006.

[155] 中联财务顾问公司,2003 年度中国上市公司业绩评价报告. 北京:经济科学出版社,2004.

[156] 周仁俊,喻天舒,杨战兵. 公司治理激励机制与业绩评价. 会计研究,2005(11).

[157] 朱顺泉. 基于因子分析法的上市公司财务状况评价研究. 统计与信息论坛,2004(4).

[158] Beaver, William, Paul Kettler, Myron Scholes. Association Between Market Determined and Accounting Determined Risk Meas-

ures. The Accounting Review, October, 1970.

[159] Bruce Thordarson. Grassroots Co-operatives in the Developing Worlds. North-South Institute Briefing Paper, 1990.

[160] Collin, D S P Kothari, J Shanken, R Sloan. OF Tineliness Versus Noise as Explanations for Low Contemporaneous Return-Earnings Association. Journal of Accounting and Economics 18, No. 3.

[161] ICA. Rules. 1997.

[162] ICA. Background Paper on the Statement on the Co-operative Identity, 1995.

[163] ICA. Declaration Towards the 21st Century, 1996.

[164] J R Hicks. Value and Capital, Second Edition. Oxford: Clarendon Press, 1946.

[165] James A Hall. Accounting Information System. South-Western College Pub, 1998.

[166] John D Canning. The Economics of Accounting. 1929.

[167] Kaplan R, Atkinson A. Advanced Management Accounting. Prentice-Hall, Inc. ASimon and Schuster Company, 1998.

[168] Karin H. Farmer Co-operatives in the 21st Century. The Journal of Rural Co-operation, 1999.

[169] Katherine Sehipper. Principles-based Accounting Standards. Accounting Horizons, 2003.

[170] Kenato Yoshida. An Economic Evaluation of Multifunctional Roles of Agriculture and Rural Areas in Japan. Food & Fertilizer Technology Center. Technical Bulletin 154, 2001.

[171] Kieso, Wygant. Intermediate Accounting. 1995.

[172] Lan Macpherson. Co-operative Principles. ICA Review, 1995.

[173] Lawrence Hurd. Accounting for Successful Farm Management. Model Financial Statements for Canadian Agricultural Producers-Dairy. B. C. Talk,1999.

[174] Leon Holm Pedersen. The Dynamics of Green Consumption: a Matter of Visibility. Journal of Environ-mental Policy and Planning, 2000.

[175] Lundholm, Russell J. Reporting on the Past: A New Approach to Improving Accounting Today. Accounting Horizons, 1999.

[176] Miller M H, F Modigiliani. Dividend Policy, Growth and the Valuation of shares. Journal of Business,1961.

[177] Myers Stewart. Determinants of Corporate Borrowing. Journal of Financial Economics,1977.

[178] Park A, Tin H, Rozelle S. Market Emergence and Transition: Arbitrage, Transaction Cost and Autarky in China Grain Markets. American Journal of Agricultural Economics,2002.

[179] Paul Dietmann. Successful Farm Business Start Up: A Few Ideas. County UW Extension Agricultural Agent ,2006.

[180] Prospectus Earning Forecasts and the Pricing of New Issues on the United Securities Market. Accounting and Business Research,1991.

[181] Szewczyk, S H, G P Tsetsekos, Z Zantout. The Valuation of Corporate R&D Expenditures: Evidence from Investment Opportunities and Free Cash Research. Financial Economics, 1996.

[182] Robert Sprouse, Maurice Moonitz. A Tentative Set of Broad Accounting Principles for Business Enterprises. Accounting Research Study, 1962.

附录：

附表1 基市数据

家电行业上市公司的财务基础数据（一）

指标	ST夏新(500057)			海信(600060)			成都博讯(600083)			福日电子(600203)		
	2006年	2007年	2008年	2006年	2007年	2008年	2006年	2007年	2008年	2006年	2007年	2008年
1. 不良资产比率＝年末不良资产总额/年末资产余额合计	0.0365	0.0240	0.1183	0.0413	0.1844	0.0357	0.0208	0.0237	0.0267	0.0599	0.0779	0.0833
2. 流动资产产率＝(流动投资产－短期投资)/(资产总额－对外投资)	0.8001	0.7187	0.5808	0.7466	4.3644	0.8071	0.7298	0.7300	0.7885	0.7361	0.7417	0.7301
3. 固定资产成新率＝固定资产净值/固定资产原值	0.6299	0.5994	0.4702	0.6609	0.5845	0.6053	0.7095	0.6704	0.6900	0.6885	0.5015	0.4829
4. 存货流动资产比率＝存货/(流动资产－短期投资)	0.4292	0.6184	0.8556	0.4330	0.4154	0.2652	0.1704	0.1980	0.2213	0.0598	0.0482	0.0531
5. 两项资金占流动资产比率＝(库存商品+应收账款)/(流动资产－短期投资)	0.4545	0.5863	0.3180	0.4670	0.4467	0.1297	0.3328	0.4094	0.4076	0.1614	0.2363	0.1943
6. 对外投资古流动资产比率＝年末对外投资总额/年末资产总额	0.0068	0.0097	0.0144	0.0122	0.0067	0.0021	0.0092	0.0060	0.0649	0.1678	0.1839	0.2128
7. 在建工程结构性资产比率＝年末在建工程总额/(总资产－流动资产－长期投资)	0.0572	0.0784	0.1175	0.0335	-0.0078	0.0098	0.0830	0.1201	0.1702	0.0483	0.0178	0.0101
8. 无形资产产率＝年末无形资产/(总资产－流动资产－长期投资)	0.2186	0.2497	0.2744	0.1393	-0.0255	0.0819	0.0700	0.0664	0.0929	0.3245	0.3154	0.2988
9. 流动资产周转率＝营业收入/(平均流动资产－平均投资)	1.6115	1.6020	1.8521	2.9771	2.9075	0.2744	1.3516	1.3410	1.4929	1.7733	1.6782	1.7485
10. 存货周转率＝年销售成本/平均存货	3.0185	2.3476	2.0499	5.8154	5.9928	8.7294	6.6928	5.7431	5.6910	28.8148	33.8885	32.3417
11. 应收账款周转率＝营业收入/平均应收账款余额	7.0349	5.0232	66.3463	23.7715	18.6866	2.3565	5.1172	3.8998	4.6421	13.3311	7.9075	10.3706
12. 固定资产周转率＝营业收入/平均固定资产净额	8.5024	6.4845	3.9911	11.0715	17.4856	1.3856	4.1891	4.8177	4.1707	7.7456	19.7657	18.0404
13. 总资产周转率＝营业收入/(平均资产总额－平均对外投资)	1.2894	1.1513	1.0756	2.2228	12.6896	0.2215	0.9865	0.9789	1.1771	1.3052	1.2448	1.2766
14. 总资产息前收益率＝(利润总额+利息支出)/平均资产总额	0.0285	-0.2228	-3.4165	0.0383	0.2540	0.0456	0.1008	0.0889	0.0879	0.0298	-0.0467	0.0404
15. 对外投资收益率＝投资收益合计/平均对外投资总额	0.2253	-0.0929	0.0574	-0.0461	6.2345	0.0655	0.1699	0.1679	0.0121	0.2186	0.0029	0.3442
16. 营业务利润率＝营业利润/营业收入	0.0017	-0.2401	-C.4922	0.0168	0.0147	0.1570	0.0982	0.0899	0.0617	-0.0010	-0.0792	0.0007
17. 经营资产经营活动现金流量＝经营活动现金净额/(平均资产－平均对外投资总额)	0.0388	-0.0488	-0.2550	0.0347	0.1486	0.0368	0.0276	0.0717	0.0828	-0.0079	0.0206	0.0172
18. 流动比率＝流动资产/流动负债	0.9605	0.6641	0.4445	1.7885	1.5543	1.7378	1.6060	1.8359	1.5932	0.8038	0.7225	0.6968
19. 速动比率＝速动资产/流动负债	0.5479	0.2534	0.6498	1.0133	0.9087	1.2770	1.3332	1.4754	1.2421	0.7555	0.6877	0.6597
20. 经营现金流动负债比＝经营活动现金净流量/平均流动负债	0.0465	-0.0451	-0.1512	0.0832	0.0529	0.0933	0.0606	0.1788	0.1666	-0.0086	0.0201	0.0164
21. 资产负债率＝负债总额/资产总额	0.8299	1.0733	1.6639	0.0462	2.8343	0.4798	0.4630	0.4702	0.5100	0.7676	0.8408	0.8282

家电行业上市公司的财务基础数据（二）

	浙江阳光(600261)			澳柯玛(600336)			上海广电(600637)			青岛海尔(600690)		
	2006年	2007年	2008年	2006年	2007年	2008年	2006年	2007年	2008年	2006年	2007年	2008年
1. 不良资产比率＝年末不良资产总额／年末资产余额合计	0.0208	0.0237	0.0267	0.0591	0.1909	0.2143	0.0651	0.0833	0.1692	0.0796	0.0063	0.0096
2. 流动资产率＝（流动资产－短期投资－对外投资）／（资产总额－对外投资）	0.7298	0.7300	0.7885	0.7240	0.5390	0.4942	0.7388	0.6357	0.6428	0.7333	0.7359	0.7266
3. 固定资产成新率＝固定资产净值／固定资产原值	0.7095	0.6704	0.6900	0.7317	0.6820	0.6504	0.7684	0.5694	0.5124	0.5920	0.5615	0.5389
4. 存货流动资产比率＝存货／（流动资产－短期投资）	0.1704	0.1980	0.2213	0.2026	0.3107	0.3226	0.1574	0.1879	0.2493	0.2414	0.3782	0.2400
5. 两调资金占流动资产比率＝（库存商品＋应收账款）/（流动资产－短期投资）	0.3328	0.4094	0.4076	0.3934	0.6207	0.7969	0.5344	0.5273	0.9606	0.3842	0.3134	0.2685
6. 对外投资资产比率＝年末对外投资总额／（总资产－流动资产－长期投资）	0.0092	0.0600	0.0649	0.0127	0.0299	0.0401	0.3000	0.2535	0.3165	0.1017	0.0538	0.1152
7. 在建工程结构性资产比率＝年末在建工程总额／（总资产－流动资产－长期投资）	0.0830	0.1201	0.1702	0.0070	0.0006	0.0010	0.0019	0.0019	0.0004	0.0667	0.0676	0.0690
8. 无形资产比率＝年末无形资产／（总资产－流动资产－长期投资）	0.0700	0.0664	0.0929	0.3339	0.6147	0.6097	0.0982	0.0592	0.0173	0.0419	0.0524	0.0456
9. 流动资产周转率＝营业收入／（平均流动资产总额－平均短期资产总额）	1.3516	1.3410	1.4929	0.5169	1.1924	2.0374	1.3226	1.4216	1.9915	3.5141	3.7825	3.8671
10. 存货周转率＝营业成本／平均存货	6.6928	5.7431	5.6910	2.1639	3.0837	5.0839	7.8275	6.9308	7.4670	12.5118	8.1003	12.3848
11. 应收账款周转率＝营业收入／平均应收账款余额	5.1772	3.8598	4.6421	1.9346	2.9796	3.5573	2.9046	3.1659	2.4031	13.6047	48.3590	36.3563
12. 固定资产周转率＝营业收入／平均固定资产净额	4.1891	4.8177	4.1707	2.1306	3.3810	4.9059	4.0319	10.7038	10.8936	10.7527	12.4110	12.3181
13. 总资产周转率＝营业收入／（平均资产总额－平均对外投资总额）	0.9865	0.9789	1.1771	0.3742	0.6427	1.0068	0.9771	0.9038	1.2801	2.5771	2.7834	2.8099
14. 总资产息税前收益率＝（利润总额＋利息支出）/平均资产总额	0.1008	0.0889	0.0879	0.0246	-0.2103	0.0096	0.0065	0.0264	-0.2206	0.0559	0.0810	0.0950
15. 对外投资收益率＝投资收益／平均对外投资总额	0.1699	0.1679	0.0121	4.3020	-0.0020	1.1228	0.0519	0.1905	0.0238	-0.1283	0.1078	0.1072
16. 营业务利润率＝营业利润／营业收入	0.0982	0.0899	0.0617	-0.1796	-0.3389	-0.0035	-0.0598	0.0096	-0.2912	0.0306	0.0905	0.0384
17. 经营资产经营活动现金流量＝经营活动现金净流量/（平均资产总额－平均对外投资总额）	0.0276	0.0717	0.0828	-0.1356	-0.0534	0.0265	0.0519	0.0409	-0.0171	0.1616	0.1208	0.1218
18. 流动比率＝流动资产／流动负债	1.6060	1.8359	1.5932	1.1139	0.6537	0.6120	0.9471	0.9090	0.6529	2.6503	1.9269	1.7692
19. 速动比率＝速动资产／流动负债	1.3332	1.4754	1.2421	0.8865	0.4508	0.4147	0.7976	0.7386	0.4901	2.0104	1.1981	1.3445
20. 经营活动负债比比＝经营活动现金净流量／平均流动负债	0.0606	0.1788	0.1666	-0.2085	-0.0647	0.0328	0.0664	0.0584	-0.0174	0.5839	0.3163	0.2965
21. 资产负债率＝负债总额／资产总额	0.4630	0.4702	0.5100	0.6425	0.8282	0.7820	0.5642	0.5362	0.6752	0.2533	0.3694	0.3703

家电行业上市公司的财务基础数据（三）

	宁波富达(600724)			大显股份(600747)			四川长虹(600839)			ST厦华(600870)		
	2006 年	2007 年	2008 年	2006 年	2007 年	2008 年	2006 年	2007 年	2008 年	2006 年	2007 年	2008 年
1. 不良资产比率＝年末不良资产总额／年末资产总额合计	0.013 8	0.013 0	0.013 5	0.102 1	0.054 6	0.129 3	0.181 7	0.134 5	0.107 5	0.046 0	0.071 7	0.848 7
2. 流动资产率＝（流动资产－短期投资）／（资产总额－对外投资）	0.523 1	0.631 3	0.576 2	0.773 5	0.626 6	0.689 5	0.726 6	0.728 8	0.604 0	0.853 9	0.853 2	0.826 5
3. 固定资产成新率＝固定资产净值／固定资产原值	0.691 1	0.645 6	0.590 8	0.567 5	0.524 3	0.479 3	0.631 4	0.622 1	0.614 4	0.509 4	0.441 3	0.319 3
4. 存货流动资产比率＝存货／（流动资产－短期投资）	0.559 7	0.481 7	0.480 1	0.415 5	0.413 6	0.511 3	0.435 7	0.438 2	0.369 5	0.419 7	0.418 4	0.615 1
5. 两项资金占流动资产比率＝（年存商品＋应收账款）／（流动资产－短期投资）	0.195 1	0.205 7	0.220 8	0.204 5	0.225 0	0.255 4	0.706 9	0.543 9	0.483 8	0.656 7	0.560 5	1.013 2
6. 对外投资占资产比率＝年末对外投资总额／年末资产总额	0.061 9	0.061 2	0.064 2	0.161 7	0.054 9	0.147 2	0.035 5	0.071 4	0.020 9	0.010 0	0.008 5	0.023 0
7. 在建工程结构性比率＝年末在建工程总额／（总资产－流动资产－长期投资）	0.057 9	0.075 8	0.226 6	0.042 9	0.009 4	0.015 4	0.037 9	0.021 0	0.325 8	0.023 0	0.026 9	0.025 9
8. 无形资产比率＝年末无形资产总额／（总资产－流动资产－长期投资）	0.043 1	0.028 7	0.057 5	0.023 6	0.027 9	0.041 7	0.381 8	0.407 0	0.246 7	0.219 8	0.202 5	0.281 1
9. 流动资产周转率＝营业收入／平均流动资产总额	1.153 3	1.054 4	1.079 4	0.410 7	0.546 8	0.385 9	1.615 3	1.477 1	1.644 1	2.441 5	2.430 3	3.162 7
10. 存货周转率＝年销售成本／平均存货	1.626 1	1.785 6	1.775 7	0.823 2	0.912 5	0.684 1	3.132 1	2.845 3	3.671 9	5.314 7	5.331 0	4.695 3
11. 应收账款周转率＝营业收入／平均应收账款余额	6.735 0	5.578 1	5.302 2	2.994 3	4.500 7	2.595 4	4.238 5	4.950 4	5.526 6	7.097 6	8.321 5	4.657 6
12. 固定资产周转率＝营业收入／平均固定资产净值	2.144 3	2.204 9	2.275 1	1.355 2	1.622 6	1.060 7	7.233 2	8.306 2	7.806 4	18.648 6	18.720 9	20.626 5
13. 总资产周转率＝营业收入／（平均对外资产总额－平均对外投资总额）	0.718 5	0.665 6	0.621 9	0.317 6	0.342 6	0.266 1	1.173 6	1.076 5	0.993 1	2.084 8	2.073 5	2.613 8
14. 总资产息税前收益率＝（利润总额＋利息支出）／平均资产总额	0.073 2	0.069 2	0.070 9	0.024 3	0.091 4	-0.108 0	0.032 4	0.027 3	0.019 0	-0.097 7	-0.082 6	-0.624 5
15. 对外投资收益率＝投资收益／平均对外投资总额	0.026 0	0.038 8	0.025 1	0.132 9	0.793 8	0.020 9	0.135 8	0.146 1	0.194 8	0.644 7	0.234 9	0.019 6
16. 营业业务利润率＝营业利润／营业收入	0.060 5	0.056 4	0.065 1	-0.080 7	0.186 4	-0.645 6	0.016 8	0.018 5	0.010 4	-0.064 0	-0.065 8	-0.286 9
17. 经营现金流动资产经营活动现金净流量＝经营活动现金流量／（平均资产总额－平均对外投资总额）	0.093 5	0.053 9	0.080 3	0.003 6	0.157 6	-0.096 6	0.024 1	-0.019 4	0.126 8	0.079 0	0.045 7	0.099 0
18. 流动比率＝流动资产／流动负债	1.003 0	1.090 3	1.107 9	1.213 4	1.151 9	1.026 9	1.637 4	1.330 6	1.147 2	0.929 4	0.832 7	0.459 2
19. 速动比率＝速动资产／流动负债	0.431 0	0.565 1	0.576 0	0.767 4	0.675 5	0.501 8	0.943 5	0.751 2	0.725 7	0.536 1	0.484 3	0.176 7
20. 经营现金流动负债比率＝经营活动现金净流量／平均流动负债	0.150 5	0.093 1	0.154 4	0.004 9	0.289 7	-0.143 9	0.052 8	-0.035 2	0.239 4	0.086 0	0.044 6	0.055 0
21. 资产负债率＝负债总额／资产总额	0.603 9	0.555 1	0.519 8	0.661 8	0.515 5	0.057 5	0.442 2	0.533 5	0.560 6	0.915 1	1.031 8	1.793 7

家电行业上市公司的财务基础数据（四）

项目	合肥三洋(600983) 2006年	2007年	2008年	深康佳A(000016) 2006年	2007年	2008年	ST华发(000020) 2006年	2007年	2008年	TCL集团(000100) 2006年	2007年	2008年
1. 不良资产比率=年末不良资产总额/年末资产余额合计	0.0172	0.0445	0.0311	0.0636	0.0546	0.0551	0.1728	0.0613	0.0542	0.0865	0.0501	0.0401
2. 流动资产率=（流动资产-短期投资）/（资产总额-对外投资）	0.7512	0.7688	0.7647	0.8751	0.8320	0.8509	0.3701	0.3522	0.4423	0.7992	0.8019	0.8053
3. 固定资产成新率=固定资产净值/固定资产原值	0.4355	0.4012	0.4606	0.5177	0.5010	0.5004	0.5691	0.5704	0.5554	0.3927	0.5405	0.5327
4. 存货流动资产比率=存货/（流动资产-短期投资）	0.2081	0.2445	0.3758	0.4475	0.4206	0.3284	0.2523	0.2860	0.2827	0.3458	0.3313	0.2680
5. 两项资金占流动资产比率=（库存商品+应收账款）/（流动资产-短期投资）	0.2488	0.2531	0.3704	0.4145	0.4181	0.3762	0.8248	0.6454	0.6644	0.5116	0.4476	0.3466
6. 对外投资资产比率=年末对外投资总额/年末资产总额	0.0023	0.0022	0.0015	0.0217	0.0060	0.0022	0.0024	0.0024	0.0000	0.0412	0.0243	0.0295
7. 在建工程结构性资产比率=年末在建工程总额/（总资产-流动资产-长期投资）	0.1575	0.2035	0.2686	0.0287	0.0040	0.0175	0.0007	0.0042	0.0065	0.0098	0.0103	0.0253
8. 无形资产比率=年末无形资产总额/（总资产-流动资产-长期投资）	0.1069	0.1625	0.1020	0.0357	0.0308	0.0442	0.0000	0.0264	0.0251	0.0910	0.0810	0.1542
9. 流动资产周转率=营业收入/（平均流动资产总额）	0.9525	1.0721	1.2585	1.4855	1.5869	1.3669	1.1611	1.4561	0.9587	2.7843	2.4166	2.1191
10. 存货周转率=年销售成本/平均存货	2.6215	2.4824	2.0056	2.7597	3.0381	3.3705	4.4820	4.3037	2.7886	6.8411	6.0900	6.6642
11. 应收账款周转率=营业收入/平均应收账款余额	10.0406	13.7004	14.4574	11.4641	9.9503	8.0033	1.5856	2.9206	1.7523	9.2779	9.6132	10.9496
12. 固定资产周转率=营业收入/平均固定资产净值	3.6748	4.7870	5.8964	9.9155	9.3613	9.0245	0.6773	1.0267	0.9690	18.9125	13.2966	13.4133
13. 总资产周转率=营业收入/（平均资产总额-平均对外投资总额）	0.7155	0.8242	0.9624	1.2999	1.3196	1.1630	0.4297	0.5128	0.4240	2.2253	1.9379	1.7066
14. 总资产息税前收益率=（利润总额+利息支出）/平均资产总额	0.0917	0.1013	0.1194	0.0121	0.0293	0.0363	-0.0382	0.0786	0.0259	-0.1489	0.0407	0.0419
15. 对外投资收益率=投资收益/平均对外投资总额	-0.1052	3.5564	0.0053	0.0062	0.1548	-0.1612	0.0000	0.0356	无存货	-0.1428	0.2504	0.6360
16. 营业务利润率=营业利润/营业收入	0.1284	0.1174	0.1212	0.0093	0.0203	0.0218	-0.1216	0.0066	0.0080	-0.0598	0.0049	0.0129
17. 经营资产经营活动现金净流量=经营活动现金净流量/平均经营资产总额	0.1129	0.0549	0.0723	0.0185	0.0327	0.0346	0.0710	0.0394	-0.0417	0.0539	-0.0141	0.0224
18. 流动比率=流动资产/流动负债	3.2461	3.1818	1.8327	1.3356	1.4057	1.3793	0.9123	1.0072	0.9953	0.9770	1.2209	1.0953
19. 速动比率=速动资产/流动负债	2.5705	2.4038	1.1439	0.7306	0.8145	0.9264	0.6821	0.7192	0.7140	0.6368	0.8164	0.8038
20. 经营现金流动负债比=经营活动现金净流量/平均流动负债	0.4880	0.2272	0.1732	0.0283	0.0552	0.0560	0.1751	0.1127	-0.0938	0.0658	-0.0214	0.0303
21. 资产负债率=负债总额/资产总额	0.2426	0.2520	0.4241	0.6438	0.5919	0.6197	0.4047	0.3488	0.4452	0.7969	0.7265	0.7322

家电行业上市公司的财务基础数据（五）

	小天鹅(000418)			美菱股份(000521)			美的电器(000527)			万家乐(000533)		
	2006年	2007年	2008年	2006年	2007年	2008年	2006年	2007年	2008年	2006年	2007年	2008年
1. 不良资产比率＝年末不良资产总额／年末资产总额合计	0.1858	0.0970	0.1060	0.0153	0.0246	0.0263	0.0185	0.0133	0.0319	0.1854	0.1814	0.1731
2. 流动资产率＝(流动资产－短期投资)/(资产总额－对外投资)	0.7449	0.7496	0.7456	0.4802	0.5627	0.4500	0.6671	0.7176	0.5960	0.7618	0.8188	0.8426
3. 固定资产成新率＝固定资产净值／固定资产原值	0.5345	0.4992	0.4934	0.5751	0.5064	0.6957	0.6874	0.6621	0.6342	0.4843	0.3704	0.3514
4. 存货流动资产比率＝存货／(流动资产－短期投资)	0.3614	0.2734	0.3237	0.3060	0.4152	0.3853	0.5327	0.5544	0.3793	0.2917	0.3162	0.2997
5. 两项资金占流动资产比率＝(库存商品＋应收账款)/(流动资产总额－短期投资)	0.6084	0.4178	0.4922	0.4111	0.4284	0.4663	0.4657	0.5413	0.5299	0.4772	0.5925	0.5955
6. 对外投资占资产比率＝年末对外投资总额／年末资产总额	0.0474	0.0695	0.0668	0.0242	0.0186	0.0099	0.0131	0.0097	0.0107	0.0327	0.0372	0.0349
7. 在建工程占纯性资产比率＝年末在建工程净额／(总资产－流动资产－长期投资)	0.0296	0.0386	0.0181	0.0138	0.0553	0.0326	0.0272	0.0284	0.0682	0.0538	0.0069	0.0088
8. 无形资产比率＝年末无形资产／(总资产－流动资产－长期投资)	0.2307	0.2196	0.1922	0.5928	0.4800	0.3137	0.138	0.139	0.1278	0.2477	0.1411	0.1183
9. 流动资产周转率＝营业收入／(平均流动资产总额)	1.7307	1.8945	1.8476	2.4831	2.4051	2.8704	2.4586	2.7040	3.2867	1.1182	1.5258	1.2354
10. 存货周转率＝年销售成本／平均存货	3.7710	5.5487	4.6474	6.8177	4.9695	5.7702	3.7813	3.9694	7.0048	2.9327	3.5486	3.0494
11. 应收账款周转率＝营业收入／平均应收账款余额	4.8121	7.3725	6.6738	10.1086	15.9075	14.2207	20.4904	21.2871	13.6504	3.1454	3.4354	2.8886
12. 固定资产周转率＝营业收入／平均固定资产净值	6.9771	9.2065	8.5404	5.5681	13.1124	6.3741	6.0698	10.3219	9.0178	4.2509	10.0993	9.5767
13. 总资产周转率＝营业收入／(平均资产总额－平均对外投资总额)	1.2892	1.4201	1.3776	1.1925	1.3532	1.2918	1.6401	1.9405	1.9589	0.8518	1.2493	1.0410
14. 总资产税前收益率＝(利润总额＋利息支出)/平均资产总额	0.0213	0.1212	0.0204	0.0203	0.0153	0.0167	0.0734	0.1123	0.0877	0.0507	0.1025	0.0668
15. 对外投资收益率＝投资收益／平均对外投资总额	0.1405	1.0833	0.2820	0.0129	0.6636	0.0766	0.0725	1.0750	0.1558	0.6115	0.3193	0.1514
16. 营业业务利润率＝营业利润／营业收入	-0.0005	0.0853	0.0098	0.0035	0.0039	0.0050	0.0410	0.0545	0.0381	0.0143	0.0542	0.0238
17. 经营资产经营现金净流量＝经营活动现金净流量／(经营活动投资产－平均对外投资总额)	0.0810	0.1059	-0.0432	0.0058	0.0590	0.0566	0.0911	0.0952	0.1622	0.0288	0.0100	0.0429
18. 流动比率＝流动资产／流动负债	1.0683	1.2917	1.4306	0.7714	0.8239	0.6653	1.0318	1.0685	0.8608	0.8772	1.0564	1.0754
19. 速动比率＝速动资产／流动负债	0.6759	0.9385	0.9675	0.5318	0.4818	0.4090	0.4821	0.4833	0.5343	0.6211	0.7224	0.7532
20. 经营现金流动负债比＝经营活动现金净流量／平均流动负债	0.1161	0.1825	-0.0830	0.0094	0.0864	0.0836	0.1409	0.1400	0.2343	0.0332	0.0129	0.0548
21. 资产负债率＝负债总额／资产总额	0.6366	0.5459	0.4922	0.6223	0.6834	0.6823	0.6384	0.6735	0.6881	0.8708	0.7733	0.7641

家电行业上市公司的财务基础数据（六）

	佛山照明(000541)			ST长岭(000561)			格力电器(000651)			四川湖山(000801)		
	2006年	2007年	2008年	2006年	2007年	2008年	2006年	2007年	2008年	2006年	2007年	2008年
1. 不良资产比率＝年末不良资产总额／年末资产余额合计	0.0074	0.0072	0.0023	0.4954	0.5418	0.2917	0.0206	0.0099	0.0065	0.0083	0.0065	0.0123
2. 流动资产率＝（流动资产－短期投资）／（资产总额－对外投资）	0.5789	0.5258	0.5955	0.5001	0.7445	0.6957	0.8167	0.8224	0.7558	0.7368	0.7953	0.8500
3. 固定资产成新率＝固定资产净值／固定资产原值	0.5136	0.5144	0.4733	0.4803	0.5986	0.5571	0.6738	0.6425	0.7050	0.7986	0.7497	0.7014
4. 存货流动资产比率＝存货／（流动资产－短期投资）	0.1584	0.1682	0.1846	0.5528	0.4380	0.5139	0.4114	0.3486	0.2095	0.2771	0.5129	0.5825
5. 两项资金占流动资产比率＝（库存商品＋应收账款）／（流动资产－短期投资）	0.1419	0.1993	0.2190	0.8950	0.8945	0.6554	0.4071	0.3034	0.1871	0.3368	0.2491	0.5515
6. 对外投资占资产比率＝年末对外投资总额／年末资产总额	0.0876	0.0555	0.0689	0.0090	0.0783	0.0238	0.0248	0.0001	0.0001	0.2727	0.2380	0.1634
7. 在建工程结构性比率＝年末在建工程总额／（总资产－流动资产－长期投资）	0.2170	0.0614	0.1190	0.0025	0.0087	0.0014	0.0657	0.1192	0.0357	0.0000	0.0000	0.0000
8. 无形资产比率＝年末无形资产／（总资产－流动资产－长期投资）	0.0913	0.0948	0.1797	0.1781	0.3080	0.2587	0.0344	0.0965	0.0598	0.1023	0.0911	0.0644
9. 流动资产周转率＝营业收入／平均流动资产总额	0.8756	0.8878	1.0952	1.0253	0.9798	0.3581	1.8686	1.8091	1.8057	4.6833	4.7484	4.7360
10. 存货周转率＝年销售成本／平均存货	4.1481	4.1979	4.7405	1.8602	2.1194	0.6791	3.7178	4.2484	6.9161	16.0094	8.8274	4.7360
11. 应收账款周转率＝营业收入／平均应收账款余额	9.6510	6.5868	7.8863	1.6519	1.6305	1.1646	23.8133	39.2023	66.0673	15.7498	22.1773	1.0217
12. 固定资产周转率＝营业收入／平均固定资产净额	1.7240	1.9218	2.3188	1.1300	3.5367	1.0722	9.1853	13.9245	9.7146	14.5286	20.8077	1.9053
13. 总资产周转率＝营业收入／（平均资产总额－平均对外投资总额）	0.5069	0.4668	0.6522	0.5128	0.7589	0.2491	1.5261	1.4879	1.3648	3.4506	3.7765	0.2463
14. 总资产息税前收益率＝（利润总额＋利息支出）／平均资产总额	0.1082	0.1478	0.0970	0.0774	-1.0549	2.5689	0.0505	0.0560	0.0784	0.0329	0.0857	0.0307
15. 对外投资收益率＝投资收益／平均对外投资总额	0.3376	1.7502	0.8460	-0.0234	0.0037	0.1205	0.0536	-0.4961	4.8301	0.0104	0.0873	0.0710
16. 营业务利润率＝营业利润／营业务收入	0.1671	0.3312	0.1581	0.1365	-0.1642	-0.2772	0.0320	0.0362	0.0557	0.0058	0.0127	0.1046
17. 经营资产经营活动现金流量＝经营活动现金流量／（平均资产总额－平均对外投资总额）	0.1544	0.0161	0.0479	-0.0147	0.0171	0.2253	0.1124	0.1093	0.0120	-0.0570	0.0645	-0.0254
18. 流动比率＝流动资产／流动负债	5.6197	6.5832	7.9619	0.2498	0.3189	0.5641	0.9925	1.0673	1.0090	1.1481	1.0949	1.0075
19. 速动比率＝速动资产／流动负债	4.7825	5.5424	6.4923	0.1117	0.1792	0.2742	0.5808	0.6952	0.7976	0.8236	0.5333	0.4206
20. 经营现金流动负债比＝经营活动现金净流量／平均流动负债	1.4089	0.1900	0.6401	-0.0073	0.0071	0.1827	0.1366	0.1419	0.0160	-0.0888	0.0888	-0.0301
21. 资产负债率＝负债总额／资产总额	0.1001	0.1104	0.0698	1.9509	3.3133	1.2434	0.8033	0.7706	0.7491	0.5232	0.5783	0.7059

家电行业上市公司的财务基础数据（七）

	ST科龙(000921)		
	2006 年	2007 年	2008 年
1. 不良资产比率＝年末不良资产总额／年末资产余额合计	0.246 7	0.211 2	0.233 8
2. 流动资产率＝（流动资产－短期投资）/（资产总额－对外投资）	0.532 4	0.559 4	0.491 3
3. 固定资产成新率＝固定资产净值／固定资产原值	0.430 7	0.410 7	0.428 4
4. 存货流动资产比率＝存货／（流动资产－短期投资）	0.449 1	0.423 5	0.318 6
5. 两项资金占流动资产比率＝（库存商品＋应收账款）/（流动资产－短期投资）	0.579 9	0.647 6	0.714 1
6. 对外投资占资产比率＝年末对外投资总额／年末资产总额	0.028 8	0.033 8	0.041 9
7. 在建工程结构性比率＝年末在建工程总额/（总资产－流动资产－长期投资）	0.139 2	0.072 8	0.035 8
8. 无形资产比率＝年末无形资产／（总资产－流动资产－长期投资）	0.205 3	0.247 0	0.237 4
9. 流动资产周转率＝营业收入／平均流动资产总额－平均短期投资总额	2.828 8	3.692 1	4.854 2
10. 存货周转率＝年销售成本／平均存货	5.435 7	6.863 4	12.901 6
11. 应收账款周转率＝营业收入／平均应收账款余额	11.026 6	10.639 7	10.130 5
12. 固定资产周转率＝营业收入／平均固定资产净额	4.087 9	6.392 8	5.903 9
13. 总资产周转率＝营业收入/（平均资产总额－平均对外投资总额）	1.506 2	2.065 2	2.384 9
14. 总资产息税前收益率＝（利润总额＋利息支出）/平均资产总额	0.026 8	0.066 9	-0.044 2
15. 对外投资收益率＝投资收益／平均对外投资总额	0.054 1	0.045 2	-0.124 7
16. 营业业务利润率＝营业利润／营业收入	-0.014 2	-0.016 8	-0.035 8
17. 经营资产经营活动现金流量＝经营活动现金净流量/（平均资产总额－平均对外投资总额）	0.202 4	-0.001 0	-0.122 2
18. 流动比率＝流动资产／流动负债	0.443 4	0.495 7	0.396 0
19. 速动比率＝速动资产／流动负债	0.244 2	0.286 6	0.270 3
20. 经营现金流负债比＝经营活动现金净流量／平均流动负债	0.168 6	-0.000 9	-0.098 1
21. 资产负债率＝负债总额／资产总额	1.179 8	1.139 9	1.222 8

家电行业上市公司

序号	股票代码	公司简称	良好资产比率	流动资产率	固定资产成新率	非存货流动资产比率	非两项资金占流动资产比率	非对外投资占资产比率	非在建工程结构性资产比率	无形资产比率	流动资产周转率	存货周转率
1	600057	ST夏新	0.9635	0.8001	0.6299	0.5708	0.5455	0.9932	0.9428	0.2186	1.6115	3.0185
2	600060	海信电器	0.9587	0.7466	0.6609	0.5670	0.5330	0.9878	0.9665	0.1393	2.9771	5.8154
3	600083	成都博讯	0.6118	0.8001	0.5829	0.7104	0.4302	0.8074	0.9893	0.1922	1.4242	4.5065
4	600203	福日电子	0.9401	0.7361	0.6885	0.9402	0.8386	0.8322	0.9517	0.3245	1.7733	28.8148
5	600261	浙江阳光	0.9792	0.7298	0.7095	0.8296	0.6672	0.9908	0.9170	0.0700	1.3516	6.6928
6	600336	澳柯玛	0.9409	0.7240	0.7317	0.7974	0.6066	0.9873	0.9930	0.3339	0.5169	2.1639
7	600637	上海广电	0.9204	0.7388	0.7684	0.8426	0.4656	0.7000	0.9982	0.0982	1.3226	7.8275
8	600690	青岛海尔	0.9204	0.7333	0.5920	0.7586	0.6158	0.8983	0.9333	0.0419	3.5141	12.5118
9	600724	宁波富达	0.9862	0.6231	0.6911	0.4303	0.8049	0.9391	0.9421	0.0431	1.1533	1.6263
10	600747	大显股份	0.8979	0.7735	0.5675	0.5845	0.7955	0.8383	0.9571	0.0236	0.4107	0.8232
11	600839	四川长虹	0.8183	0.7266	0.6314	0.5643	0.2931	0.9645	0.9621	0.3818	1.6153	3.1321
12	600870	ST厦华	0.9540	0.8539	0.5094	0.5803	0.3433	0.9990	0.9770	0.2198	2.4415	5.3147
13	600983	合肥三洋	0.9828	0.7512	0.4355	0.7919	0.7512	0.9977	0.8425	0.1069	0.9525	2.6215
14	000016	深康佳A	0.9364	0.8751	0.5177	0.5525	0.5855	0.9783	0.9713	0.0357	1.4855	2.7597
15	000020	ST华发	0.8272	0.3701	0.5691	0.7477	0.1752	0.9976	0.9993	0.0000	1.1617	4.4820
16	000100	TCL集团	0.9135	0.7992	0.3927	0.6542	0.4884	0.9588	0.9902	0.0910	2.7843	6.8411
17	000418	小天鹅	0.8142	0.7449	0.5345	0.6386	0.3916	0.9126	0.9704	0.2307	1.7307	3.7710
18	000527	美菱股份	0.9847	0.4802	0.5751	0.6940	0.5889	0.9758	0.9862	0.5928	2.4835	6.8177
19	000533	美的电器	0.9815	0.6671	0.6874	0.4673	0.5343	0.9869	0.9728	0.1380	2.4586	3.7813
20	000541	万家乐	0.8146	0.7618	0.4843	0.7083	0.5228	0.9673	0.9462	0.2477	1.1182	2.9327
21	000541	佛山照明	0.9926	0.5789	0.5136	0.8416	0.8581	0.9124	0.7830	0.0913	0.8756	4.1481
22	000561	*ST长岭	0.5046	0.5001	0.4803	0.4472	0.1050	0.9700	0.9975	0.1781	1.0253	1.8602
23	000651	格力电器	0.9794	0.8167	0.6738	0.5886	0.5929	0.9752	0.9343	0.0344	1.8686	3.7178
24	000801	四川湖山	0.9917	0.7368	0.7986	0.7229	0.6632	0.7273	1.0000	0.1023	4.6833	16.0094
25	000921	ST科龙	0.7533	0.5324	0.4307	0.5509	0.4201	0.9712	0.8608	0.2053	2.8288	5.4357

2006 年指标数值

应收账款周转率	固定资产周转率	总资产周转率	总资产息税前收益率	对外投资收益率	营业务利润率	经营资产经营活动现金净流量	流动比率	速动比率	经营现金流动负债比	1－资产负债率
7.034 9	8.502 4	1.289 4	0.028 5	0.225 3	0.001 7	0.038 8	0.960 5	0.547 9	0.046 5	0.170 1
23.771 5	11.071 5	2.222 8	0.038 3	(0.046 1)	0.016 8	0.034 7	1.788 5	1.013 3	0.083 2	0.953 8
2.962 1	1.705 1	1.139 5	(0.290 2)	(0.006 2)	(0.118 7)	0.139 3	0.703 3	0.499 0	0.122 5	0.081 5
13.331 1	7.745 6	1.305 2	0.029 8	0.218 6	(0.031 0)	(0.007 9)	0.803 8	0.755 5	(0.008 6)	0.232 4
5.177 2	4.189 1	0.986 5	0.100 8	0.169 9	0.098 2	0.027 6	1.606 0	1.333 2	0.060 6	0.537 0
1.934 6	2.130 6	0.374 2	0.024 6	4.302 0	(0.179 6)	(0.135 6)	1.113 9	0.886 5	(0.208 5)	0.357 5
2.904 6	4.031 9	0.977 1	0.006 5	0.051 9	(0.059 8)	0.051 9	0.947 1	0.797 6	0.064 4	0.435 8
13.604 7	10.752 7	2.577 1	0.055 9	(0.128 3)	0.030 6	0.161 6	2.650 3	2.010 4	0.583 9	0.746 7
6.735 0	2.144 3	0.718 5	0.073 2	0.026 0	0.060 5	0.093 6	1.003 0	0.431 0	0.150 5	0.396 1
2.994 3	1.355 2	0.317 6	0.024 3	0.132 9	(0.080 7)	0.003 6	1.213 4	0.767 4	0.004 9	0.388 2
4.238 5	7.233 2	1.173 6	0.032 4	0.135 8	0.016 8	0.024 1	1.637 4	0.943 5	0.052 8	0.557 8
7.097 6	18.648 6	2.084 8	(0.097 7)	0.644 7	(0.064 0)	0.079 0	0.929 4	0.536 1	0.086 0	0.084 9
10.040 6	3.674 8	0.715 5	0.091 7	(0.105 2)	0.128 4	0.112 9	3.246 1	2.570 5	0.488 0	0.757 4
11.464 1	9.915 5	1.299 9	0.012 1	0.006 2	0.009 3	0.018 5	1.335 6	0.730 6	0.028 3	0.356 2
1.585 6	0.677 3	0.429 7	(0.038 2)	0.000 0	(0.121 6)	0.071 0	0.912 3	0.682 1	0.175 1	0.595 3
9.277 9	18.912 5	2.225 3	(0.148 9)	(0.142 8)	(0.059 8)	0.053 9	0.977 0	0.636 8	0.065 8	0.203 1
4.812 1	6.977 1	1.289 2	0.021 3	0.140 5	(0.000 5)	0.081 0	1.068 3	0.675 9	0.116 1	0.363 4
10.108 6	5.568 1	1.192 5	0.020 3	0.012 9	0.003 5	0.005 8	0.771 4	0.531 8	0.009 4	0.376 7
20.490 4	6.069 8	1.640 1	0.073 4	0.072 5	0.041 0	0.091 1	1.031 8	0.482 1	0.140 9	0.361 6
3.145 4	4.250 9	0.851 8	0.050 7	0.611 5	0.014 3	0.028 8	0.877 2	0.621 1	0.033 2	0.129 2
9.651 0	1.724 0	0.506 9	0.108 2	0.337 6	0.167 1	0.154 4	5.619 7	4.782 5	1.408 9	0.899 9
1.651 9	1.130 0	0.512 8	0.077 4	(0.023 4)	0.136 5	(0.014 7)	0.249 8	0.111 7	(0.007 3)	(0.950 9)
23.813 3	9.185 3	1.526 1	0.050 5	0.053 6	0.032 0	0.112 4	0.992 5	0.580 8	0.136 6	0.196 7
15.749 8	14.528 6	3.450 6	0.032 9	0.010 4	0.005 8	-0.057 0	1.148 1	0.823 6	-0.088 8	0.476 8
11.026 6	4.087 9	1.506 2	0.026 8	0.054 1	(0.014 2)	0.202 4	0.443 4	0.244 2	0.168 6	(0.179 8)

家电行业上市公司

序号	股票代码	公司简称	良好资产比率	流动资产比率	固定资产成新率	非存货流动资产比率	非两项资金占流动资产比率	非对外投资占资产比率	非在建工程结构性资产比率	无形资产比率	流动资产周转率	存货周转率
1	600057	ST夏新	0.9720	0.7187	0.5394	0.3816	0.4135	0.9903	0.9216	0.2497	1.6020	2.3476
2	600060	海信电器	0.8156	0.8126	0.5845	0.5846	0.5533	0.9933	0.9950	0.0858	2.9075	0.5928
3	600083	成都博讯	0.6601	0.4736	0.5957	0.0685	0.4952	0.4273	0.9949	0.2827	2.2517	2.7021
4	600203	福日电子	0.9221	0.7417	0.5015	0.9518	0.7637	0.8161	0.9822	0.3154	1.6782	33.8885
5	600261	浙江阳光	0.9763	0.7300	0.6704	0.8020	0.5906	0.9400	0.8799	0.0664	1.3410	5.7431
6	600336	澳柯玛	0.8091	0.5390	0.6820	0.6893	0.3793	0.9701	0.9994	0.6147	1.1924	3.0837
7	600637	上海广电	0.9167	0.6357	0.5694	0.8121	0.4727	0.7465	0.9981	0.0592	1.4216	6.9308
8	600690	青岛海尔	0.9937	0.7359	0.5615	0.6218	0.6866	0.9462	0.9324	0.0524	3.7825	8.1003
9	600724	宁波富达	0.9870	0.6313	0.6456	0.5183	0.7943	0.9382	0.9242	0.0287	1.0544	1.7856
10	600747	大显股份	0.9454	0.6266	0.5243	0.5864	0.7750	0.9451	0.9906	0.0279	0.5468	0.9125
11	600839	四川长虹	0.8655	0.7288	0.6221	0.5618	0.4561	0.9286	0.9790	0.4070	1.4771	2.8453
12	600870	ST厦华	0.9283	0.8532	0.4413	0.5816	0.4395	0.9915	0.9731	0.2025	2.4303	5.3310
13	600983	合肥三洋	0.9555	0.7688	0.4012	0.7555	0.7469	0.9978	0.7965	0.1625	1.0721	2.4824
14	000016	深康佳A	0.9454	0.8320	0.5010	0.5794	0.5819	0.9940	0.9600	0.0308	1.5860	3.0381
15	000020	ST华发	0.9387	0.3522	0.5704	0.7140	0.3546	0.9976	0.9958	0.0264	1.4561	4.3037
16	000100	TCL集团	0.9499	0.8019	0.5405	0.6687	0.5524	0.9757	0.9897	0.0810	2.4166	6.0900
17	000418	小天鹅	0.9030	0.7496	0.4992	0.7266	0.5822	0.9305	0.9614	0.2196	1.8945	5.5487
18	000521	美菱股份	0.9754	0.5627	0.5064	0.5848	0.5716	0.9814	0.9447	0.4800	2.4051	4.9695
19	000527	美的电器	0.9867	0.7176	0.6621	0.4456	0.4587	0.9903	0.9716	0.1390	2.7040	3.9694
20	000533	万家乐	0.8186	0.8188	0.3704	0.6838	0.4071	0.9628	0.9931	0.1411	1.5258	3.5486
21	000541	佛山照明	0.9928	0.5258	0.5144	0.8318	0.8007	0.9445	0.9386	0.0948	0.8878	4.1979
22	000561	ST长岭	0.4582	0.7745	0.5986	0.5620	0.1055	0.9217	0.9913	0.3080	0.9798	2.1194
23	000651	格力电器	0.9901	0.8224	0.6425	0.6514	0.6966	0.9999	0.8808	0.0961	1.8091	4.2484
24	000801	四川湖山	0.9935	0.7953	0.7497	0.4871	0.7509	0.7620	1.0000	0.0911	4.7484	8.8274
25	000921	ST科龙	0.7888	0.5594	0.4107	0.5765	0.3524	0.9662	0.9272	0.2470	3.6921	6.8634

2007 年指标数值

应收账款周转率	固定资产周转率	总资产周转率	总资产息税前收益率	对外投资收益率	营业务利润率	经营资产经营活动现金净流量	流动比率	速动比率	经营现金流动负债比	1-资产负债率
5.023 2	6.484 5	1.151 3	(0.222 8)	(0.092 9)	(0.240 1)	(0.048 8)	0.664 1	0.253 4	(0.045 1)	(0.073 3)
18.686 6	17.485 6	2.378 6	0.045 4	6.234 5	0.014 7	0.148 6	1.554 3	0.908 7	0.052 9	0.468 7
6.303 0	26.244 1	1.066 4	0.469 8	0.232 3	(0.139 0)	0.131 8	0.297 6	0.020 4	0.082 8	0.315 6
7.907 5	19.765 7	1.244 8	(0.046 7)	0.002 9	(0.079 2)	0.020 6	0.722 5	0.687 7	0.020 1	0.159 2
3.859 8	4.817 7	0.978 9	0.088 9	0.167 9	0.089 0	0.071 7	1.835 9	1.475 4	0.178 8	0.529 8
2.979 6	3.381 0	0.642 7	(0.210 3)	(0.002 0)	(0.338 9)	(0.053 4)	0.653 7	0.450 8	(0.064 7)	0.171 8
3.165 9	10.703 8	0.903 8	0.026 4	0.190 5	0.009 6	0.040 9	0.909 0	0.738 6	0.058 4	0.463 8
48.359 0	12.411 0	2.783 4	0.081 0	0.107 8	0.030 5	0.120 8	1.926 9	1.198 1	0.316 3	0.630 6
5.578 1	2.204 9	0.665 6	0.069 2	0.038 8	0.056 4	0.053 9	1.090 3	0.565 1	0.093 1	0.444 9
4.500 7	1.622 6	0.342 6	0.091 4	0.793 8	0.186 4	0.157 6	1.151 9	0.675 5	0.289 7	0.484 5
4.950 4	8.306 2	1.076 5	0.027 3	0.146 1	0.018 5	(0.019 4)	1.330 6	0.751 2	(0.035 2)	0.466 5
8.321 5	18.720 9	2.073 5	(0.082 6)	0.234 9	(0.065 8)	0.045 7	0.832 7	0.484 3	0.044 6	(0.031 8)
13.704 4	4.787 0	0.824 2	0.101 3	3.556 4	0.117 4	0.054 9	3.181 8	2.403 8	0.227 2	0.748 0
9.950 3	9.361 3	1.319 6	0.029 3	0.154 8	0.020 3	0.032 7	1.405 7	0.814 5	0.055 2	0.408 1
2.920 6	1.026 7	0.512 8	0.078 6	0.035 6	0.006 6	0.039 4	1.007 2	0.719 2	0.112 7	0.651 2
9.613 2	13.296 6	1.937 9	0.040 7	0.250 4	0.004 9	(0.014 1)	1.220 9	0.816 4	(0.021 4)	0.273 5
7.372 5	9.206 5	1.420 1	0.121 2	1.083 3	0.085 3	0.105 9	1.291 7	0.938 5	0.182 5	0.454 1
15.907 5	13.112 4	1.353 2	0.015 3	0.663 6	0.003 9	0.059 0	0.823 9	0.481 8	0.086 4	0.316 6
21.287 1	10.321 9	1.940 5	0.112 3	1.075 0	0.054 5	0.095 2	1.068 5	0.483 3	0.140 0	0.326 5
3.435 4	10.099 3	1.249 3	0.102 5	0.319 3	0.054 2	0.010 0	1.056 4	0.722 4	0.012 9	0.226 7
6.586 8	1.921 8	0.466 8	0.147 8	1.750 2	0.331 2	0.016 1	6.583 2	5.542 4	0.190 0	0.889 6
1.630 5	3.536 7	0.758 9	(1.054 9)	0.003 7	(0.164 2)	0.017 1	0.318 9	0.179 2	0.007 1	(2.331 3)
39.202 3	13.924 5	1.487 9	0.056 0	(0.496 1)	0.036 2	0.109 3	1.067 3	0.695 2	0.141 9	0.229 4
22.177 3	20.807 7	3.776 5	0.085 7	0.087 3	0.012 7	0.064 5	1.094 9	0.533 3	0.088 8	0.421 7
10.639 7	6.392 8	2.065 2	0.066 9	0.045 2	-0.016 8	-0.001 0	0.495 7	0.286 6	-0.000 9	(0.139 9)

家电行业上市公司

序号	股票代码	公司简称	良好资产比率	流动资产率	固定资产成新率	非存货流动资产比率	非两项资金占流动资产比率	非对外投资占资产比率	非在建工程结构性资产比率	无形资产比率	流动资产周转率	存货周转率
1	600057	ST夏新	0.8817	0.5808	0.4702	0.1444	0.6820	0.9856	0.8825	0.2744	1.8521	2.0499
2	600060	海信电器	0.9643	0.8071	0.6053	0.7348	0.8703	0.9979	0.9602	0.0819	0.2744	8.7294
3	600083	成都博讯	0.6793	0.5965	0.5396	1.0000	0.9693	0.9942	0.9020	0.2998	0.0920	#DIV/0!
4	600203	福日电子	0.9167	0.7301	0.4829	0.9469	0.8057	0.7872	0.9899	0.2988	1.7485	32.3417
5	600261	浙江阳光	0.9733	0.7885	0.6900	0.7787	0.5924	0.9351	0.8298	0.0929	1.4929	5.6910
6	600336	澳柯玛	0.7857	0.4942	0.6504	0.6774	0.2031	0.9599	0.9990	0.6097	2.0374	5.0839
7	600637	上海广电	0.8301	0.6428	0.5124	0.7507	0.0394	0.6835	0.9996	0.0173	1.9915	7.4670
8	600690	青岛海尔	0.9904	0.7266	0.5389	0.7600	0.7315	0.8848	0.9310	0.0456	3.8671	12.3848
9	600724	宁波富达	0.9865	0.5762	0.5908	0.5199	0.7792	0.9358	0.7734	0.0575	1.0794	1.7757
10	600747	大显股份	0.8707	0.6895	0.4793	0.4887	0.7446	0.8528	0.9846	0.0417	0.3859	0.6841
11	600839	四川长虹	0.8925	0.6040	0.6144	0.6305	0.5162	0.9791	0.6742	0.2467	1.6441	3.6719
12	600870	ST夏华	0.1513	0.8265	0.3193	0.3849	(0.0132)	0.9770	0.9741	0.2811	3.1627	4.6953
13	600983	合肥三洋	0.9689	0.7647	0.4606	0.6242	0.6296	0.9985	0.7314	0.1020	1.2585	2.0056
14	000016	深康佳A	0.9449	0.8509	0.5004	0.6716	0.6238	0.9978	0.9825	0.0442	1.3669	3.3705
15	000020	ST华发	0.9458	0.4423	0.5554	0.7173	0.3356	1.0000	0.9935	0.0251	0.9587	2.7786
16	000100	TCL集团	0.9599	0.8053	0.5327	0.7320	0.6534	0.9705	0.9747	0.1542	2.1191	6.6642
17	000418	小天鹅	0.8940	0.7456	0.4934	0.6763	0.5078	0.9332	0.9819	0.1922	1.8476	4.6474
18	000521	美菱股份	0.9737	0.4500	0.6957	0.6147	0.5337	0.9901	0.9674	0.3137	2.8704	5.7702
19	000527	美的电器	0.9681	0.5960	0.6342	0.6207	0.4701	0.9893	0.9318	0.1278	3.2867	7.0048
20	000533	万家乐	0.8269	0.8426	0.3514	0.7003	0.4045	0.9651	0.9912	0.1183	1.2354	3.0494
21	000541	佛山照明	0.9977	0.5955	0.4733	0.8154	0.7810	0.9311	0.8810	0.1797	1.0952	4.7405
22	000561	ST长岭	0.7083	0.6957	0.5571	0.4861	0.3446	0.9762	0.9986	0.2587	0.3581	0.6791
23	000651	格力电器	0.9935	0.7558	0.7050	0.7905	0.8129	0.9999	0.9643	0.0598	1.8057	6.9161
24	000801	四川湖山	0.9877	0.8500	0.7014	0.4175	0.4485	0.8366	1.0000	0.0644	0.2898	4.7360
25	000921	ST科龙	0.7662	0.4913	0.4284	0.6814	0.2859	0.9581	0.9642	0.2374	4.8542	12.9016

2008 年指标数值

应收账款周转率	固定资产周转率	总资产周转率	总资产息税前收益率	对外投资收益率	营业业务利润率	经营资产经营活动现金净流量	流动比率	速动比率	经营现金流动负债比	1-资产负债率
66.346 3	3.991 1	1.075 6	(0.416 5)	0.057 4	(0.492 2)	(0.255 0)	0.344 5	0.049 8	(0.151 2)	(0.663 9)
2.356 5	1.385 6	0.221 5	0.045 6	0.036 5	0.157 0	0.036 8	1.737 8	1.277 0	0.079 3	0.520 2
2.994 7	2.320 3	0.054 9	0.017 9	20.682 7	0.364 8	(0.304 3)	1.166 9	1.166 9	(0.595 3)	0.485 4
10.370 6	18.040 4	1.276 6	0.040 4	0.344 2	0.000 7	0.017 2	0.696 8	0.659 7	0.016 4	0.171 8
4.642 1	4.170 7	1.177 1	0.087 9	0.012 1	0.061 7	0.082 8	1.593 2	1.242 1	0.166 6	0.490 0
3.537 3	4.905 9	1.006 8	0.009 6	1.122 8	(0.003 5)	0.026 5	0.612 0	0.414 7	0.032 8	0.218 0
2.403 1	10.893 6	1.280 1	(0.220 6)	0.023 8	(0.291 2)	(0.017 1)	0.652 9	0.490 1	(0.017 4)	0.324 8
36.356 3	12.318 1	2.809 9	0.095 0	0.107 2	0.038 4	0.121 8	1.769 2	1.344 5	0.296 5	0.629 7
5.302 2	2.275 1	0.621 9	0.070 9	0.025 1	0.065 1	0.080 3	1.107 9	0.576 0	0.154 4	0.480 2
2.595 4	1.060 7	0.266 1	(0.108 0)	0.020 9	(0.645 6)	(0.096 6)	1.026 9	0.501 8	(0.143 9)	0.942 5
5.526 6	7.806 4	0.993 1	0.019 0	0.194 8	0.010 4	0.126 8	1.147 2	0.725 7	0.239 4	0.439 4
4.657 6	20.626 5	2.613 8	(0.624 5)	0.019 6	(0.286 9)	0.099 0	0.459 2	0.176 7	0.055 0	(0.793 7)
14.457 4	5.896 4	0.962 4	0.119 4	0.005 3	0.121 2	0.072 3	1.832 7	1.143 9	0.173 2	0.575 9
8.003 3	9.024 5	1.163 0	0.036 3	(0.161 2)	0.021 8	0.034 6	1.379 3	0.926 4	0.056 0	0.380 3
1.752 3	0.969 0	0.424 0	0.025 9	#DIV/0!	0.008 0	(0.041 7)	0.995 3	0.714 0	(0.093 8)	0.554 8
10.949 6	13.413 3	1.706 6	0.041 9	0.636 0	0.012 9	0.022 4	1.095 3	0.803 8	0.030 3	0.267 8
6.673 8	8.540 4	1.377 6	0.020 4	0.282 0	0.009 8	(0.043 2)	1.430 6	0.967 5	(0.083 0)	0.507 8
14.220 7	6.374 1	1.291 8	0.016 7	0.076 6	0.005 0	0.056 6	0.665 3	0.409 0	0.083 6	0.317 7
13.650 4	9.017 8	1.958 9	0.087 7	0.155 8	0.038 1	0.162 2	0.860 8	0.534 3	0.234 3	0.311 9
2.888 6	9.576 7	1.041 0	0.066 8	0.151 4	0.023 8	0.042 9	1.075 4	0.753 2	0.054 8	0.235 9
7.886 3	2.318 8	0.655 2	0.097 0	0.846 0	0.158 1	0.047 9	7.961 9	6.492 3	0.640 1	0.930 2
1.164 6	1.072 2	0.249 1	2.568 9	0.120 5	(0.277 2)	0.225 3	0.564 1	0.274 2	0.182 7	(0.243 4)
66.067 3	9.714 6	1.364 8	0.078 4	4.830 1	0.055 7	0.012 0	1.009 0	0.797 6	0.016 0	0.250 9
1.021 7	1.905 3	0.246 3	0.030 7	0.071 0	0.104 6	-0.025 4	1.007 5	0.420 6	-0.030 1	0.294 1
10.130 5	5.903 9	2.384 7	-0.044 2	-0.124 7	-0.035 8	-0.122 2	0.396 0	0.270 3	-0.098 1	(0.222 8)

附表2　2006年统计资料

一、资产存在性分析

主成分分析各主成分特征值与累计贡献率（2006年）

主成分因子序号	初始特征值			分析所选主成分因子			旋转后主成分因子		
	特征值	特征值占方差百分数（%）	特征值占方差百分数累加值（%）	特征值	特征值占方差百分数（%）	特征值占方差百分数累加值（%）	特征值	特征值占方差百分数（%）	特征值占方差百分数累加值（%）
1	2.381	29.761	29.761	2.381	29.761	29.761	2.081	26.015	26.015
2	1.379	17.237	46.998	1.379	17.237	46.998	1.403	17.532	43.547
3	1.173	14.658	61.656	1.173	14.658	61.656	1.185	14.809	58.356
4	1.011	12.640	74.297	1.011	12.640	74.297	1.132	14.153	72.509
5	0.953	11.916	86.213	0.953	11.916	86.213	1.096	13.703	86.213
6	0.571	7.138	93.351						
7	0.377	4.713	98.064						
8	0.155	1.936	100.000						

主成分分析因子载荷矩阵（2006年）

	主成分因子序号				
	1	2	3	4	5
良好资产比率	0.758	−0.132	−0.148	0.306	0.243
流动资产率	0.377	0.397	−0.582	0.135	0.358
固定资产成新率	0.365	−0.229	0.133	−0.692	0.519
非存货流动资产比率	0.575	0.288	0.634	−0.162	0.017
非两项资金占流动资产比率	0.888	−0.027	−0.021	0.249	−0.099
非对外投资资产比率	−0.245	−0.849	−0.140	0.122	0.316
非在建工程结构性资产比率	−0.526	0.589	−0.127	−0.048	0.440
无形资产比率	−0.274	0.024	0.597	0.561	0.440

旋转后因子载荷矩阵（2006年）

	主成分因子序号				
	1	2	3	4	5
良好资产比率	0.799	−0.042	0.318	0.143	0.072
流动资产率	0.238	0.058	0.841	0.011	−0.132
固定资产成新率	0.078	−0.017	0.024	0.967	−0.099
非存货流动资产比率	0.346	0.708	−0.181	0.373	0.221
非两项资金占流动资产比率	0.885	0.240	0.117	0.029	−0.083
非对外投资资产比率	0.062	−0.907	−0.193	0.171	0.151
非在建工程结构性资产比率	−0.685	0.121	0.536	−0.015	0.254
无形资产比率	−0.070	−0.034	−0.073	−0.087	0.960

因子得分矩阵(2006 年)

	主成分因子序号				
	1	2	3	4	5
良好资产比率	0.403	−0.149	0.264	0.021	0.168
流动资产率	0.078	−0.065	0.708	0.000	−0.039
固定资产成新率	−0.124	−0.054	0.052	0.897	−0.054
非存货流动资产比率	0.081	0.498	−0.212	0.270	0.219
非两项资金占流动资产比率	0.434	0.082	0.039	−0.123	0.005
非对外投资资产比率	0.114	−0.675	−0.057	0.179	0.158
非在建工程结构性资产比率	−0.373	0.096	0.498	0.124	0.216
无形资产比率	0.067	−0.030	0.013	−0.042	0.886

资产存在性得分表(2006 年)

单位	F_1	F_2	F_3	F_4	F_5	F
ST 夏新	0.423 3	−0.992 2	0.714 1	−0.228 5	0.348 4	7.224 2
海信电器	0.127 7	−0.875 2	0.621 3	−0.139 0	−0.077 1	−4.852 8
成都博讯	−1.493 1	1.473 1	0.273 8	−0.244 2	−0.237 2	−20.944 7
福日电子	0.949 5	1.826 8	−0.016 3	0.007 4	1.361 4	75.823 5
浙江阳光	0.347 4	−0.230 2	−0.029 4	4.637 0	−0.525 8	58.286 2
澳柯玛	0.259 0	0.044 0	0.378 0	0.320 8	1.647 3	37.692 9
上海广电	−0.583 5	2.498 1	0.571 7	0.003 2	−0.343 7	30.018 1
青岛海尔	0.364 6	0.595 9	−0.083 0	−0.099 3	−0.745 4	9.768 8
宁波富达	0.724 2	−0.867 9	0.039 5	−0.689 7	−1.030 8	−13.830 9
大显股份	0.360 2	0.563 4	0.668 7	−0.647 4	−1.199 3	7.759 2
ST 厦华	−0.254 4	−0.967 5	1.263 8	−0.092 4	0.474 8	−1.235 1
合肥三洋	1.723 5	−0.273 9	−0.790 6	−0.238 5	−0.364 3	27.628 2
深康佳 A	0.160 6	−0.833 7	1.377 8	−0.280 3	−0.835 6	−2.894 5
ST 华发	−1.512 5	0.013 3	−1.885 4	0.504 7	−0.601 8	−73.210 3
TCL 集团	−0.239 6	−0.250 1	0.906 2	−0.119 2	−0.276 0	−2.953 2
小天鹅	−0.694 1	0.096 3	0.250 8	−0.195 7	0.311 9	−14.078 5
美菱股份	0.322 5	−0.240 6	−0.802 4	−0.095 1	3.255 1	31.273 5
美的电器	0.047 5	−1.209 7	0.432 6	−0.303 6	−0.167 3	−18.931 0
万家乐	−0.089 5	−0.082 1	0.001 5	−0.120 7	0.539 0	0.842 2
佛山照明	2.204 6	0.605 0	−2.310 1	−0.466 5	−0.719 4	27.707 6
ST 长岭	−2.754 7	−0.617 7	−1.364 8	−0.285 1	−0.471 5	−121.858 3
格力电器	0.543 6	−0.767 8	0.742 2	−0.191 0	−0.871 0	1.029 7
四川湖山	−0.003 9	1.856 9	0.910 9	−0.270 3	−0.370 1	37.415 1
ST 科龙	−0.169 0	−0.683 9	−2.026 9	−0.595 8	−0.342 3	−58.138 3

其中：$F = 29.761 \times F_1 + 17.237 \times F_2 + 14.658 \times F_3 + 12.640 \times F_4 + 11.916 \times F_5$

二、资产有效性分析

主成分分析各主成分特征值与累计贡献率（2006 年）

主成分因子序号	初始特征值			分析所选主成分因子			旋转后主成分因子		
	特征值	特征值占方差百分数（%）	特征值占方差百分数累加值（%）	特征值	特征值占方差百分数（%）	特征值占方差百分数累加值（%）	特征值	特征值占方差百分数（%）	特征值占方差百分数累加值（%）
1	3.370	67.406	67.406	3.370	67.406	67.406	2.961	59.210	59.210
2	0.753	15.069	82.475	0.753	15.069	82.475	1.163	23.264	82.475
3	0.581	11.627	94.102						
4	0.272	5.449	99.551						
5	0.022	0.449	100.000						

主成分分析因子载荷矩阵（2006 年）

	主成分因子序号	
	1	2
流动资产周转率	0.938	−0.053
存货周转率	0.579	0.810
应收账款周转率	0.720	−0.186
固定资产周转率	0.836	−0.222
总资产周转率	0.969	−0.103

旋转后因子载荷矩阵（2006 年）

	主成分因子序号	
	1	2
流动资产周转率	0.882	0.322
存货周转率	0.211	0.973
应收账款周转率	0.735	0.114
固定资产周转率	0.856	0.127
总资产周转率	0.930	0.289

因子得分矩阵（2006 年）

	主成分因子序号	
	1	2
流动资产周转率	0.283	0.045
存货周转率	−0.268	1.055
应收账款周转率	0.294	−0.142
固定资产周转率	0.345	−0.173
总资产周转率	0.318	−0.011

资产有效性得分表

单位	F_1	F_2	F
ST 夏新	0.107 6	− 0.550 0	− 1.031 6
海信电器	1.680 4	− 0.444 5	106.571 9
成都博讯	− 0.714 5	0.029 1	− 47.720 6
福日电子	− 0.791 5	4.009 0	7.057 1
浙江阳光	− 0.634 1	0.291 9	− 38.345 7
澳柯玛	− 1.204 3	− 0.416 2	− 87.447 8
上海广电	− 0.810 5	0.550 3	− 46.337 2
青岛海尔	1.199 6	1.015 5	96.160 3
宁波富达	− 0.638 4	− 0.593 8	− 51.977 9
大显股份	− 1.201 5	− 0.659 4	− 90.922 2
四川长虹	− 0.155 1	− 0.424 4	− 16.852 3
ST 厦华	1.255 7	− 0.451 3	77.841 2
合肥三洋	− 0.492 2	− 0.545 9	− 41.401 2
深康佳 A	0.380 6	− 0.745 9	14.418 1
ST 华发	− 1.216 7	0.087 6	− 80.694 0
TCL 集团	1.457 5	− 0.217 9	94.959 5
小天鹅	− 0.094 5	− 0.309 2	− 11.032 2
美菱股份	0.081 9	0.209 9	8.682 0
美的电器	0.899 4	− 0.588 1	51.765 2
万家乐	− 0.671 5	− 0.354 4	− 50.602 0
佛山照明	− 0.819 8	− 0.196 4	− 58.219 6
ST 长岭	− 1.067 0	− 0.410 3	− 78.107 3
格力电器	1.043 7	− 0.801 2	58.278 0
四川湖山	2.088 0	1.514 6	163.568 1
ST 科龙	0.317 1	0.001 0	21.391 2

其中：$F = 67.406 \times F_1 + 15.069 \times F_2$

三、资产收益性分析

主成分分析各主成分特征值与累计贡献率（2006年）

主成分因子序号	初始特征值			分析所选主成分因子			旋转后主成分因子		
	特征值	特征值占方差百分数（%）	特征值占方差百分数累加值（%）	特征值	特征值占方差百分数（%）	特征值占方差百分数累加值（%）	特征值	特征值占方差百分数（%）	特征值占方差百分数累加值（%）
1	1.968	49.207	49.207	1.968	49.207	49.207	1.720	43.000	43.000
2	1.393	34.831	84.038	1.393	34.831	84.038	1.642	41.039	84.038
3	0.453	11.319	95.357						
4	0.186	4.643	100.000						

主成分分析因子载荷矩阵（2006年）

	主成分因子序号	
	1	2
总资产息税前收益率	0.490	0.825
对外投资收益率	−0.748	0.467
营业业务利润率	0.876	0.371
经营资产经营活动现金净流量	0.634	−0.598

旋转后因子载荷矩阵（2006年）

	主成分因子序号	
	1	2
总资产息税前收益率	−0.173	0.943
对外投资收益率	−0.870	−0.140
营业业务利润率	0.416	0.855
经营资产经营活动现金净流量	0.871	−0.034

因子得分矩阵（2006年）

	主成分因子序号	
	1	2
总资产息税前收益率	−0.202	0.610
对外投资收益率	−0.507	0.003
营业业务利润率	0.161	0.493
经营资产经营活动现金净流量	0.525	−0.112

资产收益性得分表(2006 年)

单位	F_1	F_2	F
ST 夏新	− 0.117 2	0.114 9	− 1.768 3
海信电器	0.019 2	0.281 2	10.740 8
成都博讯	1.258 4	− 3.044 0	− 44.104 3
福日电子	− 0.516 0	− 0.001 3	− 25.435 5
浙江阳光	− 0.146 9	1.229 9	35.608 5
澳柯玛	− 4.111 8	− 0.724 4	− 227.560 5
上海广电	0.010 2	− 0.433 4	− 14.591 0
青岛海尔	0.964 6	0.295 9	57.772 1
宁波富达	0.402 4	0.704 3	44.332 4
大显股份	− 0.467 4	− 0.357 8	− 35.461 0
四川长虹	− 0.149 9	0.255 8	1.536 5
ST 厦华	0.094 7	− 1.243 4	− 38.648 0
合肥三洋	0.708 2	1.215 3	77.180 2
深康佳 A	− 0.080 7	0.073 6	− 1.404 6
ST 华发	0.162 5	− 1.154 5	− 32.216 9
TCL 集团	0.506 5	− 1.548 6	− 29.017 6
小天鹅	0.248 5	− 0.014 7	11.715 1
美菱股份	− 0.206 6	0.116 8	− 6.097 6
美的电器	0.319 1	0.592 2	36.329 4
万家乐	− 0.443 8	0.366 1	− 9.087 6
佛山照明	0.783 0	1.504 4	90.927 1
ST 长岭	− 0.206 8	1.357 1	37.093 2
格力电器	0.519 8	0.341 6	37.472 9
四川湖山	− 0.681 6	0.316 8	− 22.504 3
ST 科龙	1.131 5	− 0.243 7	47.189 9

其中:$F = 49.207 \times F_1 + 34.831 \times F_2$

四、企业安全性分析

主成分分析各主成分特征值与累计贡献率(2006 年)

主成分因子序号	初始特征值			分析所选主成分因子		
	特征值	特征值占方差百分数(%)	特征值占方差百分数累加值(%)	特征值	特征值占方差百分数(%)	特征值占方差百分数累加值(%)
1	3.268	81.703	81.703	3.268	81.703	81.703
2	0.628	15.696	97.399			
3	0.093	2.334	99.733			
4	0.011	0.267	100.000			

主成分分析因子载荷矩阵(2006 年)

	主成分因子序号
	1
流动比率	0.988
速动比率	0.978
经营现金流动负债比	0.913
1-资产负债率	0.708

因子得分矩阵(2006 年)

	主成分因子序号
	1
流动比率	0.302
速动比率	0.299
经营现金流动负债比	0.279
1-资产负债率	0.217

企业安全性得分表（2006 年）

单位	F_1	F
ST 夏新	−0.432 4	−35.329 2
海信电器	0.428 0	34.964 8
成都博讯	−0.500 7	−40.910 3
福日电子	−0.424 9	−34.715 6
浙江阳光	0.218 0	17.809 6
澳柯玛	−0.408 2	−33.347 1
上海广电	−0.188 3	−15.387 1
青岛海尔	1.319 3	107.792 4
宁波富达	−0.232 6	−19.007 4
大显股份	−0.205 7	−16.803 9
四川长虹	0.108 7	8. 7 0
ST 厦华	−0.457 7	−37.393 8
合肥三洋	1.579 8	129.071 9
深康佳 A	−0.180 4	−14.740 9
ST 华发	−0.041 7	−3.403 7
TCL 集团	−0.363 2	−29.676 2
小天鹅	−0.187 5	−15.320 1
美菱股份	−0.405 0	−33.093 0
美的电器	−0.237 1	−19.375 0
万家乐	−0.468 1	−38.244 4
佛山照明	3.858 0	315.209 4
ST 长岭	−1.460 5	−119.330 5
格力电器	−0.315 6	−25.787 9
四川湖山	−0.240 7	−19.662 6
ST 科龙	−0.761 3	−62.197 2

其中：$F = 81.703 \times F_1$

五、综合分析

主成分分析各主成分特征值与累计贡献率(2006 年)

主成分因子序号	初始特征值			分析所选主成分因子			旋转后主成分因子		
	特征值	特征值占方差百分数(%)	特征值方差百分数累加值(%)	特征值	特征值占方差百分数(%)	特征值方差百分数累加值(%)	特征值	特征值占方差百分数(%)	特征值方差百分数累加值(%)
1	5.505	26.216	26.216	5.505	26.216	26.216	5.001	23.814	23.814
2	3.964	18.878	45.094	3.964	18.878	45.094	3.629	17.282	41.096
3	2.649	12.615	57.708	2.649	12.615	57.708	2.260	10.763	51.858
4	1.856	8.838	66.547	1.856	8.838	66.547	2.175	10.359	62.217
5	1.481	7.054	73.601	1.481	7.054	73.601	1.951	9.292	71.509
6	1.273	6.061	79.662	1.273	6.061	79.662	1.712	8.153	79.662
7	0.942	4.483	84.146						
8	0.835	3.977	88.122						
9	0.682	3.248	91.370						
10	0.520	2.477	93.846						
11	0.373	1.775	95.622						
12	0.304	1.446	97.068						
13	0.244	1.163	98.231						
14	0.147	0.701	98.932						
15	0.104	0.495	99.426						
16	0.069	0.327	99.753						
17	0.030	0.145	99.898						
18	0.016	0.077	99.974						
19	0.005	0.023	99.997						
20	0.001	0.003	100.000						
21	5.79E-005	0.000	100.000						

主成分分析因子载荷矩阵(2006 年)

	主成分因子序号					
	1	2	3	4	5	6
良好资产比率	0.511	0.455	0.378	0.422	-0.163	-0.003
流动资产率	-0.030	0.459	0.222	0.081	-0.562	-0.312
固定资产成新率	0.160	-0.058	0.225	0.268	0.251	-0.609
非存货流动资产比率	0.363	0.061	0.697	-0.415	0.217	0.021
非两项资金占流动资产比率	0.634	0.209	0.439	0.140	-0.017	-0.169
非对外投资资产比率	0.041	-0.302	-0.327	0.638	-0.187	0.280
非在建工程结构性资产比率	-0.849	0.219	0.170	0.005	-0.014	-0.071
无形资产比率	-0.312	-0.068	0.259	0.133	0.326	0.630
流动资产周转率	-0.058	0.861	-0.264	-0.027	0.218	0.181
存货周转率	0.054	0.593	0.347	-0.288	0.545	0.023
应收账款周转率	0.310	0.677	-0.269	0.316	0.042	0.103
固定资产周转率	-0.121	0.839	-0.115	0.114	-0.233	0.114
总资产周转率	-0.056	0.937	-0.196	-0.021	0.035	0.073
总资产息税前收益率	0.509	-0.160	0.001	0.591	0.427	-0.054
对外投资收益率	-0.178	-0.271	0.644	0.272	-0.235	0.344
营业业务利润率	0.626	-0.090	-0.455	0.275	0.364	-0.146
经营资产经营活动现金净流量	0.435	0.000	-0.639	-0.390	-0.156	-0.017
流动比率	0.927	-0.078	0.054	-0.104	-0.145	0.164
速动比率	0.916	-0.115	0.125	-0.177	-0.072	0.160
经营现金流动负债比	0.868	-0.151	-0.225	-0.301	-0.073	0.189
1 - 资产负债率	0.649	0.265	0.334	0.028	-0.241	0.054

旋转后因子载荷矩阵(2006年)

	主成分因子序号					
	1	2	3	4	5	6
良好资产比率	0.459	0.417	0.366	0.012	0.370	0.399
流动资产率	−0.042	0.250	0.075	0.034	−0.053	0.779
固定资产成新率	−0.070	−0.169	−0.064	0.165	0.690	0.210
非存货流动资产比率	0.405	−0.141	0.281	0.758	0.050	0.023
非两项资金占流动资产比率	0.554	0.103	0.189	0.255	0.413	0.314
非对外投资资产比率	0.070	−0.025	0.168	−0.808	0.115	−0.144
非在建工程结构性资产比率	−0.811	0.107	0.236	0.134	−0.207	0.129
无形资产比率	−0.161	0.080	0.594	0.027	−0.154	−0.530
流动资产周转率	−0.108	0.907	−0.139	0.167	−0.076	−0.094
存货周转率	−0.010	0.470	0.096	0.760	0.135	−0.171
应收账款周转率	0.216	0.786	−0.089	−0.153	0.200	0.060
固定资产周转率	−0.114	0.815	0.036	−0.020	−0.177	0.319
总资产周转率	−0.105	0.916	−0.130	0.170	−0.097	0.140
总资产息税前收益率	0.335	0.021	0.108	−0.227	0.753	−0.277
对外投资收益率	0.003	−0.289	0.811	−0.075	−0.100	0.103
营业业务利润率	0.425	0.104	−0.424	−0.253	0.556	−0.304
经营资产经营活动现金净流量	0.421	0.069	−0.709	−0.141	−0.254	−0.063
流动比率	0.956	−0.037	−0.071	0.010	0.070	0.036
速动比率	0.949	−0.096	−0.052	0.116	0.071	−0.011
经营现金流动负债比	0.901	−0.069	−0.340	−0.012	−0.080	−0.143
1−资产负债率	0.668	0.189	0.184	0.149	0.105	0.340

因子得分矩阵(2006年)

	主成分因子序号					
	1	2	3	4	5	6
良好资产比率	0.083	0.109	0.187	−0.078	0.128	0.172
流动资产率	−0.016	−0.004	−0.019	−0.053	−0.024	0.471
固定资产成新率	−0.143	−0.104	−0.128	0.117	0.446	0.161
非存货流动资产比率	0.086	−0.068	0.091	0.349	−0.015	−0.052
非两项资金占流动资产比率	0.074	−0.004	0.069	0.083	−0.167	0.149
非对外投资资产比率	0.047	0.067	0.166	−0.407	0.013	−0.058
非在建工程结构性资产比率	−0.157	0.015	0.047	0.052	−0.013	0.065
无形资产比率	0.050	0.118	0.343	−0.013	−0.116	−0.405
流动资产周转率	−0.013	0.268	−0.022	0.047	−0.033	−0.153
存货周转率	−0.028	0.119	0.015	0.360	0.097	−0.214
应收账款周转率	0.034	0.238	0.020	−0.120	0.073	−0.032
固定资产周转率	0.008	0.221	0.046	−0.086	−0.106	0.119
总资产周转率	−0.016	0.247	−0.036	0.031	−0.044	−0.004
总资产息税前收益率	−0.005	0.048	0.078	−0.089	0.385	−0.178
对外投资收益率	0.078	−0.040	0.391	−0.103	−0.111	0.029
营业业务利润率	0.006	0.049	−0.157	−0.068	0.284	−0.161
经营资产经营活动现金净流量	0.092	0.004	−0.280	−0.033	−0.179	0.008
流动比率	0.218	−0.004	0.033	−0.020	−0.096	0.005
速动比率	0.214	−0.023	0.032	0.038	−0.091	−0.027
经营现金流动负债比	0.210	−0.009	−0.080	0.002	−0.163	−0.083
1−资产负债率	0.153	0.035	0.109	0.006	−0.043	0.156

资产质量综合得分表(2006 年)

单 位	F_1	F_2	F_3	F_4	F_5	F_6
ST 夏新	-0.250 0	0.114 6	0.307 8	-0.854 8	0.105 9	0.388 5
海信电器	0.265 6	1.574 1	0.247 4	-0.829 8	0.167 5	0.348 3
成都博讯	-0.649 8	-1.172 9	-1.223 7	1.299 0	-2.353 9	0.693 9
福日电子	-0.148 2	0.616 7	0.937 9	2.599 0	0.738 6	-0.919 9
浙江阳光	-0.280 7	-0.886 2	-0.442 8	0.658 3	3.224 7	0.946 1
澳柯玛	-0.063 9	-1.280 9	3.763 5	-0.305 3	-0.480 1	0.463 8
上海广电	-0.371 7	-0.822 4	-0.382 6	1.870 2	-0.152 6	0.636 0
青岛海尔	1.126 1	1.266 0	-0.801 6	0.724 0	-0.387 4	-0.054 1
宁波富达	-0.088 3	-0.522 1	-0.547 8	-0.879 6	0.941 3	0.401 7
大显股份	-0.261 3	-1.409 1	-0.138 9	0.182 5	0.281 6	1.460 7
四川长虹	-0.106 8	-0.032 9	0.496 1	-0.628 8	-0.419 5	-0.639 3
ST 厦华	-0.371 6	0.951 3	0.310 7	-0.737 2	-1.342 2	0.830 9
合肥三洋	1.823 0	-0.443 5	-0.194 8	-0.477 5	0.411 5	0.167 3
深康佳 A	-0.257 9	0.145 5	-0.143 2	-0.869 2	0.194 9	1.376 2
ST 华发	-0.277 6	-1.212 6	-0.320 0	0.228 3	-0.855 6	-0.708 2
TCL 集团	-0.415 7	1.031 7	-0.276 0	-0.038 1	-1.241 4	1.061 8
小天鹅	-0.267 1	-0.171 5	-0.191 4	-0.096 3	-0.439 8	-0.126 9
合肥美菱	-0.154 4	0.698 1	1.499 1	0.006 8	0.089 4	-2.122 8
美的电器	-0.179 9	0.931 6	-0.199 8	-1.197 8	0.554 6	-0.171 1
万家乐	-0.279 7	-0.671 8	0.394 2	-0.261 9	0.058 8	-0.193 8
佛山照明	3.792 0	-0.778 0	-0.421 9	0.181 3	-0.220 1	-0.792 0
ST 长岭	-1.765 5	-1.155 9	-1.173 2	-0.828 7	0.535 7	-2.337 5
格力电器	-0.027 7	0.777 4	-0.522 1	-1.017 7	0.479 9	0.806 9
四川湖山	-0.559 6	2.159 4	0.075 1	1.804 8	0.585 5	0.095 3
ST 科龙	-0.229 2	0.293 5	-1.052 1	-0.531 5	-0.477 2	-1.611 6

其中:$F = 26.216 \times F_1 + 18.878 \times F_2 + 12.615 \times F_3 + 8.838 \times F_4 + 7.054 \times F_5 + 6.061 \times F_6$

附表 3　2007 年统计资料

一、资产存在性分析

主成分分析各主成分特征值与累计贡献率(2007 年)

主成分因子序号	初始特征值			分析所选主成分因子			旋转后主成分因子		
	特征值	特征值占方差百分数(%)	特征值占方差百分数累加值(%)	特征值	特征值占方差百分数(%)	特征值占方差百分数累加值(%)	特征值	特征值占方差百分数(%)	特征值占方差百分数累加值(%)
1	2.529	31.612	31.612	2.529	31.612	31.612	1.956	24.452	24.452
2	1.472	18.402	50.014	1.472	18.402	50.014	1.463	18.288	42.741
3	1.166	14.581	64.595	1.166	14.581	64.595	1.185	14.811	57.552
4	0.844	10.547	75.142	0.844	10.547	75.142	1.132	14.152	71.704
5	0.764	9.555	84.697	0.764	9.555	84.697	1.039	12.993	84.697
6	0.627	7.838	92.535						
7	0.455	5.689	98.224						
8	0.142	1.776	100.000						

主成分分析因子载荷矩阵(2007 年)

	主成分因子序号				
	1	2	3	4	5
良好资产比率	0.834	0.274	-0.090	0.206	0.010
流动资产率	-0.012	-0.019	0.916	-0.086	-0.194
固定资产成新率	-0.206	0.657	0.113	0.631	-0.218
非存货流动资产比率	0.571	-0.428	0.043	0.319	0.488
非两项资金占流动资产比率	0.727	0.505	-0.066	-0.074	0.073
非对外投资资产比率	0.513	-0.611	0.262	0.315	-0.248
非在建工程结构性资产比率	-0.623	0.152	0.314	0.206	0.581
无形资产比率	-0.534	-0.361	-0.364	0.383	-0.191

旋转后因子载荷矩阵(2007 年)

	主成分因子序号				
	1	2	3	4	5
良好资产比率	0.718	0.375	-0.315	-0.144	0.213
流动资产率	0.031	0.022	0.070	0.937	0.042
固定资产成新率	0.052	-0.166	0.139	0.037	0.939
非存货流动资产比率	0.214	0.866	0.090	-0.113	-0.187
非两项资金占流动资产比率	0.857	0.058	-0.185	-0.113	0.114
非对外投资资产比率	-0.097	0.733	-0.471	0.308	-0.048
非在建工程结构性资产比率	-0.242	-0.054	0.891	0.109	0.153
无形资产比率	-0.768	0.036	-0.053	-0.317	0.192

因子得分矩阵(2007 年)

| | 主成分因子序号 | | | | |
	1	2	3	4	5
良好资产比率	0.292	0.194	− 0.097	− 0.127	0.247
流动资产率	0.018	− 0.024	− 0.016	0.830	0.041
固定资产成新率	− 0.026	0.056	− 0.012	0.037	0.922
非存货流动资产比率	0.066	0.696	0.403	− 0.173	− 0.077
非两项资金占流动资产比率	0.450	− 0.073	− 0.001	− 0.093	0.055
非对外投资资产比率	− 0.242	0.472	− 0.356	0.275	0.156
非在建工程结构性资产比率	0.035	0.235	0.850	0.011	0.060
无形资产比率	− 0.490	0.163	− 0.203	− 0.273	0.297

资产存在性得分表(2007 年)

单位	F_1	F_2	F_3	F_4	F_5	F
ST 夏新	− 0.654 0	− 0.623 9	− 1.499 6	0.121 1	0.210 6	− 48.051 4
海信电器	0.062 8	− 0.008 2	0.491 3	4.391 3	0.275 0	10.417 6
成都博讯	− 0.271 4	− 4.127 1	0.851 0	− 0.827 9	− 0.263 1	− 72.992 9
福日电子	0.541 3	1.130 7	1.340 0	− 1.068 1	− 0.423 1	50.275 1
浙江阳光	0.593 0	0.501 7	− 0.870 9	− 0.133 9	0.912 3	15.753 8
澳柯玛	− 2.121 6	1.154 1	0.257 4	− 0.821 8	1.908 7	− 20.971 8
上海广电	0.662 8	0.263 1	1.825 5	− 0.553 4	− 0.363 4	50.739 3
青岛海尔	0.915 0	− 0.045 5	− 0.384 4	− 0.007 2	0.028 9	16.338 3
宁波富达	1.197 0	− 0.558 1	− 0.719 7	− 0.013 5	0.854 1	30.277 4
大显股份	1.146 9	− 0.071 9	0.619 7	− 0.005 1	− 0.374 5	41.639 5
四川长虹	− 1.088 1	0.176 6	− 0.042 0	− 0.333 0	1.043 5	− 24.190 1
ST 厦华	− 0.396 9	0.242 1	− 0.037 7	0.159 9	− 0.944 4	− 19.014 7
合肥三洋	0.528 5	− 0.025 9	− 2.667 9	− 0.273 2	− 1.555 8	− 37.532 8
深康佳 A	0.527 9	0.002 5	− 0.071 1	0.375 2	− 0.621 2	9.760 1
ST 华发	− 0.024 3	0.869 2	0.867 2	− 0.114 4	− 0.068 5	27.216 4
TCL 集团	0.381 5	0.533 8	0.630 7	0.155 6	− 0.163 0	29.520 7
小天鹅	0.006 7	0.498 5	0.266 2	− 0.297 5	− 0.507 2	8.416 1
美菱股份	− 0.852 7	0.443 3	− 0.898 2	− 0.781 4	0.305 1	− 28.979 5
美的电器	− 0.123 0	− 0.164 8	− 0.365 2	0.271 9	1.283 3	0.015 4
万家乐	− 0.415 2	0.377 2	0.806 8	0.170 8	− 2.051 2	− 14.019 0
佛山照明	1.170 2	0.801 0	0.174 3	− 0.608 8	− 0.419 0	50.268 6
ST 长岭	− 2.612 6	− 0.403 6	0.643 7	0.478 0	− 0.296 8	− 83.465 4
格力电器	0.640 5	0.114 3	− 1.429 7	0.118 4	0.905 2	10.151 5
四川湖山	1.263 8	− 0.841 4	0.923 2	− 0.227 6	1.893 6	56.021 7
ST 科龙	− 1.077 9	− 0.238 2	− 0.710 4	− 0.129 4	− 1.569 0	− 63.809 3

其中: $F = 31.612 \times F_1 + 18.402 \times F_2 + 14.581 \times F_3 + 10.547 \times F_4 + 9.555 \times F_5$

二、资产有效性分析

主成分分析各主成分特征值与累计贡献率（2007 年）

主成分因子序号	初始特征值			分析所选主成分因子			旋转后主成分因子		
	特征值	特征值占方差百分数（%）	特征值占方差百分数累加值（%）	特征值	特征值占方差百分数（%）	特征值占方差百分数累加值（%）	特征值	特征值占方差百分数（%）	特征值占方差百分数累加值（%）
1	2.972	59.445	59.445	2.972	59.445	59.445	2.727	54.546	54.546
2	1.058	21.153	80.598	1.058	21.153	80.598	1.303	26.053	80.598
3	0.552	11.030	91.629						
4	0.367	7.341	98.969						
5	0.052	1.031	100.000						

主成分分析因子载荷矩阵（2007 年）

	主成分因子序号	
	1	2
流动资产周转率	0.929	− 0.160
存货周转率	0.328	0.881
应收账款周转率	0.723	− 0.342
固定资产周转率	0.766	0.337
总资产周转率	0.944	− 0.160

旋转后因子载荷矩阵（2007 年）

	主成分因子序号	
	1	2
流动资产周转率	0.924	0.183
存货周转率	− 0.009	0.940
应收账款周转率	0.798	− 0.061
固定资产周转率	0.595	0.588
总资产周转率	0.939	0.188

因子得分矩阵（2007 年）

	主成分因子序号	
	1	2
流动资产周转率	0.346	− 0.029
存货周转率	− 0.195	0.817
应收账款周转率	0.343	− 0.215
固定资产周转率	0.127	0.389
总资产周转率	0.351	− 0.028

资产有效性得分表(2007 年)

单位	F_1	F_2	F
ST 夏新	− 0.383 1	− 0.457 6	− 32.451 6
海信电器	1.275 6	− 0.388 8	67.603 1
成都博讯	0.201 5	0.687 1	26.514 2
福日电子	− 0.954 9	4.334 6	34.924 6
浙江阳光	− 0.719 6	− 0.078 3	− 44.434 7
澳柯玛	− 0.889 3	− 0.473 2	− 62.873 8
上海广电	− 0.672 0	0.428 2	− 30.887 0
青岛海尔	2.319 6	− 0.307 8	131.376 5
宁波富达	− 0.830 4	− 0.755 0	− 65.335 0
大显股份	− 1.162 8	− 0.855 6	− 87.221 3
四川长虹	− 0.442 2	− 0.280 6	− 32.220 1
ST 厦华	0.542 6	0.516 2	43.171 1
合肥三洋	− 0.483 3	− 0.675 3	− 43.012 0
深康佳 A	− 0.133 8	− 0.300 7	− 14.316 6
ST 华发	− 0.939 3	− 0.452 8	− 65.414 2
TCL 集团	0.392 0	0.282 6	29.280 7
小天鹅	− 0.141 9	0.052 0	− 7.334 7
美菱股份	0.352 5	0.028 5	21.554 0
美的电器	0.853 1	− 0.392 3	42.411 0
万家乐	− 0.383 4	− 0.064 9	− 24.162 6
佛山照明	− 1.024 3	− 0.466 2	− 70.752 4
ST 长岭	− 0.919 3	− 0.561 6	− 66.527 7
格力电器	0.945 4	− 0.445 2	46.781 1
四川湖山	2.4338	0.702 4	159.536 9
ST 科龙	0.763 6	− 0.075 7	43.790 6

其中:$F = 59.445 \times F_1 + 21.153 \times F_2$

三、资产收益性分析

主成分分析各主成分特征值与累计贡献率(2007 年)

主成分因子序号	初始特征值			分析所选主成分因子			旋转后主成分因子		
	特征值	特征值占方差百分数(%)	特征值占方差百分数累加值(%)	特征值	特征值占方差百分数(%)	特征值占方差百分数累加值(%)	特征值	特征值占方差百分数(%)	特征值占方差百分数累加值(%)
1	2.058	51.460	51.460	2.058	51.460	51.460	1.670	41.739	41.739
2	0.874	21.841	73.301	0.874	21.841	73.301	1.262	31.562	73.301
3	0.564	14.101	87.402						
4	0.504	12.598	100.000						

主成分分析因子载荷矩阵(2007 年)

	主成分因子序号	
	1	2
总资产息税前收益率	0.701	− 0.541
对外投资收益率	0.594	0.734
营业业务利润率	0.776	− 0.178
经营资产经营活动现金净流量	0.782	0.105

旋转后因子载荷矩阵(2007 年)

	主成分因子序号	
	1	2
总资产息税前收益率	0.885	− 0.041
对外投资收益率	0.066	0.942
营业业务利润率	0.738	0.298
经营资产经营活动现金净流量	0.581	0.534

因子得分矩阵(2007 年)

	主成分因子序号	
	1	2
总资产息税前收益率	0.634	− 0.312
对外投资收益率	− 0.245	0.854
营业业务利润率	0.426	0.049
经营资产经营活动现金净流量	0.242	0.316

资产收益性得分表（2007 年）

单位	F_1	F_2	F
ST 夏新	− 1.653 0	− 0.807 7	− 102.701 3
海信电器	− 0.429 0	3.874 7	62.546 5
成都博讯	1.100 6	− 0.430 8	47.227 8
福日电子	− 0.418 6	− 0.525 1	− 33.006 3
浙江阳光	0.652 7	− 0.248 3	28.162 8
澳柯玛	− 1.976 9	− 0.829 7	− 119.853 8
上海广电	0.103 7	− 0.356 7	− 2.457 2
青岛海尔	0.657 8	− 0.027 7	33.243 6
宁波富达	0.442 7	− 0.412 4	13.773 7
大显股份	1.224 2	0.634 7	76.858 0
四川长虹	− 0.111 4	− 0.712 2	− 21.285 3
ST 厦华	− 0.399 1	− 0.197 9	− 24.860 0
合肥三洋	0.113 3	1.707 6	43.126 0
深康佳 A	0.117 2	− 0.422 9	− 3.205 9
ST 华发	0.244 4	− 0.523 9	1.133 4
TCL 集团	− 0.117 9	− 0.641 4	− 20.074 1
小天鹅	0.703 1	0.452 7	46.065 0
美菱股份	0.051 6	0.040 7	3.543 8
美的电器	0.537 6	0.388 5	36.148 1
万家乐	0.284 9	− 0.524 9	3.198 4
佛山照明	1.071 7	0.422 5	64.376 2
ST 长岭	− 3.216 2	0.659 5	− 151.101 2
格力电器	0.670 5	− 0.424 0	25.245 9
四川湖山	0.378 4	− 0.361 3	11.583 1
ST 科龙	− 0.032 2	− 0.734 0	− 17.687 4

其中：$F = 51.460 \times F_1 \times 21.841 \times F_2$

四、企业安全性分析

主成分分析各主成分特征值与累计贡献率（2007 年）

主成分因子序号	初始特征值			分析所选主成分因子			旋转后主成分因子		
	特征值	特征值占方差百分数（%）	特征值占方差百分数累加值（%）	特征值	特征值占方差百分数（%）	特征值占方差百分数累加值（%）	特征值	特征值占方差百分数（%）	特征值占方差百分数累加值（%）
1	2.600	64.992	64.992	2.600	64.992	64.992	1.953	48.825	48.825
2	0.811	20.267	85.259	0.811	20.267	85.259	1.457	36.434	85.259
3	0.582	14.561	99.820						
4	0.007	0.180	100.000						

主成分分析因子载荷矩阵（2007 年）

	主成分因子序号	
	1	2
流动比率	0.936	−0.347
速动比率	0.917	−0.394
经营现金流动负债比	0.672	0.489
1 资产负债率	0.657	0.544

旋转后因子载荷矩阵（2007 年）

	主成分因子序号	
	1	2
流动比率	0.956	0.285
速动比率	0.970	0.237
经营现金流动负债比	0.243	0.795
1 − 资产负债率	0.197	0.830

因子得分矩阵（2007 年）

	主成分因子序号	
	1	2
流动比率	0.545	−0.126
速动比率	0.574	−0.176
经营现金流动负债比	−0.156	0.637
1 − 资产负债率	−0.202	0.688

企业安全性得分表（2007 年）

单位	F_1	F_2	F
ST 夏新	− 0.331 6	− 1.055 5	− 42.944 0
海信电器	0.074 3	− 0.003 3	4.759 9
成都博讯	− 0.947 9	0.280 8	− 55.914 5
福日电子	− 0.253 4	− 0.450 2	− 25.592 3
浙江阳光	0.286 3	0.741 7	33.636 9
澳柯玛	− 0.283 8	− 0.925 5	− 37.203 4
上海广电	− 0.307 3	0.119 1	− 17.559 3
青岛海尔	− 0.069 1	1.764 2	31.263 0
宁波富达	− 0.367 7	0.326 5	− 17.281 4
大显股份	− 0.598 7	1.590 5	− 6.678 4
四川长虹	0.028 4	− 0.514 1	− 8.569 9
ST 厦华	− 0.286 6	− 0.495 4	− 28.664 1
合肥三洋	1.225 9	1.012 5	100.195 3
深康佳 A	− 0.024 4	− 0.028 8	− 2.166 7
ST 华发	− 0.422 4	0.673 5	− 13.802 0
TCL 集团	0.059 7	− 0.651 1	− 9.313 9
小天鹅	− 0.220 4	0.820 3	2.300 3
美菱股份	− 0.475 3	0.175 5	− 27.332 3
美的电器	− 0.453 2	0.500 7	− 19.303 6
万家乐	− 0.100 0	− 0.456 7	− 15.751 9
佛山照明	4.411 4	0.081 7	288.364 9
ST 长岭	0.167 2	− 3.306 5	− 56.149 0
格力电器	− 0.310 0	0.365 0	− 12.747 0
四川湖山	− 0.368 2	0.277 1	− 18.312 1
ST 科龙	− 0.433 4	− 0.842 1	− 45.233 9

其中：$F = 64.992 \times F_1 + 20.267 \times F_2$

五、综合分析

主成分分析各主成分特征值与累计贡献率(2007 年)

主成分因子序号	初始特征值			分析所选主成分因子			旋转后主成分因子		
	特征值	特征值占方差百分数(%)	特征值占方差百分数累加值(%)	特征值	特征值占方差百分数(%)	特征值占方差百分数累加值(%)	特征值	特征值占方差百分数(%)	特征值占方差百分数累加值(%)
1	5.780	27.525	27.525	5.780	27.525	27.525	2.996	14.268	14.268
2	3.953	18.823	46.349	3.953	18.823	46.349	2.895	13.788	28.056
3	2.162	10.297	56.645	2.162	10.297	56.645	2.875	13.691	41.747
4	1.817	8.651	65.296	1.817	8.651	65.296	2.859	13.614	55.361
5	1.586	7.554	72.850	1.586	7.554	72.850	2.123	10.111	65.472
6	1.190	5.667	78.517	1.190	5.667	78.517	2.007	9.557	75.030
7	1.015	4.832	83.349	1.015	4.832	83.349	1.594	7.593	82.623
8	1.003	4.775	88.124	1.003	4.775	88.124	1.155	5.502	88.124
9	0.886	4.218	92.342						
10	0.482	2.297	94.639						
11	0.303	1.445	96.084						
12	0.259	1.235	97.319						
13	0.185	0.879	98.197						
14	0.141	0.670	98.867						
15	0.118	0.562	99.429						
16	0.054	0.259	99.688						
17	0.034	0.162	99.850						
18	0.023	0.107	99.957						
19	0.006	0.031	99.988						
20	0.002	0.012	100.000						
21	0.000	0.000	100.000						

主成分分析因子载荷矩阵(2007 年)

	主成分因子序号							
	1	2	3	4	5	6	7	8
良好资产比率	0.715	0.067	-0.386	0.247	-0.189	-0.333	0.090	-0.226
流动资产率	0.106	0.339	0.771	0.196	0.335	-0.078	0.139	-0.201
固定资产成新率	-0.124	0.302	-0.073	-0.195	-0.291	-0.032	0.824	0.043
非存货流动资产比率	0.354	-0.487	-0.142	0.536	0.215	0.291	0.117	-0.270
非两项资金占流动资产比率	0.808	0.156	-0.274	-0.012	0.092	0.090	0.110	-0.005
非对外投资资产比率	0.199	-0.427	0.325	0.584	-0.392	-0.227	-0.054	-0.248
非在建工程结构性资产比率	-0.484	0.248	-0.011	-0.153	0.352	0.033	0.361	-0.331
无形资产比率	-0.599	-0.122	-0.135	0.149	0.210	-0.159	-0.042	0.384
流动资产周转率	0.008	0.828	-0.007	0.349	-0.094	-0.099	-0.027	0.175
存货周转率	-0.012	0.158	-0.560	0.450	0.403	0.454	0.000	-0.128
应收账款周转率	0.394	0.593	0.056	0.314	-0.428	0.139	-0.021	0.207
固定资产周转率	-0.111	0.826	-0.129	0.036	0.380	0.093	-0.118	0.117
总资产周转率	0.061	0.817	0.072	0.447	-0.101	-0.048	0.042	0.105
总资产息税前收益率	0.611	0.366	-0.309	-0.318	0.243	-0.385	-0.189	-0.066
对外投资收益率	0.395	0.083	0.756	0.069	0.405	-0.099	-0.023	0.021
营业业务利润率	0.852	-0.154	0.076	-0.115	0.025	0.146	-0.014	-0.067
经营资产经营活动现金净流量	0.470	0.519	0.302	-0.419	-0.101	0.358	-0.090	-0.174
流动比率	0.733	-0.391	0.103	0.059	0.198	0.001	0.198	0.418
速动比率	0.693	-0.446	0.057	0.070	0.246	0.052	0.193	0.410
经营现金流动负债比	0.769	0.069	0.048	-0.258	-0.308	0.372	-0.094	0.022
1 - 资产负债率	0.758	0.141	-0.277	-0.102	0.197	-0.454	0.023	-0.142

旋转后因子载荷矩阵(2007 年)

	主成分因子序号							
	1	2	3	4	5	6	7	8
良好资产比率	0.204	0.768	0.175	0.203	-0.400	-0.173	0.175	0.079
流动资产率	0.219	-0.053	-0.055	0.079	-0.051	0.933	-0.023	0.059
固定资产成新率	0.163	-0.031	-0.041	0.037	0.082	-0.098	-0.141	0.922
非存货流动资产比率	-0.223	0.051	0.313	0.050	-0.424	0.057	0.738	-0.086
非两项资金占流动资产比率	0.153	0.557	0.415	0.446	0.066	-0.048	0.258	0.054
非对外投资资产比率	0.002	-0.026	0.081	-0.024	-0.943	0.145	0.018	-0.139
非在建工程结构性资产比率	-0.140	-0.080	-0.467	-0.209	0.352	0.259	0.195	0.410
无形资产比率	0.001	-0.281	-0.011	-0.702	0.188	-0.136	-0.039	-0.080
流动资产周转率	0.887	0.110	-0.164	-0.045	0.134	0.099	-0.014	0.053
存货周转率	0.198	0.038	-0.040	-0.092	0.231	-0.176	0.885	-0.083
应收账款周转率	0.814	0.047	0.131	0.384	-0.134	-0.064	-0.041	0.040
固定资产周转率	0.589	0.117	-0.239	-0.054	0.641	0.177	0.162	-0.058
总资产周转率	0.907	0.080	-0.144	0.007	0.034	0.189	0.067	0.098
总资产息税前收益率	0.107	0.868	0.070	0.214	0.318	0.020	-0.115	-0.144
对外投资收益率	0.048	0.055	0.309	0.151	-0.024	0.863	-0.124	-0.169
营业业务利润率	-0.126	0.368	0.489	0.596	-0.125	0.120	0.094	-0.104
经营资产经营活动现金净流量	0.205	0.084	-0.066	0.843	0.290	0.254	-0.144	0.012
流动比率	-0.128	0.222	0.919	0.131	-0.107	0.131	0.042	-0.017
速动比率	-0.183	0.188	0.920	0.101	-0.084	0.103	0.114	-0.035
经营现金流动负债比	0.079	0.161	0.363	0.849	-0.029	-0.121	-0.055	-0.073
1 - 资产负债率	0.031	0.926	0.235	0.169	0.002	0.076	0.011	-0.006

因子得分矩阵(2007 年)

	主成分因子序号							
	1	2	3	4	5	6	7	8
良好资产比率	0.043	0.335	-0.116	-0.057	-0.257	-0.069	0.047	0.114
流动资产率	0.001	0.000	-0.068	-0.009	-0.070	0.484	0.054	0.086
固定资产成新率	0.017	-0.019	0.121	-0.002	-0.025	-0.031	-0.043	0.834
非存货流动资产比率	-0.069	-0.044	-0.014	0.052	-0.163	0.082	0.480	0.037
非两项资金占流动资产比率	0.016	0.103	0.090	0.079	0.069	-0.042	0.134	0.093
非对外投资资产比率	0.065	0.040	-0.137	-0.027	-0.514	0.086	-0.005	-0.055
非在建工程结构性资产比率	-0.180	0.081	-0.193	0.001	0.099	0.216	0.214	0.354
无形资产比率	0.101	-0.040	0.220	-0.331	0.131	-0.061	-0.086	-0.092
流动资产周转率	0.327	0.012	0.043	-0.105	-0.015	-0.007	-0.039	-0.022
存货周转率	0.047	-0.063	-0.022	0.029	0.129	-0.054	0.570	-0.061
应收账款周转率	0.338	-0.142	0.112	0.102	-0.102	-0.130	-0.049	-0.001
固定资产周转率	0.153	-0.018	0.012	-0.055	0.282	0.063	0.104	-0.132
总资产周转率	0.328	-0.014	0.027	-0.074	-0.072	0.044	0.028	0.036
总资产息税前收益率	-0.054	0.399	-0.094	-0.076	0.138	0.010	-0.136	-0.152
对外投资收益率	-0.010	-0.009	0.098	-0.045	0.028	0.421	-0.059	-0.094
营业业务利润率	-0.073	0.015	0.056	0.186	0.006	0.035	0.057	-0.026
经营资产经营活动现金净流量	-0.042	-0.113	-0.135	0.417	0.128	0.069	-0.004	-0.032
流动比率	0.045	-0.058	0.460	-0.133	0.099	0.031	-0.047	0.098
速动比率	0.026	-0.074	0.462	-0.129	0.120	0.024	0.001	0.086
经营现金流动负债比	0.013	-0.149	0.050	0.367	0.041	-0.139	-0.016	-0.056
1 - 资产负债率	-0.065	0.431	-0.064	-0.129	-0.019	0.063	-0.062	0.031

资产质量综合得分表(2007 年)

单　位	F_1	F_2	F_3	F_4	F_5	F_6	F_7	F_8	F
ST 夏新	0.057 6	0.063 9	− 0.455 1	− 1.543 7	− 0.932 3	− 0.570 9	− 1.089 0	− 0.209 0	− 31.789 7
海信电器	0.753 2	− 0.117 8	− 0.204 4	0.310 6	− 0.041 2	4.504 0	− 0.287 7	0.395 2	44.806 0
成都博讯	− 0.166 3	0.175 0	− 0.377 7	0.071 4	4.156 4	− 0.448 4	− 1.834 2	− 0.347 0	13.783 2
福日电子	0.067 6	− 0.096 2	− 0.264 3	− 0.444 2	1.173 3	− 0.274 9	3.981 0	− 0.531 7	17.486 0
浙江阳光	− 0.568 8	0.240 8	0.450 1	0.771 6	− 0.546 0	− 0.501 4	0.192 4	0.743 8	− 2.297 8
澳柯玛	− 0.593 7	− 0.253 7	0.047 3	− 2.400 1	− 0.413 6	− 0.288 1	− 0.311 4	1.378 8	− 41.069 9
上海广电	− 1.025 8	0.353 6	− 0.590 3	0.208 0	0.563 8	0.040 6	0.928 2	0.527 1	− 14.368 8
青岛海尔	2.345 4	− 0.282 7	0.563 5	1.488 5	− 0.380 4	− 0.871 9	0.105 2	− 0.054 5	70.345 6
宁波富达	− 0.896 8	0.727 2	− 0.355 1	0.664 6	− 0.562 6	− 0.564 2	− 0.571 8	0.939 9	− 14.626 6
大显股份	− 1.685 3	0.312 3	− 0.777 3	2.363 9	− 0.044 4	− 0.047 4	− 0.173 9	0.076 9	− 29.140 0
四川长虹	− 0.441 4	0.446 3	0.193 0	− 1.457 4	0.027 2	− 0.041 6	− 0.506 9	0.681 8	− 13.594 9
ST 厦华	0.591 4	− 0.091 5	− 0.690 2	− 0.427 1	− 0.125 7	0.158 3	0.177 8	− 1.104 9	− 0.713 5
合肥三洋	− 0.054 0	0.104 2	1.875 7	0.418 4	− 0.529 8	0.116 2	− 0.665 2	− 2.319 6	5.773 5
深康佳 A	− 0.282 5	0.497 9	− 0.471 4	0.072 1	− 0.564 6	0.011 3	− 0.140 5	− 0.269 2	− 8.799 6
ST 华发	− 1.283 2	0.604 0	− 0.966 2	0.352 5	− 0.861 5	− 0.183 9	0.093 9	0.492 8	− 35.596 4
TCL 集团	0.264 8	0.605 6	− 0.404 8	− 0.782 2	− 0.475 9	0.223 0	0.516 1	0.219 6	8.963 7
小天鹅	− 0.297 4	0.131 4	− 0.165 2	0.708 3	0.163 7	0.164 8	0.293 4	− 0.637 0	− 0.739 2
美菱股份	0.598 8	0.209 9	− 0.025 4	− 0.571 1	− 0.088 3	− 0.381 2	− 0.283 1	− 0.844 0	7.004 3
美的电器	0.723 8	0.242 9	− 0.366 9	0.495 8	− 0.411 1	− 0.048 7	− 0.721 8	0.836 3	22.130 4
万家乐	− 0.715 5	0.259 7	− 0.744 9	− 0.402 6	− 0.092 1	0.425 1	0.204 3	− 1.527 8	− 30.553 4
佛山照明	− 1.015 0	0.464 2	3.955 1	− 0.217 0	0.314 9	0.255 0	0.342 2	0.480 6	27.419 8
ST 长岭	− 0.673 9	− 4.580 1	0.037 1	0.146 3	0.001 6	− 0.099 2	− 0.099 0	0.541 1	− 101.555 0
格力电器	1.149 1	− 0.207 1	0.087 2	1.163 8	− 0.736 8	− 0.972 1	− 0.198 9	0.284 8	28.020 1
四川湖山	2.258 2	0.511 5	0.103 8	− 0.107 2	0.796 8	− 0.223 1	0.365 3	2.066 6	88.315 2
ST 科龙	0.889 9	− 0.321 1	− 0.453 9	− 0.883 4	− 0.391 2	− 0.381 1	− 0.316 5	− 1.820 7	− 9.203 1

其中：$F = 27.525 \times F_1 + 18.823 \times F_2 + 10.297 \times F_3 + 8.651 \times F_4 + 7.554 \times F_5 + 5.667 \times F_6 + 4.832 \times F_7 + 4.775 \times F_8$

附表4 2008 年统计资料

一、资产存在性分析

主成分分析各主成分特征值与累计贡献率（2008 年）

主成分因子序号	初始特征值			分析所选主成分因子			旋转后主成分因子		
	特征值	特征值占方差百分数（%）	特征值占方差百分数累加值（%）	特征值	特征值占方差百分数（%）	特征值占方差百分数累加值（%）	特征值	特征值占方差百分数（%）	特征值占方差百分数累加值（%）
1	2.252	28.144	28.144	2.252	28.144	28.144	1.720	21.501	21.501
2	1.597	19.965	48.109	1.597	19.965	48.109	1.502	18.776	40.277
3	1.227	15.333	63.442	1.227	15.333	63.442	1.252	15.656	55.933
4	0.971	12.138	75.580	0.971	12.138	75.580	1.192	14.906	70.839
5	0.750	9.376	84.956	0.750	9.376	84.956	1.129	14.118	84.956
6	0.525	6.568	91.525						
7	0.459	5.738	97.263						
8	0.219	2.737	100.000						

主成分分析因子载荷矩阵（2008 年）

	主成分因子序号				
	1	2	3	4	5
良好资产比率	0.878	−0.029	0.158	−0.238	0.016
流动资产率	0.027	−0.718	−0.433	0.159	0.316
固定资产成新率	0.596	0.319	0.362	−0.352	0.361
非存货流动资产比率	0.412	−0.130	0.448	0.703	−0.144
非两项资金占流动资产比率	0.776	0.027	−0.229	0.355	0.050
非对外投资资产比率	0.048	0.606	−0.522	0.230	0.441
非在建工程结构性资产比率	−0.387	−0.397	0.538	0.081	0.546
无形资产比率	−0.447	0.661	0.261	0.294	0.062

旋转后因子载荷矩阵（2008 年）

	主成分因子序号				
	1	2	3	4	5
良好资产比率	0.818	0.195	0.245	−0.262	−0.133
流动资产率	−0.211	0.859	0.045	0.191	0.090
固定资产成新率	0.891	−0.173	0.002	0.083	0.103
非存货流动资产比率	0.068	−0.064	0.932	0.083	−0.132
非两项资金占流动资产比率	0.375	0.314	0.560	−0.370	0.308
非对外投资资产比率	0.016	−0.092	−0.072	−0.153	0.923
非在建工程结构性资产比率	−0.054	0.056	0.024	0.935	−0.141
无形资产比率	−0.252	−0.763	0.043	0.196	0.330

因子得分矩阵(2008 年)

	主成分因子序号				
	1	2	3	4	5
良好资产比率	0.448	0.067	0.011	− 0.086	− 0.130
流动资产率	− 0.119	0.631	0.023	0.235	0.253
固定资产成新率	0.643	− 0.109	− 0.178	0.293	0.131
非存货流动资产比率	− 0.147	− 0.135	0.823	0.084	− 0.095
非两项资金占流动资产比率	0.062	0.185	0.388	− 0.162	0.279
非对外投资资产比率	0.030	0.063	− 0.045	0.075	0.845
非在建工程结构性资产比率	0.160	0.094	0.051	0.878	0.105
无形资产比率	− 0.120	− 0.472	0.170	0.158	0.251

资产存在性得分表(2008 年)

单位	F_1	F_2	F_3	F_4	F_5	F
ST 夏新	− 0.057 3	− 0.296 2	− 1.951 4	− 1.014 9	0.753 9	− 42.696 9
海信电器	0.659 8	1.155 5	0.656 7	0.443 4	1.072 5	67.144 2
成都博讯	− 0.769 4	− 0.863 0	2.325 9	− 0.246 6	1.051 1	3.639 7
福日电子	− 0.560 9	− 0.212 3	2.136 9	0.461 8	− 1.241 0	6.708 8
浙江阳光	0.854 4	0.515 7	0.258 1	− 0.483 7	− 0.009 7	32.335 4
澳柯玛	0.245 5	− 2.763 1	− 0.071 5	1.450 1	0.549 6	− 26.596 9
上海广电	− 0.318 7	− 0.209 8	− 0.299 7	0.494 0	− 3.693 5	− 46.387 0
青岛海尔	0.269 0	0.725 4	0.664 4	− 0.241 3	− 0.688 6	22.855 3
宁波富达	0.655 7	− 0.015 8	− 0.586 1	− 1.992 5	− 0.341 8	− 18.237 1
大显股份	− 0.059 2	0.818 8	− 0.427 2	− 0.064 2	− 0.884 5	− 0.940 3
四川长虹	0.055 4	− 0.945 4	− 0.369 2	− 2.318 5	0.169 1	− 49.532 6
ST 厦华	− 3.288 6	0.159 0	− 1.590 0	0.819 5	0.712 8	− 97.127 8
合肥三洋	− 0.582 5	0.698 2	− 0.085 3	− 2.162 3	0.372 2	− 26.517 9
深康佳 A	− 0.016 4	1.493 8	0.140 7	0.539 7	0.756 3	45.159 3
ST 华发	0.632 9	− 0.724 3	− 0.279 9	0.243 9	− 0.315 9	− 0.942 9
TCL 集团	0.100 1	0.805 5	0.549 7	0.575 4	0.594 6	39.886 6
小天鹅	− 0.281 8	0.310 2	0.196 9	0.534 0	0.017 3	7.923 6
美菱股份	1.394 3	− 1.642 5	− 0.332 4	0.537 4	0.524 5	12.794 0
美的电器	0.944 0	− 0.308 6	− 0.523 5	0.108 8	0.269 1	16.221 9
万家乐	− 1.373 5	1.106 8	0.300 3	0.455 6	0.172 2	− 4.808 8
佛山照明	− 0.222 0	− 0.330 7	1.196 7	− 0.963 8	− 0.313 8	− 9.144 1
ST 长岭	− 0.208 7	− 0.227 3	− 0.989 0	1.012 5	0.667 8	− 7.022 5
格力电器	1.368 1	0.810 4	0.618 5	0.696 6	0.969 5	81.711 6
四川湖山	1.456 2	1.174 2	− 1.508 9	1.117 8	− 0.781 4	47.529 9
ST 科龙	− 0.896 3	− 1.234 4	− 0.030 5	− 0.002 8	− 0.382 3	− 53.955 6

其中: $F = 28.144 \times F_1 + 19.965 \times F_2 + 15.333 \times F_3 + 12.138 \times F_4 + 9.376 \times F_5$

二、资产有效性分析

主成分分析各主成分特征值与累计贡献率(2008 年)

主成分因子序号	初始特征值			分析所选主成分因子			旋转后主成分因子		
	特征值	特征值占方差百分数(%)	特征值占方差百分数累加值(%)	特征值	特征值占方差百分数(%)	特征值占方差百分数累加值(%)	特征值	特征值占方差百分数(%)	特征值占方差百分数累加值(%)
1	2.831	56.626	56.626	2.831	56.626	56.626	2.249	44.973	44.973
2	1.010	20.194	76.820	1.010	20.194	76.820	1.309	26.177	71.150
3	0.734	14.675	91.495	0.734	14.675	91.495	1.017	20.345	91.495
4	0.399	7.974	99.469						
5	0.027	0.531	100.000						

主成分分析因子载荷矩阵(2008 年)

	主成分因子序号		
	1	2	3
流动资产周转率	0.877	0.149	-0.324
存货周转率	0.595	-0.502	0.571
应收账款周转率	0.349	0.809	0.470
固定资产周转率	0.832	-0.261	0.056
总资产周转率	0.945	0.109	-0.281

旋转后因子载荷矩阵(2008 年)

	主成分因子序号		
	1	2	3
流动资产周转率	0.928	0.121	0.139
存货周转率	0.153	0.953	0.028
应收账款周转率	0.145	0.020	0.988
固定资产周转率	0.648	0.586	0.000
总资产周转率	0.960	0.205	0.144

因子得分矩阵(2008 年)

	主成分因子序号		
	1	2	3
流动资产周转率	0.507	-0.229	-0.049
存货周转率	-0.280	0.903	0.059
应收账款周转率	-0.136	0.030	1.024
固定资产周转率	0.181	0.339	-0.105
总资产周转率	0.494	-0.157	-0.045

资产有效性得分表(2008 年)

单位	F_1	F_2	F_3	F
ST 夏新	− 0. 365 4	− 0. 697 4	3. 071 2	10. 296 8
海信电器	− 1. 547 8	0. 475 8	− 0. 320 7	− 82. 742 8
成都博讯	.	.	.	#VALUE!
福日电子	− 0. 700 5	4. 368 6	− 0. 106 5	46. 987 5
浙江阳光	− 0. 144 2	− 0. 222 6	− 0. 386 4	− 18. 329 4
澳柯玛	0. 039 6	− 0. 334 9	− 0. 481 8	− 11. 588 8
上海广电	0. 314 8	0. 332 5	− 0. 657 7	14. 887 1
青岛海尔	1. 769 3	0. 468 4	1. 107 9	125. 904 0
宁波富达	− 0. 605 3	− 0. 693 2	− 0. 295 3	− 52. 605 9
大显股份	− 1. 128 6	− 0. 714 1	− 0. 382 9	− 83. 944 9
四川长虹	0. 002 2	− 0. 264 6	− 0. 422 0	− 11. 409 7
ST 厦华	2. 181 8	0. 042 9	− 0. 882 0	111. 469 7
合肥三洋	0. 248 4	− 0. 524 0	0. 124 9	− 22. 812 8
深康佳 A	0. 032 3	− 0. 207 0	− 0. 307 4	− 6. 863 3
ST 华发	− 0. 855 9	− 0. 573 6	− 0. 443 8	− 66. 561 0
TCL 集团	0. 720 1	0. 275 9	− 0. 262 9	42. 489 1
小天鹅	0. 329 2	− 0. 202 0	− 0. 395 2	8. 762 1
美菱股份	0. 542 5	− 0. 354 5	0. 047 6	24. 258 6
美的电器	1. 223 7	− 0. 239 9	− 0. 085 3	63. 197 3
万家乐	− 0. 038 1	− 0. 172 8	− 0. 597 9	− 14. 419 0
佛山照明	− 0. 725 3	− 0. 276 7	− 0. 124 8	− 48. 488 7
ST 长岭	− 1. 141 1	− 0. 707 1	− 0. 462 0	− 85. 677 1
格力电器	− 0. 203 7	0. 302 3	2. 971 0	38. 168 3
四川湖山	− 1. 321 4	− 0. 066 3	− 0. 445 9	− 82. 707 4
ST 科龙	1. 870 0	− 0. 015 8	− 0. 261 9	101. 730 3

其中: $F = 56.626 \times F_1 + 20.194 \times F_2 + 14.675 \times F_3$

三、资产收益性分析

主成分分析各主成分特征值与累计贡献率(2008年)

主成分因子序号	初始特征值			分析所选主成分因子			旋转后主成分因子		
	特征值	特征值占方差百分数(%)	特征值占方差百分数累加值(%)	特征值	特征值占方差百分数(%)	特征值占方差百分数累加值(%)	特征值	特征值占方差百分数(%)	特征值占方差百分数累加值(%)
1	1.773	44.337	44.337	1.773	44.337	44.337	1.569	39.227	39.227
2	1.242	31.062	75.399	1.242	31.062	75.399	1.447	36.171	75.399
3	0.807	20.178	95.576						
4	0.177	4.424	100.000						

主成分分析因子载荷矩阵(2008年)

	主成分因子序号	
	1	2
总资产息税前收益率	0.512	0.571
对外投资收益率	−0.820	0.405
营业业务利润率	−0.354	0.783
经营资产经营活动现金净流量	0.845	0.374

旋转后因子载荷矩阵(2008年)

	主成分因子序号	
	1	2
总资产息税前收益率	0.756	0.130
对外投资收益率	−0.392	0.826
营业业务利润率	0.208	0.833
经营资产经营活动现金净流量	0.895	−0.230

因子得分矩阵(2008年)

	主成分因子序号	
	1	2
总资产息税前收益率	0.512	0.181
对外投资收益率	−0.161	0.542
营业业务利润率	0.235	0.618
经营资产经营活动现金净流量	0.560	−0.059

资产收益性得分表(2006 年)

单位	F_1	F_2	F
ST 夏新	- 2.193 4	- 1.475 6	- 143.085 7
海信电器	0.302 4	0.359 1	24.561 5
成都博讯	- 1.885 1	3.733 9	32.403 2
福日电子	0.026 2	- 0.034 8	0.081 9
浙江阳光	0.456 7	0.078 0	22.670 7
澳柯玛	0.007 8	0.037 8	1.520 8
上海广电	- 0.676 2	- 0.967 2	- 60.025 0
青岛海尔	0.618 3	0.007 2	27.639 9
宁波富达	0.432 4	0.084 9	21.810 9
大显股份	- 1.326 6	- 1.891 6	- 117.574 3
四川长虹	0.538 6	- 0.087 9	21.152 1
ST 厦华	- 0.496 4	- 1.144 8	- 57.570 1
合肥三洋	0.500 3	0.260 5	30.271 8
深康佳 Λ	0.146 0	- 0.049 5	4.936 3
ST 华发	.	.	#VALUE!
TCL 集团	0.054 1	0.034 7	3.478 6
小天鹅	- 0.264 5	0.006 5	- 11.525 3
美菱股份	0.204 6	- 0.084 0	6.463 3
美的电器	0.799 7	- 0.009 9	35.149 2
万家乐	0.203 5	0.001 7	9.077 5
佛山照明	0.372 6	0.476 5	31.320 1
ST 长岭	3.043 7	- 0.128 1	130.968 5
格力电器	- 0.073 5	0.706 4	18.681 4
四川湖山	- 0.061 7	0.241 7	4.773 2
ST 科龙	- 0.729 5	- 0.155 7	- 37.179 5

其中: $F = 44.337 \times F_1 + 31.062 \times F_2$

四、企业安全性分析

主成分分析各主成分特征值与累计贡献率

主成分因子序号	初始特征值			分析所选主成分因子			旋转后主成分因子		
	特征值	特征值占方差百分数(%)	特征值占方差百分数累加值(%)	特征值	特征值占方差百分数(%)	特征值占方差百分数累加值(%)	特征值	特征值占方差百分数(%)	特征值占方差百分数累加值(%)
1	2.760	69.009	69.009	2.760	69.009	69.009	2.121	53.033	48.825
2	0.788	19.696	88.705	0.788	19.696	88.705	1.427	35.672	85.259
3	0.447	11.169	99.874						
4	0.005	0.126	100.000						

主成分分析因子载荷矩阵(2008年)

	主成分因子序号	
	1	2
流动比率	0.967	-0.042
速动比率	0.954	-0.023
经营现金流动负债比	0.715	-0.538
1-资产负债率	0.636	0.704

旋转后因子载荷矩阵(2008年)

	主成分因子序号	
	1	2
流动比率	0.819	0.516
速动比率	0.798	0.524
经营现金流动负债比	0.894	-0.036
1-资产负债率	0.122	0.941

因子得分矩阵(2008年)

	主成分因子序号	
	1	2
流动比率	0.318	0.156
速动比率	0.301	0.173
经营现金流动负债比	0.602	-0.414
1-资产负债率	-0.319	0.866

企业安全性得分表（2008 年）

单　位	F_1	F_2	F
ST 夏新	− 0.246 4	− 1.870 5	− 53.842 7
海信电器	0.084 1	0.518 6	16.016 5
成都博讯	− 1.932 1	1.669 5	− 100.446 8
福日电子	− 0.201 3	− 0.298 0	− 19.760 8
浙江阳光	0.312 0	0.265 7	26.764 4
澳柯玛	− 0.270 8	− 0.275 6	− 24.119 2
上海广电	− 0.467 4	0.062 7	− 31.016 9
青岛海尔	0.630 9	0.344 6	50.325 1
宁波富达	0.013 8	0.121 6	3.347 8
大显股份	− 1.219 9	1.657 8	− 51.530 4
四川长虹	0.329 7	− 0.103 3	20.716 2
ST 厦华	0.489 7	− 2.513 1	− 15.704 6
合肥三洋	0.291 5	0.446 7	28.916 2
深康佳 A	− 0.037 5	0.178 7	0.934 0
ST 华发	− 0.730 7	0.766 2	− 35.330 9
TCL 集团	− 0.114 3	− 0.058 1	− 9.028 2
小天鹅	− 0.505 3	0.728 4	− 20.521 5
美菱股份	− 0.196 1	− 0.157 4	− 16.634 6
美的电器	0.304 8	− 0.421 7	12.726 5
万家乐	− 0.037 6	− 0.182 3	− 6.182 6
佛山照明	3.994 4	1.714 9	309.421 8
ST 长岭	0.464 6	− 1.567 9	1.181 5
格力电器	− 0.161 6	− 0.076 5	− 12.656 9
四川湖山	− 0.418 4	0.050 3	− 27.885 7
ST 科龙	− 0.376 4	− 1.001 1	− 45.689 0

其中：$F = 69.009 \times F_1 + 19.696 \times F_2$

五、综合分析

主成分分析各主成分特征值与累计贡献率(2008 年)

主成分因子序号	初始特征值			分析所选主成分因子			旋转后主成分因子		
	特征值	特征值占方差百分数(%)	特征值方差百分数累加值(%)	特征值	特征值占方差百分数(%)	特征值占方差百分数累加值(%)	特征值	特征值占方差百分数(%)	特征值占方差百分数累加值(%)
1	5.037	23.986	23.986	5.037	23.986	23.986	3.179	15.138	15.138
2	3.137	14.936	38.922	3.137	14.936	38.922	3.167	15.083	30.221
3	2.420	11.523	50.445	2.420	11.523	50.445	3.071	14.622	44.843
4	2.182	10.391	60.836	2.182	10.391	60.836	2.283	10.873	55.716
5	1.825	8.692	69.528	1.825	8.692	69.528	2.041	9.719	65.435
6	1.574	7.494	77.022	1.574	7.494	77.022	1.878	8.942	74.377
7	1.283	6.111	83.134	1.283	6.111	83.134	1.839	8.757	83.134
8	0.840	3.999	87.132						
9	0.804	3.830	90.963						
10	0.654	3.113	94.076						
11	0.429	2.044	96.119						
12	0.325	1.548	97.668						
13	0.183	0.870	98.538						
14	0.125	0.597	99.135						
15	0.082	0.392	99.527						
16	0.059	0.279	99.805						
17	0.024	0.112	99.917						
18	0.015	0.070	99.987						
19	0.002	0.010	99.998						
20	0.000	0.000	100.000						
21	5.43E−005	0.000	100.000						

主成分分析因子载荷矩阵(2008 年)

	主成分因子序号						
	1	2	3	4	5	6	7
良好资产比率	0.725	−0.052	0.521	−0.002	0.129	−0.189	−0.213
流动资产率	0.067	0.011	−0.010	−0.556	0.065	0.769	0.010
固定资产成新率	0.410	−0.167	0.306	0.270	0.609	−0.201	−0.117
非存货流动资产比率	0.456	0.687	0.078	−0.280	0.280	−0.132	0.102
非两项资金占流动资产比率	0.649	−0.029	0.528	0.035	−0.088	0.158	−0.028
非对外投资资产比率	0.068	−0.103	−0.120	0.727	0.044	0.414	−0.037
非在建工程结构性资产比率	−0.378	0.056	0.095	−0.415	0.226	−0.072	0.560
无形资产比率	−0.356	0.067	−0.243	0.446	0.155	−0.461	0.348
流动资产周转率	−0.492	0.652	0.058	0.354	−0.067	−0.187	−0.215
存货周转率	−0.101	0.654	0.278	−0.312	0.218	−0.275	0.106
应收账款周转率	−0.122	0.065	0.699	0.486	−0.145	0.279	0.186
固定资产周转率	−0.496	0.722	−0.001	−0.183	0.035	0.279	−0.001
总资产周转率	−0.503	0.740	0.026	0.208	−0.093	0.117	−0.201
总资产息税前收益率	0.223	−0.304	−0.402	0.070	0.527	0.067	0.308
对外投资收益率	0.162	0.177	0.493	0.302	0.241	0.284	0.511
营业业务利润率	0.576	0.474	−0.040	0.140	0.291	0.080	−0.186
经营资产经营活动现金净流量	0.325	0.259	−0.622	0.102	0.509	0.257	−0.119
流动比率	0.728	0.230	−0.216	0.047	−0.508	−0.038	0.300
速动比率	0.713	0.291	−0.200	0.044	−0.483	−0.059	0.335
经营现金流动负债比	0.679	0.366	−0.474	0.274	−0.122	0.049	0.040
1−资产负债率	0.811	0.057	0.108	−0.281	−0.037	−0.169	−0.189

旋转后因子载荷矩阵(2008 年)

	主成分因子序号						
	1	2	3	4	5	6	7
良好资产比率	0.901	0.142	-0.206	-0.071	0.033	0.128	0.028
流动资产率	-0.144	-0.048	-0.068	0.166	0.116	0.072	0.914
固定资产成新率	0.655	-0.251	-0.257	0.319	-0.021	0.235	-0.270
非存货流动资产比率	0.423	0.357	0.282	0.362	0.587	0.045	0.083
非两项资金占流动资产比率	0.641	0.273	-0.166	-0.153	-0.076	0.356	0.259
非对外投资资产比率	-0.082	0.029	0.045	0.294	-0.688	0.395	-0.091
非在建工程结构性资产比率	-0.386	-0.203	-0.119	-0.046	0.675	0.186	0.014
无形资产比率	-0.355	-0.055	0.058	0.133	0.074	0.095	-0.763
流动资产周转率	-0.106	-0.098	0.853	-0.046	-0.004	0.028	-0.361
存货周转率	0.183	-0.011	0.461	0.020	0.702	0.058	-0.062
应收账款周转率	0.109	-0.090	0.219	-0.365	-0.219	0.792	-0.024
固定资产周转率	-0.330	-0.096	0.757	0.105	0.325	0.085	0.252
总资产周转率	-0.210	-0.066	0.922	0.019	0.011	0.077	-0.044
总资产息税前收益率	-0.120	-0.049	-0.528	0.610	0.024	0.069	-0.108
对外投资收益率	0.128	0.059	-0.006	0.100	0.142	0.862	0.005
营业业务利润率	0.517	0.306	0.245	0.523	0.006	0.072	0.064
经营资产经营活动现金净流量	0.019	0.133	0.057	0.919	-0.103	-0.150	0.095
流动比率	0.127	0.973	-0.128	0.003	-0.027	0.017	0.028
速动比率	0.124	0.978	-0.089	0.018	0.030	0.046	0.004
经营现金流动负债比	0.164	0.770	0.069	0.488	-0.208	-0.066	-0.060
1-资产负债率	0.692	0.433	-0.220	0.051	0.134	-0.214	0.189

因子得分矩阵(2008 年)

	主成分因子序号						
	1	2	3	4	5	6	7
良好资产比率	0.323	-0.068	-0.003	-0.067	0.010	-0.009	-0.031
流动资产率	-0.109	-0.041	-0.018	0.107	0.009	0.089	0.521
固定资产成新率	0.265	-0.210	-0.058	0.162	0.014	0.072	-0.167
非存货流动资产比率	0.106	0.057	0.075	0.128	0.272	0.020	-0.006
非两项资金占流动资产比率	0.169	0.031	-0.009	-0.099	-0.043	0.150	0.117
非对外投资资产比率	-0.056	-0.003	0.048	0.150	-0.338	0.208	0.015
非在建工程结构性资产比率	-0.192	0.014	-0.165	0.019	0.391	0.184	-0.024
无形资产比率	-0.127	0.057	-0.061	0.069	0.109	0.084	-0.420
流动资产周转率	0.064	-0.015	0.293	-0.021	-0.065	-0.046	-0.162
存货周转率	0.088	-0.015	0.107	0.004	0.323	0.015	-0.073
应收账款周转率	0.011	0.009	0.062	-0.141	-0.105	0.397	0.020
固定资产周转率	-0.086	-0.004	0.221	0.071	0.088	0.054	0.171
总资产周转率	0.003	-0.003	0.317	0.017	-0.080	0.000	0.026
总资产息税前收益率	-0.117	-0.043	-0.225	0.302	0.087	0.112	-0.069
对外投资收益率	-0.064	0.039	-0.069	0.071	0.117	0.495	0.002
营业业务利润率	0.168	-0.009	0.130	0.206	-0.036	0.000	0.027
经营资产经营活动现金净流量	-0.016	-0.051	0.040	0.418	-0.070	-0.056	0.072
流动比率	-0.113	0.374	-0.047	-0.092	0.023	0.049	-0.030
速动比率	-0.117	0.379	-0.042	-0.085	0.053	0.066	-0.046
经营现金流动负债比	-0.041	0.232	0.052	0.149	-0.099	-0.019	-0.045
1-资产负债率	0.213	0.052	-0.013	-0.040	0.054	-0.154	0.044

资产质量综合得分表(2008 年)

单 位	F_1	F_2	F_3	F_4	F_5	F_6	F_7
ST 夏新	-0.741 8	-0.646 7	-0.339 0	-2.887 6	-1.586 0	1.306 0	-0.779 0
海信电器	0.761 3	0.072 8	-0.933 7	0.293 8	0.157 7	0.040 8	0.798 5
成都博讯	.	.	.	.	.	.	.
福日电子	0.384 3	-0.107 0	0.834 2	0.003 4	2.916 5	0.097 5	0.015 9
浙江阳光	1.011 0	-0.090 3	0.021 8	0.633 1	-0.350 2	-0.513 4	0.425 8
澳柯玛	-0.398 4	-0.317 8	-0.463 6	0.579 3	0.683 9	0.285 5	-2.589 4
上海广电	-0.224 5	-0.374 9	0.063 3	-0.853 3	1.691 8	-1.428 2	0.111 0
青岛海尔	0.780 7	0.433 8	1.807 2	0.276 2	0.088 3	0.125 6	0.521 2
宁波富达	1.155 9	-0.234 4	-0.349 0	0.008 9	-1.267 6	-0.820 1	-0.041 5
大显股份	-0.063 9	-0.241 6	-1.694 2	-1.979 9	0.378 7	-0.764 5	0.579 0
四川长虹	0.759 7	-0.049 0	0.397 3	0.714 1	-1.444 3	-0.791 4	-0.534 0
ST 厦华	-3.352 3	-0.063 0	1.635 1	0.303 2	-0.626 9	-0.255 1	0.780 0
合肥三洋	0.535 3	0.370 5	0.196 5	0.210 7	-1.480 5	-0.492 5	0.847 4
深康佳 A	-0.023 0	-0.046 4	-0.031 8	0.152 5	-0.207 9	-0.064 6	1.332 4
ST 华发	.	.	.	.	.	.	.
TCL 集团	0.056 6	-0.170 0	0.551 0	0.241 6	0.269 3	0.440 3	0.773 9
小天鹅	-0.088 4	-0.027 8	-0.001 0	-0.381 4	0.418 9	-0.113 9	0.280 3
美菱股份	0.745 8	-0.545 6	0.226 0	0.284 3	-0.202 0	-0.047 4	-1.822 3
美的电器	0.588 0	-0.342 5	0.983 8	0.927 1	-0.604 7	-0.217 5	-0.491 9
万家乐	-0.877 0	0.165 2	-0.093 3	0.217 9	0.134 1	-0.232 1	1.232 4
佛山照明	-0.162 5	4.367 3	-0.624 7	-0.278 8	0.123 1	0.227 6	-0.670 8
ST 长岭	-1.712 1	-0.557 4	-2.336 6	2.312 1	-0.062 6	0.274 5	-0.569 6
格力电器	0.665 0	-0.351 2	0.095 0	0.260 2	0.294 7	3.851 8	0.643 8
四川湖山	0.510 6	-0.861 6	-1.341 7	-0.183 6	0.444 5	-0.475 5	0.709 2
ST 科龙	-0.310 5	-0.382 7	1.406 6	-0.853 6	0.231 1	-0.433 6	-1.552 5

其中:$F = 23.986 \times F_1 + 14.936 \times F_2 + 11.523 \times F_3 + 10.391 \times F_4 + 8.692 \times F_5 + 7.494 \times F_6 + 6.111 \times F_7$

资产质量综合得分表(2008 年)

单 位	F_1	F_2	F_3	F_4	F_5	F_6	F_7
ST 夏新	-0.741 8	-0.646 7	-0.339 0	-2.887 6	-1.586 0	1.306 0	-0.779 0
海信电器	0.761 3	0.072 8	-0.933 7	0.293 8	0.157 7	0.040 8	0.798 5
成都博讯							
福日电子	0.384 3	-0.107 0	0.834 2	0.003 4	2.916 5	0.097 5	0.015 9
浙江阳光	1.011 0	-0.090 3	0.021 8	0.633 1	-0.350 2	-0.513 4	0.425 8
澳柯玛	-0.398 4	-0.317 8	-0.463 6	0.579 3	0.683 9	0.285 5	-2.589 4
上海广电	-0.224 5	-0.374 9	0.063 3	-0.853 3	1.691 8	-1.428 2	0.111 0
青岛海尔	0.780 7	0.433 8	1.807 2	0.276 2	0.088 3	0.125 6	0.521 2
宁波富达	1.155 9	-0.234 4	-0.349 0	0.008 9	-1.267 6	-0.820 1	-0.041 5
大显股份	-0.063 9	-0.241 6	-1.694 2	-1.979 9	0.378 7	-0.764 5	0.579 0
四川长虹	0.759 7	-0.049 0	0.397 3	0.714 1	-1.444 3	-0.791 4	-0.534 0
ST 厦华	-3.352 3	-0.063 0	1.635 1	0.303 2	-0.626 9	-0.255 1	0.780 0
合肥三洋	0.535 3	0.370 5	0.196 5	0.210 7	-1.480 5	-0.492 5	0.847 4
深康佳 A	-0.023 0	-0.046 4	-0.031 8	0.152 5	-0.207 9	-0.064 6	1.332 4
ST 华发							
TCL 集团	0.056 6	-0.170 0	0.551 0	0.241 6	0.269 3	0.440 3	0.773 9
小天鹅	-0.088 4	-0.027 8	-0.010 0	-0.381 4	0.418 9	-0.113 9	0.280 3
美菱股份	0.745 8	-0.545 6	0.226 0	0.284 3	-0.202 0	-0.047 4	-1.822 3
美的电器	0.588 0	-0.342 5	0.983 8	0.927 1	-0.604 7	-0.217 5	-0.491 9
万家乐	-0.877 0	0.165 2	-0.093 3	0.217 9	0.134 1	-0.232 1	1.232 4
佛山照明	-0.162 5	4.367 3	-0.624 7	-0.278 8	0.123 1	0.227 6	-0.670 8
ST 长岭	-1.712 1	-0.557 4	-2.336 6	2.312 1	-0.062 6	0.274 5	-0.569 6
格力电器	0.665 0	-0.351 2	0.095 0	0.260 2	0.294 7	3.851 8	0.643 8
四川湖山	0.510 6	-0.861 6	-1.341 7	-0.183 6	0.444 5	-0.475 5	0.709 2
ST 科龙	-0.310 5	-0.382 7	1.406 6	-0.853 6	0.231 1	-0.433 6	-1.552 5

其中:$F = 23.986 \times F_1 + 14.936 \times F_2 + 11.523 \times F_3 + 10.391 \times F_4 + 8.692 \times F_5 + 7.494 \times F_6 + 6.111 \times F_7$

旋转后因子载荷矩阵(2008 年)

	主成分因子序号						
	1	2	3	4	5	6	7
良好资产比率	0.901	0.142	-0.206	-0.071	0.033	0.128	0.028
流动资产率	-0.144	-0.048	-0.068	0.166	0.116	0.072	0.914
固定资产成新率	0.655	-0.251	-0.257	0.319	-0.021	0.235	-0.270
非存货流动资产比率	0.423	0.357	0.282	0.362	0.587	0.045	0.083
非两项资金占流动资产比率	0.641	0.273	-0.166	-0.153	-0.076	0.356	0.259
非对外投资资产比率	-0.082	0.029	0.045	0.294	-0.688	0.395	-0.091
非在建工程结构性资产比率	-0.386	-0.203	-0.119	-0.046	0.675	0.186	0.014
无形资产比率	-0.355	-0.055	0.058	0.133	0.074	0.095	-0.763
流动资产周转率	-0.106	-0.098	0.853	-0.046	-0.004	0.028	-0.361
存货周转率	0.183	-0.011	0.461	0.020	0.702	0.058	-0.062
应收账款周转率	0.109	-0.090	0.219	-0.365	-0.219	0.792	-0.024
固定资产周转率	-0.330	-0.096	0.757	0.105	0.325	0.085	0.252
总资产周转率	-0.210	-0.066	0.922	0.019	0.011	0.077	-0.044
总资产息税前收益率	-0.120	-0.049	-0.528	0.610	0.024	0.069	-0.108
对外投资收益率	0.128	0.059	-0.006	0.100	0.142	0.862	0.005
营业业务利润率	0.517	0.306	0.245	0.523	0.006	0.072	0.064
经营资产经营活动现金净流量	0.019	0.133	0.057	0.919	-0.103	-0.150	0.095
流动比率	0.127	0.973	-0.128	0.003	-0.027	0.017	0.028
速动比率	0.124	0.978	-0.089	0.018	0.030	0.046	0.004
经营现金流动负债比	0.164	0.770	0.069	0.488	-0.208	-0.066	-0.060
1 - 资产负债率	0.692	0.433	-0.220	0.051	0.134	-0.214	0.189

因子得分矩阵(2008 年)

	主成分因子序号						
	1	2	3	4	5	6	7
良好资产比率	0.323	-0.068	-0.003	-0.067	0.010	-0.009	-0.031
流动资产率	-0.109	-0.041	-0.018	0.107	0.009	0.089	0.521
固定资产成新率	0.265	-0.210	-0.058	0.162	0.014	0.072	-0.167
非存货流动资产比率	0.106	0.057	0.075	0.128	0.272	0.020	-0.006
非两项资金占流动资产比率	0.169	0.031	-0.009	-0.099	-0.043	0.150	0.117
非对外投资资产比率	-0.056	-0.003	0.048	0.150	-0.338	0.208	0.015
非在建工程结构性资产比率	-0.192	0.014	-0.165	0.019	0.391	0.184	-0.024
无形资产比率	-0.127	0.057	-0.061	0.069	0.109	0.084	-0.420
流动资产周转率	0.064	-0.015	0.293	-0.021	-0.065	-0.046	-0.162
存货周转率	0.088	-0.015	0.107	0.004	0.323	0.015	-0.073
应收账款周转率	0.011	0.009	0.062	-0.141	-0.105	0.397	0.020
固定资产周转率	-0.086	-0.004	0.221	0.071	0.088	0.054	0.171
总资产周转率	0.003	-0.003	0.317	0.017	-0.080	0.000	0.026
总资产息税前收益率	-0.117	-0.043	-0.225	0.302	0.087	0.112	-0.069
对外投资收益率	-0.064	0.039	-0.069	0.071	0.117	0.495	0.002
营业业务利润率	0.168	-0.009	0.130	0.206	-0.036	0.000	0.027
经营资产经营活动现金净流量	-0.016	-0.051	0.040	0.418	-0.070	-0.056	0.072
流动比率	-0.113	0.374	-0.047	-0.092	0.023	0.049	-0.030
速动比率	-0.117	0.379	-0.042	-0.085	0.053	0.066	-0.046
经营现金流动负债比	-0.041	0.232	0.052	0.149	-0.099	-0.019	-0.045
1 - 资产负债率	0.213	0.052	-0.013	-0.040	0.054	-0.154	0.044